특별자치도허난
무신거라

특별자치도에선
무신거라

초판인쇄 2013년 8월 20일
초판발행 2013년 8월 25일

지은이 김 태 환
발행처 맵씨터
등 록 1991년 11월 9일 제2-1276호
주 소 서울특별시 성동구 아차산로 3(성수동1가) 502호
전 화 (02)464-7708 / 3409-4488
전 송 (02)499-0846
이메일 hkm7708@hanmail.net
홈페이지 www.hankookmunhwasa.co.kr

책값은 뒷표지에 있습니다.

ISBN 978-89-969760-0-4 03330

특별자치도허난
무신거라

김태환 지음

맵씨터

◆◆추천사

제주도를 한없이 사랑하는 김태환

이수성(전 국무총리, 제주세계유산위원회 위원장)

본인이 총리 재임시절 김태환 전 지사는 제주도 행정부지사를 지내셨다.

그는 지방 공무원으로 시작하여, 당시 내무부 지도과 근무시절 현재의 주민등록법을 만드는데 결정적으로 기여했다. 그 후 고향 제주에서 비교적 젊은 나이에 군수를 지냈고, 도청의 주요 국장을 거쳐 제주시장으로 재직할 당시는 부지런한 시장으로 정평을 받고 있었음도 알게 되었다. 내가 총리로 재임하면서 본 김태환 지사의 성품은 외면에서 보이는 그대로였다. 앞에 나서지는 않지만 과묵한 그의 내공을 알 수 있었고, 무엇보다도 제주도민을 진심으로 사랑하고 언제나 겸손한 자세는 상대방의 호감을 사기에 충분했다.

그 후 본인이 공직에서 물러나고 야인으로 생활하는 동안 김 지사를 가까이에서 대하는 인연이 생겼다. 지금 제주도를 이방인들은 세계인의 보물섬이라고 칭한다. 그 보물섬을 만드는데 가장 기초적인 디딤돌을 놓은 분이 아마 김 지사라고 생각한다. 우리나라 행정체제 역사의 한 획을 긋는 사건이 제주도에서 벌어졌다. 도민의 합의로 제주도의 행정체제를 하나로 묶고 지역적 특성을 살리고 자율과 책임, 창의성과 다양성을 바탕으로 하여 고도의 자치권을 부여받는 체제로 바꾼 것이다. 바로 제주특별자치도의 출범이다.

잘 아시다시피 제주의 문화는 독특하고 자연환경의 경관적 · 생태적 가치는 세계적이다.

김태환 지사는 제주특별자치도 출범의 서막으로 제주 자연환경의 가치를 세계적으로 인정받아 관광객 천만시대를 이루려는 꿈과 희망으로 특별한 계획을 실천에 옮기셨다.

바로 한라산의 화산섬과 용암동굴을 유네스코 세계자연유산으로 등재시키는 것이다. 김 지사는 그 엄청난 프로젝트에 본인을 위원장으로 끌어들인 것이다. 처음에는 사양했으나 김 지사의 눈빛에서 읽은 의지와 인간을 존중하는 마음, 그리고 성실함과 제주도와 제주도민에 대한 나의 존경과 사랑이 마음을 움직이게 하였다.

2006년 8월로 기억된다. 일 년 중 가장 뜨거운 계절, 그 계절에 연간 300여 만 명의 관광객이 찾는 성산일출봉에서 세계자연유산 등재를 위한 출정식을 갖는다. 그날 출정식을 시작으로 하여 도내 외 국민을 대상으로 서명운동을 시작했다.

도민은 물론 전국적으로 어린이들까지 이 운동에 동참하고 기어이 150만 명이 서명을 완료하는 모습을 보고 한 지역의 지도자의 의지에서 인간의 힘이 미치는 그 무엇이든 해낼 수 있음을 알게 되었다. 마지막 실사를 나왔던 유네스코의 심사위원들도 제주도의 저력에 크게 감동 받았다고 하였다.

2007년 6월 27일 뉴질랜드 크라이스트처치에서 열린 제31회 세계자연유산위원회에서 우리나라 최초로 "제주 화산섬과 용암동굴"이 만장일치로 세계자연유산에 등재되는 쾌거를 이루었다.

2007년 7월 2일 제주특별자치도 출범 1주년 기념과 함께 유네스코 세계자연유산 등재를 기념하는 축하 자리를 함께 열었다.

김 지사께서는 그날 감동적인 표정을 감추지 못하셨다. 본인의 진력과 제주도민은 물론 대내외 많은 국민들과 중앙정부를 망라한 분들의 애쓰신 결과로 우리나라 역사의 한 획을 그었으니 김 지사의 감회가 어떠하셨을까 가히 짐작이 간다.

어찌 보면 적당히 넘어 갈 수도 있었지만 어려운 문제 하나하나에 전략을 다하여, 완벽한 대응방안을 마련하여 풀어가는 김 지사의 리더십에 본인은 솔직히 감동하였다. 그의 차분하면서도 때를 놓치지 않는 옹골찬 리더십 또한 우리 공직자, 자치단체 장의 규범이 아닐 수 없다.

그 거대한 프로젝트에 위원장을 맡은 사람으로 본인은 김 지사가 고맙고 자랑스러울 따름이다.

한 지역 한나라의 리더의 철학에 따라 그 도시와 국가의 운명이 좌우된다. 그리고 그 바탕은 반드시 사랑과 겸손, 그리고 애국심이다. 본인은 그 모습을 김 지사에게서 본다.

제주특별자치도는 이제 더 넓은 해외시장의 개척과 함께 제주도만 가진 특성있는 문화와 자연환경의 가치를 더 소중히 보존하고 활용해야 하는 전략적 출구에 서 있다. 그 전략 하나 하나를 엮어 창조해내는 길은 제주가 살길 일 뿐 아니라 우리나라 전체의 사명이다. 김 지사께서 이번에 펴낸 책은 그가 모든 운명을 걸고 추진했던 제주특별자치도의 출범과 유네스코 자연유산등재를 이루어 낸 장본인으로서 미흡했던 부분에 대한 반성과 함께 대안을 제시하는 지침서이기도 하다.

제주의 역사를 바꾸는 한 프로젝트에 함께했던 나로서 그의 뚝심과 잔잔한 인간성을 재삼존경하며 그 분의 성취와 건강을 기원한다.

— 2013년 8월

김태환, 그에게 마침표는 있어도 쉼표는 없다.

신구범 (전 제주도 지사)

1967년 여름, 내가 제주도청에서 공무원의 삶을 시작할 즈음 지금은 작고한 오성찬을 알게 되었다.

그 당시 오성찬은 '별을 따려는 사람들'이라는 소설로 신아일보에서 공모한 신춘문예 소설부문에 당선된 신출내기 소설가였다.

그는 도청 문화공보실에서 주로 도지사의 연설문을 작성하는 임시직 공무원으로 일했었는데 겨우 초등학교의 학력만으로 소설가가 된 그가 신기하기도 하고 좋기도 해서 나는 그와 친구사이로 지내기를 원했었다.

그런데 만날 때마다 그가 자주 하는 말이 있었다.

"우리 문화공보실에 김태환이엔 허는 서기가 이신디 과묵허멍도 일 잘 허는게 보라마는 나중에 혼 자리 헐거라."

그 때 이미 김태환 서기가 '별을 따려는 사람들'이라는 것을 오성찬 뿐만 아니라 많은 사람들이 알고 있었던 것이다.

공직의 삶에서 나이 들어서야 그와 인연을 맺었던 내가 알고 있는 김태환 지사는 부지런한 사람이라는 것이다. 그는 쉴 줄을 모른다. 그리고 김애환 여성복지국장이 말했던 것처럼 그는 마음에 부처를 지닌 사람이라는 것이다.

나는 언제나 김태환 지사에게 미안한 마음을 가지고 있다.

왜냐하면 우근민, 신구범 두 사람이 없었더라면 고향 제주 땅에서 제주대학교를 졸업하고 바닥에서 공무원 생활을 시작하여 내무부에 잠시 근무한 것 외에는 줄곧 고향을 지켜왔던 그가 진작 도지사가 될 수 있었던 기회를 우리가 가로챘다는 생각 때문이다.

김태환 지사의 긴 공직여정에서 그가 한 일은 너무 많다.

그 많은 업적 가운데서도 우리가 그의 업적으로 영원히 기억해야 할 위업은 2006년 7월 1일 국가가 법제화한 '제주특별자치도'제도다.

AD 2세기 부터 존속했던 탐라왕국이 고려에 복속된 것은 고려 숙종 10년 (1105년) 이었다.

그 이후 우리 제주인은 몽고의 침탈, 출륙금지령, 4 · 3사건 등 역사적 사건에서 보듯이 굴종과 인고의 삶을 감내해야 했고 1946년 8월 1일 도 (道) 로 승격된 이후에도 중앙집권 국가의 지방조직으로서 소위 '서울 바라기'의 처지 즉 대한민국의 변방으로서의 처지에서 벗어나지를 못하고 있었다.

그런데 김태환 지사가 대변란을 일으킨 것이다.

그의 도지사 임기 중 외교, 국방, 사법을 제외하고는 모든 국가의 역할과 기능을 제주도로 이양한다는 '제주특별자치도'라는 대어를 낚아 올린 것이다.

그는 운도 좋았다.

노무현 대통령이 아니었더라면 어느 통치자가 이런 통 큰 결단을 할 수 있었을 것인가? 노무현 대통령을 만날 수 있었던 것이 그에게는 행운이었다.

2003년 2월 12일 지역토론회에서 노무현 대통령은 "제주도가 먼저 분권 또는 자치권에 강한 의욕을 보인다면 제주도를 분권과 지방자치의 시범도로 만들겠다."라고 말한 바 있는데 이는 제주도를 일종의 미국의 연방주에 가까운 자치도로 만들겠다는 뜻이었다.

실로 탐라국이 멸망한지 891년 만에 이를 다시 세우는 제주특별자치도라는 전무후무한 기회를 김태환 지사는 쿠데타도 하지 않고 쟁취한 것이다.

제주특별자치도는 내 꿈이자 비전이었다.

나는 민선도지사 취임 2주년이 되는 1997년 기자회견을 통하여 중앙정부는 외교, 국방, 사법권만 갖고 나머지 권한은 모두 제주도 지방정부로 이양해 주도록 정부와 그 당시 이회창, 김대중, 김종필 대통령 후보에게 요구한 적이 있다. 홍콩과 유사한 특별행정자치구를 구상하고 천명한 것이었다.

말하자면 제주특별자치도에 관한 한 나와 김태환 지사는

임신과 출산의 관계라 할 수 있다.

그러하기에 이제 이 옥동자를 잘 양육해야 할 책무를 우리 두 사람이 함께 가지고 있다고 생각한다.

나는 김태환 지사가 좋다.

도민의 투표로 공직의 길을 부여 받았던 사람들 중 임기가 끝나거나 낙선한 경우에도 고향 제주도를 떠나지 않고 우리와 함께 고향에 남아 있는 사람은 김태환 지사가 유일하기 때문이다. 김우남 국회의원을 제외하고는 앞으로도 그러할 것이다.

먼 훗날, 비라도 내리는 날이면 김태환 지사에게 전화를 걸어 이렇게 말할 수 있는 우정을 가지고 있으니 나는 행운아다.

"김지사, 비도 오고 출출 안해여, 소주 혼잔 허캬?"

『특별자치도허난 무신거라』의 출판은 내게도 기쁨이고 자랑이다.

제주특별자치도의 길라잡이가 될 책

홍문종(국회의원)

제주특별자치도가 출범한지 8년을 맞고 있다.

특별자치도는 국가로부터 "일반적인 도에 부여된 권한과는 달리 고도의 자치권이 부여된 특별도"로서, 선도적인 지방분권을 실현하고 지역의 여건과 특성에 부합하는 특례를 부여받아 자율적인 정책결정과 스스로의 책임하에 지역경영을 해나가는 특별지역을 의미한다고 할 수 있을 것이다.

유네스코 3관왕이라는 아름다운 천혜의 자연경관을 가지고 있으며 국제자유도시로 발전하고 있는 특별 행정지역 제주, 연간 1천 만 명의 관광객이 찾아오는 제주, 그런데 막상 제주도민들은 최근 그렇게 행복한 것 같지가 않다. 나는 오직 열정과 성실함이 트레이드마크인 김태환 초대 제주특별자치도지사의 걱정하는 얼굴에서 그것을 읽었다.

하늘에서 주어진 자연자원과 국가로부터 특별자치 지역으로 선택되어진 제주도가 이제 세계 최고의 국제자유도시가 될 수 있다는 희망과 자부심으로 가득 차 활력이 넘쳐야 할 텐데 제주도 지역사회의 내재적 현실은 갈등과 아픔이 있고 기대했던 만큼의 특별자치 성과는 보이지 않고… 요즈음 김태환 직전 제주특별자치도지사의 얼굴 모습이다.

김 지사는 46년간의 공직생활 중 마지막 6년간 제주특별자치도를 만들고 또한 특별자치도를 성공적으로 정착시키기 위해 혼을 다 쏟아 부었던 사람이다. 아름다운 제주섬을 세계적인 국제 자유도시로서 하와이, 홍콩, 싱카포르보다 더 좋은 낙원 제주로 만들기 위해서였다.

김 지사의 부지런함은 제주도민들이나 정부 각 부처, 국회의 모든 의원실에 정평이 나 있었지만 특별자치도를 만들기 위하여 청와대로, 정부청사로, 국회로 동분서주 할 때는 수행한 보좌관이나 비서가 걸어서는 도저히 도지사를 쫓아가지 못하여 반은 뛰어야 겨우 도지사 뒤를 볼 수 있었다는 얘기가 나돌기도 했다.

사실 제주특별자치도는 김 지사와 정부, 국회가 공동 협력하에 만들어낸 결과로서 제주특별법은 제주도를 국제자유도시로 조성하여 제주도민의 삶의 질 향상은 물론 대한민국 국가발전의 선도적 기지 역할을 동시에 부여하고 있다. 박근혜 대통령께서도 후보 당시부터 제주특별자치도에 대한 확고한 생각을 가지고 계셨고 그 연장선상에서 김태환 전 제주특별자치도 초대 도시자를 새누리당 박근혜 후보 제주특별자치도 지원위원회 위원장으로 임명했던 것이다.

이 책은 김 지사가 도지사로서 제주의 미래에 대한 많은 고민과 함께 추진과정의 온갖 어려움을 극복하면서 전 제주도민의 염원과 국민들의 기대를 담아 출범시킨 제주특별자치도가 최근 성과가 지지부진하다는 생각에, 특별자치도 출범 당시 초심을 잊지말고 도민들이 힘을 모아 하루 빨리 성공적이면서 모범적인 제주특별자치도가 완성되기를 바라는 마음을 담아 펴낸 것이다.

역사 이래 온갖 고난과 어려움을 극복하고 아름다운 지금의 제주도를 가꾸어낸 위대한 제주도민들과 제주도를 사랑하는 대한민국 국민들이 있기에 이제 선택되어진 제주, 제주특별자치도는 동북아시아의 국제자유도시로 우뚝 설 수 있을 것으로 나는 믿어 의심치 않는다.

오로지 제주특별자치도를 어떻게 하면 성공시킬 수 있을 것인가 고뇌하면서 이 글을 쓴 김 지사와 제주도민들께 성원을 보내며, 이 책이 국제자유도시 제주의 미래를 밝힐 등불이 되기를 기대해 본다.

— 2013년 8월

『특별자치도허난 무신거라』를 추천하며

김병준(전 청와대 정책실장, 국민대학교 교수)

왜 제주특별자치도였나?

세계가 인정하는 빼어난 경관과 생태환경, 가슴 저린 민담과 민족의 아픔을 담은 역사. 그리고 섬이 가지는 환상적 이미지에, 한두 시간이면 동북아의 모든 주요 거점에 닿을 수 있는 지리, 경제적 위치 이 모든 것이 새로운 조합과 융합을 만들어 내면 어떻게 될까?

제주특별자치도 구상을 했던 사람들이 늘 가지고 있던 생각이었다. 결론은 그랬다. "그렇다. 제주도는 무한한 가능성을 가지고 있다. 제주도민에게 새로운 조합과 융합의 기회를 부여하자. 중앙집권체제 아래에서의 획일적인 규제를 벗어나 제주도만이 만들 수 있는 새로운 미래를 만들게 하자. 그리하여 그 긴 변방의 역사를 벗어나 이 나라 미래를 선도하게 하자. 또 동북아지역의 관문이 되게 하자."

구상의 핵심은 분권과 규제완화. 중앙정부가 행사하던 권한을 제주도와 제주도민에게 대폭 이양하는 것이었다. 특히 제주도가 지닌 잠재력이 살아날 수 있게 각종의 불합리한 규제를 완화하는 일이었다. 원칙적으로 모든 규제를 없앤 다음 필요한 규제만 제주도민 스스로 정하게 한다는 계획이었다. 그러나 목표는 더 컸다. 이 정도의 분권과 규제완화가 이루어지면 서비스산업이 자연스럽게 발전하게 될 것이고, 이를 통해 제주도는 국가경제의 중요한 축을 이루게 될 것이라 생각했다. 말하자면 지방분권과 규제완화, 그리고 서비스산업 발전과 지역균형발전이라는 네 마리 토끼를 한 몫에 잡는다는 생각이 그 안에 있었다.

제주특별자치도와 김태환

그러나 반론과 저항이 만만치 않았다. 권한을 준다고 해서 합리적으로 쓴다는 보장이 있느냐는 소리도 있었고, 제주도의 혁신역량을 믿지 못하겠다는 이야기도 있었다. 또 영어학교와 투자개방형 병원 등 특별자치도 구상에 포함된 주요 서비스산업이 양극화를 심화시키게 될 것이란 따가운 비판도 있었다.

여기에 관료조직의 일 처리는 느리기 짝이 없었고, 국회에서의 결정 속도 또한 결코 만족스러운 일이 아니었다. 대통령이나 청와대가 조금만 신경을 쓰지 않으면 논의가 옆길로 세거나 중단되곤 했다.

이 과정에서 김태환 전 제주도지사는 그야말로 초인적인 역할을 했다. 중앙정부 곳곳에서 제주도의 혁신역량과 분권에 따른 정치 과잉 가능성을 문제 삼자 그는 정치 생명을 걸고 제주도의 의사결정체계를 단순화하는 자치계층 축소를 단행했다. 제주도를 단일계층의 단일 자치제로 정비함으로써 정치 과잉과 그에 따른 비합리적 의사결정의 가능성을 그만큼 줄여버린 것이었다. 대신 참여욕구와 민주적 절차에 대한 보장은 도의회 의원수를 늘리는 방향으로 보완을 했다. 아울러 제주도의 미래에 대한 비전과 나름의 논리를 가지고 수시로 국회와 청와대 그리고 총리실과 정부 각 부처를 찾았다. 때로는 낮은 목소리로 설득을 하고, 때로는 큰 목소리로 요구를 했다.

한마디로 외롭고 험한 일이었다. 인구가 많거나 지역출신 국회의원이 많은 것도 아니었다. 인구 60만 명도 채 안 되는 섬의 도지사였다. 힘들고 서러운 일들이 왜 없었겠나. 약속 잡기도 힘든 경우가 허다했을 것이다. 그래도 그는 늘 그 얼굴 그대로 환하게 웃는 얼굴로 이들을 찾았다. 때로는 체면 불구하고 이들의 문을 두들겼다.

대통령이나 중앙정부가 그의 고집을 꺾지 못했던 상징적인 일 하나를 소개하자. 당시 대통령과 정부는 제주도의 권한은 특별하게 해주되 이름은 그대로 제주도로 쓰게 하는 안을 가지고 있었다. 그러나 김 전 도시자는 이를 강하게 반대했다. 반드시 '특별자치도'라 해야 한다는 것이었다. 그래야만 제주도민 모두 제주도가 자치에 있어 특별해야 한다는 사실을 잊지 않게 되며, 중앙정부와 제주도도 향후 계속 그 특별함을 위해 노력하게 된다는 것이었다.

청와대가 그를 설득했다. 지금의 '특별시'나 '광역시' 같은 이름도 없앨 판에 제주도에 굳이 '특별자치도'란 이름을 붙일 이유가 없다고 했다. 그러나 그는 굽히지 않았다. 청와대가 안 된다는 입장을 통보했음에도 불구하고 그는 끊임없이 주무부서인 행정자치부와 청와대를 찾았다.

결국 그가 이겼다. 대통령이 그의 주장을 그대로 받아주기로 결정하면서 논란은 종식되었다. 제주특별자치도는 이름부터가 그의 작품이다.

별 볼일 없는 특별자치도?

당연한 이야기이지만 제주특별자치도는 완전하지 않다. 권한이나 재원배분 문제에 있어서나 자체 혁신역량 문제에 있어서나 그렇다. 제주도가 가지고 있어야 할 권한을 여전히 중앙정부가 가지고 있는 경우가 있는가 하면, 부가가치세 등 제주도에서 생성된 재원을 중앙정부가 과도하게 가져가는 경향도 있다. 또 지역주민에게 가야할 이익이 외부 투자자에게 과도하게 돌아가는 일도 적지 않으며, 주민들의 정책담론을 높여야 하는 것도 여전히 중요한 과제가 되고 있다.

이를 두고 때로 제주특별자치도에 대한 회의를 제기하는 것을 본다. 별 달라진 것이 없다는 이야기도 듣는다. 그러나 이는 명백히 잘못된 생각이다. 비자면제를 통한 관광객 수의 증가 등, 실제 달라진 것도 많지만 그 보다 더 중요한 사실이 있다. 제주특별자치도는 완성된 것이 아니라는 사실이다. 앞으로도 계속 만들어 갈 과제라는 사실이다. 이를 마치 완성된 것처럼 전제를 하고 이야기를 해서는 안 된다.

미래를 얻기 위해 반드시 필요한 길을 건설하는데 있어, 막 시작한 공사를 계속 진행하지 않고 길만 파헤쳐 놓았다고 말할 수는 없는 법이다. 더 많은 권한을 받아오고 더 많은 재원을 확보하고, 제주도 내의 혁신 역량을 강화하고 지역발전에 따른 이익 배분 구조를 개선하는 일 등, 해야 할 일이 태산같이 쌓여있다. 너나 할 것 없이 지금, 이의 완성을 위해 노력할 때이다.

이 책을 읽고

김태환 지사는 제주도뿐 아니라 전국적 명성을 가진 행정가이다. 9급의 말단 공무원에서 시작해 관선과 민선의 제주시장을 거쳐 제주특별자치도 지사까지 역임했다. 제주도를 위해 수많은 일을 했겠지만 제주특별자치도 하나만으로도 그는 제주도뿐 아니라 우리나라 지방자치와 지방행정사에 또 하나의 금자탑을 세웠다. 성실과 열정, 그리고 제주도와 도민에 대한 사랑과 존경이 만들어 낸 탑이다.

그런 그가 『특별자치도허난 무신거라』를 썼다. 하고 싶은 이야기가 많은 것은 당연하다. 제주특별자치도 이야기가 많은 부분을 차지하고 있지만 이야기는 단순히 여기에서만 그치지 않는다. 민선 특별도지사와 행정가로서의 뒷이야기와 함께 그가 꿈꾸는 제주도와 지방자치의 미래가 함께 제시되어 있다.

특히 특별자치권을 활용한 4+1 핵심산업 관광, 교육, 의료, 첨단산업과 1차 산업 창조경제로의 발전 필요성과 미래세대를 위한 환경보전의 중요성, 그리고 제주 문화의 정체성과 발전 가능성에 대한 이야기는 지역발전에 관심을 가진 모든 이들이 귀 기울여야 할 일이다. 소통과 통합에 대한 강조 또한 마찬가지이다. 정치와 행정의 일선에 있었던 사람의 이야기라 그 의미가 더욱 크다.

제주도민 뿐만 아니라 지방자치와 지역발전에 관심을 가진 모든 이들에게 일독을 권한다. 우리 모두의 식견이나 지역사회의 담론 수준을 높이는데 큰 도움이 되리라 믿는다.

— 2013년 8월

◆◆서문

물

"누구에게 어떤 직위를 부여하는 것이 중요한 것이 아니라 그 직위에 있는 사람이 어떤 일을 하는가에 따라 그 사람이 평가되어야 한다."

나는 어렸을 때 아버지를 여의고, 홀어머니 밑에서 줄곧 외롭게 그리고 소박한 꿈을 꾸며 살았던 적이 있다. 대학시절 법과를 선택하여 사법고시에 도전했으나 가정형편이 어려워 중도에 포기했다. 그러나 고시를 준비하면서 배양된 지식과 경험을 바탕으로 청운의 푸른 꿈을 키우기 위해 공직의 길로 들어섰고 중앙과 지방에서 혼신의 노력을 다했다. 오로지 성실과 검약, 진정성으로 나의 길을 가겠다고 다짐하면서 앞만 보고 살아온 세월들이 유수와 같이 흘렀다.

제주 도민들의 성원을 바탕으로 군수도 시장도 도지사도 지냈다. 그러는 동안 뜻하는바 일을 다 해내지 못함으로써 도민에게 말할 수 없는 빚도 졌다. 이러한 세월 속에서 나는 물이 높은데서 낮은 데로 흐르듯 모든 일은 합리적이고 순리대로 풀어가야 한다는 원리를 행정 철학으로 삼았다. 지금 돌이켜 보아도 그것이 옳았다는 생각이다.

물은 만물을 생성한다. 또한 물은 만물을 죽이기도 한다. 물이 역행을 하면 일본의 지진처럼 대재앙이 닥쳐온다. 어떤 지역은 물이 너무 많아서 난리가 나기도 하지만 또 지구촌 어떤 지역은 물이 너무 말라서 죽어가는 사람들도 있다. 그래서 예로 부터 치산치수란 말이 있어왔다. 산과 물을 잘 관리하는 것이 행정의 순리라는 말이 될 수 있다.

우리 제주도와 같은 섬 지역에서 물을 관리하는 일이야말로 그 중요성을 말로 다 할 수 없다. 우리는 우리를 지켜주는 한라산이 있다. 이 산은 어쩌면 제주민들의 혼이며 삶의 전부일 수 있다. 따라서 한라산을 제대로 알지 못한다면 제대로 된 행정을 할 수 없다. 제주는 바다가 4면으로 둘러싸여 있다. 이제 어느 정도 방파제를 쌓아서 해일 피해를 막아내고 있다.

그러나 종전에는 해마다 기후에 따라서 해풍이 중산간 지역까지 불어와 식물들이 피해를 보는 경우도 있었다. 어느 날 어떤 위기가 몰려 올지 모른다. 때로는 위기를 가져다 주기도 하고 때로는 결실을 갖다 주는 이 원대한 자연 속에 터박고 살고 있는 것이 우리 공동체이다.

만일 어느 날 강우량이 적어지면 우리는 식수를 외부로 부터 들여와야 한다. 그래서 제주의 물은 공공재로 가치를 지녀야 하는 것이다. 에너지도 들어와야 하고 물마저 수입해야 하는 처지가 되면 우리의 삶은 참으로 막막하지 않을 수 없다. 그래서 제주에서 자연을 바라보는 가치기준은 이것이 개인 누구 마음대로 해서 되는 것이 아니라 우리 모두가 혼신의 힘을 다해 지켜야 하는 존재임을 잘 인식해야 한다.

제주의 지하수는 한라산의 젖줄이다. 이것은 무한정한 자원이 아니다. 싱가포르라는 나라는 말레이시아에서 흙탕물을 들여와서 정수한 후에 되팔기도 한다. 우리는 육지와 그렇게 가깝지도 못한 곳에 있다. 그래서 전 신구범 도지사 때부터 한진과 법정다툼을 하면서 우리의 물을 공공재로 지키려는 노력을 해오기 시작했고 내가 도지사 직에 있을 때도 치열한 법정 공방을 해왔다. 내가 갑자기 이런 말을 하는 이유는 최근에 구멍이 뚫려서 둑이 무너질 위기에 있는데 도의회 수장이 그나마 잡고 있다는 보도를 접하면서 '아! 큰 일이다'하는 생각이 엄습해서 하는 말이다.

하늘이 무한정 주는 자원이라 할지라도 감사하는 마음에서 절제하면서 써야 한다. 맑은 물은 우리 인간만 필요한 것이 아니라 우주 원리에 따르면 필요가 있어서 주어지고 있을 것이다. 지금 불편하지 않다고 해서 치수의 도를 넘어서는 안 된다는 생각에 이른다. 우리 사회를 제3자가 돼서 들여다 보자. 무엇인가 체한 것 같은, 즉 흐르는 물길이 막혀있는 느낌이 문득 드는 까닭은 무엇인가. 이제 모든 것을 내려

놓아야 하는 전직 도지사가 우리 제주의 비전을 강조하고 합리적인 治山治水치산치수를 말해야 하는가 하는 답답함이 있다.

도정의 현장을 떠나 바라보는 나름의 생각들을 경험적 측면에서 이 책을 정리했다. 그리고 미래를 지향하는 관점에서 내가 도정을 맡고 있을 때 그 일을 왜 했는가를 자문자답하는 마음으로 기록해 본 것이 이 책이다. 지금 공감을 받을 부분도 있고 미래에 공감을 받을 부분도 있을 것이다. 또한 공감을 받지 못할 부분도 있을 수 있다. 중요한 것은 우리는 다른 지역보다 타이밍에 중점을 두었음을 강조하고 싶다. 물론 잘못도 있고 내가 보지 못했던 어두운 면도 있을 것이다.

그러나 어느 정도 공론화가 이루어진 일들은 정상성을 회복해야 한다. 아픔을 각오하고 뿌려진 씨앗들이 새싹을 틔우고는 하나 둘 시들어 버릴 것이란 우려를 하는 지금, 길가에서 만난 어느 어르신의 질책처럼 '이렇게 하려고 그 많은 시련을 감내했던가'하는 허탈감과 함께 도민을 향한 미안함과 송구스러움이 마음속에서 뜨거운 불길을 지피게 한다. 그러기에 이 책을 만들어 도민들에게 드리고 싶다는 의지를 다졌다.

인간적으로 돌아다보면 하루하루 힘들게 병마와 싸우고 있는 사랑하는 아내를 지켜보면서 평생을 남편이 공인으로서 온당하게 공동체의 미래를 위하는 지도자로 살기만을 간절히 바라며 정성을 다해 내조해 왔던 아내에게 감사하고 고마운 마음으로 이제는 곁에서 지켜야 함에도 불구하고 밤낮으로 골똘하게 공인으로서, 지도자로 일하고자 하는 나 자신이 매정하다는 생각마저 들지만 공인으로 살면서 받아왔던 성원과 감사하는 마음을 그냥 제3자의 자세로 지나쳐서는 안 된다는 사명감이 나를 그냥두지 않는다.

많은 사람들이 이런저런 토론을 하는 것도 잘 알고 있다. 그러나 그것이 생산적인 토론인가를 다시금 곱씹어 보아야 할 시점이 아닌가 하는 생각을 해본다. 제주가 낳은 딸인 나의 아내 강경선은 분명 어떤 병마도 이겨내고 끝까지 나와 함께 할 것이라 믿는다.

이 글을 위해 제언해 주신 많은 선배, 동료, 후배들에게 감사드린다. 그리고 끝가지 성원을 보내주고 있는 가족과 지인 여러분께도 특별한 마음의 흔적을 남기고 싶다. 특히 책으로 엮어 내는데 기여해 주신 출판사 관계자와 만날 때마다 손을 잡고 따뜻한 성원을 보내주시고 나의 생각 하나하나에 부침을 주시는 분들에게 깊이 머리 숙여 감사드린다. 그리고 이 책을 끝까지 읽어 주신 제주도민 그리고 독자 여러분께 감사드린다.

전문적으로 글쓰는 사람이 못되어서 거칠고 투박함과 논리적 모순성을 인정하면서 부족한 점에 대해서는 훌륭한 충언을 널리 구하고자 한다.

특히 내가 놓치고 있는 점들은 독자들의 따뜻한 고견을 겸허히 받아들여 완성을 지향하고자 한다.

2013년 8월

잘 사는 제주특별자치도를 꿈꾸며 김태환 씀

차례

추천사

서문

●●● 제주도에 최초 개최되는 제79회 전국체전의 성공적 개최를 기원하기 위하여 만든 용고(龍鼓)를 타고 한다. (1998.7.20)

1. 제주특별자치도의 미래비전은 도민 행복

아스팔트에 아지랑이가 피어 오른다. 점점 뜨거워지는 태양열을 감지하면서 나는 도지사 직을 퇴임한 이후 시원한 나무그늘 밑에서 삼삼오오 모여 장기를 두고 있는 어느 시골마을 어른들과 함께 시간을 보냈다. 장기에 별로 흥미가 없는 나는 마시다 남은 소줏병을 앞에 두고 이런저런 이야기를 나누었다. 물론 그 중에는 아주 낯익은 어른들이 계셔서 가정사며 건강상태며 마을발전 등, 관심사에 대하여 이야기꽃을 피웠다.

열심히 장기를 두던 어르신 한 분이 장기판을 거두며 나를 쳐다보고는 따지듯이 물었다. "김 지사, 근데 특별자치도하면 제주도민이 잘 살거라고 한창 홍보를 해서 투표때 찬성을 했는데 지금 보면 그 전이나 지금이나 크게 좋아진 것이 없는거 아니라? 도지사 그만 두어시매 이제랑 말 좀 해 보시게. 경허곡 요즘은 보민 특별자치도가 어떵 한다는 말은 쏙 들어가 부러서. 어떵되엄신지 도통 알 수가 어서", "미국하고 FTA를 한다, 중국하고 한다, 일본하고도 한다 허는디 앞으론 점점 어려워진댕 햄신디 어디 마음놓앙 살아지커라?"

지난 3년 동안 한두 번 듣는 말이 아니었다. 물론 앞으로도 수 없이 듣게 될 것이다. 그래서 나는 어쩌면 죄인이 된 듯해서 마음이 답답할 때면 제주특별자치도 제도를 도입했던 사람으로서 종종 그 결정이 나를 옥죄기도 한다.

그럼 나는 아무런 생각없이 이 험한 길을 가겠다고 했던 것일까? "특별자치도"제도 시행을 앞두고 주민투표를 할 때는 그야말로 밤잠을 못 이루고 뒤척였던 그 많은 순간 순간의 피 말리는 고민을 했던 기억이 새롭다. 나는 시장 직에도 있어 보았고 도지사도 해 보았다. 여기서 잊지 말아야 할 것은 우리는 시대의 한 순간을 거쳐 갈 뿐이며 이 순간이 어떻게 거대한 역사의 탑에 흔적이 쌓이기 시작하느냐에 따라 미래에 도달하는 목표지점에는 엄청난 격차를 이루고 말 것이라는 사실이 분명할 것이다라는 게 나의 경험에서 나온 이론이다.

어떤 이가 집을 지으려고 하는데 기초에 쓰이는 벽돌을 얼마나 정확하고 정교하게 놓느냐에 따라서 그 집이 설계한 의도대로 완전한 건축이 되는가 아니면 부실 건물이 되느냐 하는 답이 나온다는 사실이다. 물론 집을 짓는 과정 속에서 설계를 변경하고 이런저런 변화를 줄 수는 있지만 당초에 그 건물에 담고자 했던 철학을 무시해 버리면 그 집은 정체성을 상실하고 만다는 사실이다.

스페인 바르셀로나에 가면 사그라나파미리아 성당이 있다. 일명 '가우디 성당'이라고 해서 지금 지어지고 있다. 당초에는 150년을 목표로 시작했는데 지어오는 과정에서 여러번 설계가 변경되어 이제는 총 200년은 넘게 걸릴 것으로 보고 있다. 지금 시점에서 60년은 더 지어야 한다고 말한다.

그러나 중요한 것은 처음 설계한 가우디란 사람의 정신을 잊지 않고 대를 이어가면서 그 건축물은 매일같이 조금씩 조금씩 모습을 드러내고 있다는 사실이다. 물론 가우디란 사람이 죽은 이후에 몇 차례의 설계변경과 감독자가 바뀌었다. 그러나 그 성당의 큰 틀은 변하지 않고 '식물의 생태적 성장'모델 컨셉을 바탕으로 온 시민의 정성과 사랑 속에서 현대 문화유산이 될 건축물로 위대한 모습을 형성해 나가고 있는 것이다.

우리가 살고 있는 공동체 역시 이와 같은 사례 속에서 미래를 향한 노력을 해야 한다고 나는 본 것이다. 대한민국도 최후진국에서 산업화, 민주화, 선진화, 융합화 과정을 거치면서 국민 행복시대를 향해 역사이래 반 만년 동안에 걸쳐 영욕에 얽힌 걸음을 옮겨 놓았다.

'제주특별자치도'역시 큰 틀에서는 대한민국에 속한 지방도시로서 그 궤를 같이하고 있음이다. 그러나 17개 시 · 도를 찬찬히 뜯어보면 각각 지역의 미래를 설계하고 나름의 전략과 전술을 구사하면서 국력의 에너지를 자기지역 발전 에너지로 활용하려는 치열한 경쟁을 하고 있는 게 현실이다. 흔히 말하는 세계 주요 선진 도시들과의 경쟁은 차치하고라도 국내에서조차 그 경쟁은 활화산과 같이 강렬하다는 것을 느낄 수 밖에 없다.

그러니 도지사 직에 있고 보면 이 경쟁구도 속에서 어떻게 그들과 어깨를 나란히 하면서 살아 갈 것인가 하는 역사적 사명을 절감할 수밖에 없을 것이다. 누구든 이러한 공인의 위치를 경험한 선배들의 고충을 충분히 이해하고 그 분들이 헌신과 노고에 경의를 표하지 않을 수 없다.

17개 시 · 도를 찾아보면 울산 같은 도시는 1인당 GDP가 4만불을 넘어서고 있다. 우리 제주는 2011년 발표기준으로 볼 때 1만 8천불로 힘든 추격전을 하고 있다. 전국 평균 2만 2천 5백불로 여덟 번째로 평균 수준으로 비교해도 4~5천불의 격차를 두고 있다.

그럼 우리의 현실은 어떠한가? "천혜의 자연유산을 가진 황금의 섬"이라고 칭송을 하는데 어느 어르신이 말씀처럼 현실과는 차이가 있는 것이다. 대한민국 현실이 그러하지만 그 중에서도 우리는 지하자원이 전혀 없다. 인구는 서울의 구청 수준이다. 그래서 백화점 하나도 들어설 수 없는 위치와 규모를 가졌기 때문에 무엇보다 경제권이 필요하다고 주장하고 있는 게 현실이다.

'생명산업'이라고 목소리를 높이고 있는 1차 산업은 본토나 이웃 주변국 중국이나 일본의 영향권 아래서 一喜一悲일희일비를 반복하고 있다. 육지 어느 지방에 풍작이 되면 우리는 망하고 어쩌다 육지 지방에서 흉작이 되면 그나마 재미를 보는 현실이 지속되는 한 그 한계를 넘어설 수가 없다. 서비스 산업 중심의 관광산업이 그나마 우리경제 중심이 되고 있지만 이 또한 우리 의지와 무관하게 지속가능한 발전 패턴을 유지하기에는 한계가 있음 또한 사실이다.

'인재'는 또 어떠한가? 싱가포르 같은 나라는 세계 최고의 인재를 유치해서 나라의 경쟁력을 높이는데 참여시키고 있다. 우리는 우리지역에서 뛰어난 인재가 있어도 고향에는 평생을 바칠만한 일거리가 없다. 그래서 조금만 우수해도 육지로 진출하려는 게 현실이다. 그러다보니 결국 우리는 우리가 갖고 있는 우수한 인재 역시 우리의 발전 에너지로 활용하지 못하고 있다. 그럼 이렇게 한탄만 하고 있을 것인가?

차동엽 신부의 희망에 대한 이야기가 공감을 준다. "돈이 없다고 변명하지 마라 희망은 공짜다. 배경이 없다고 핑계대지 마라. 희망의 해는 공평하다. 시간이 없다고 넋두리 하지마라 희망은 무한대로 널려있다.” 로마는 5만 명으로 세계국가를 이루었다.

싱가포르는 우리 제주특별자치도보다 3배나 작은데도 초일류 국가이며 행복한 삶을 제공하는 나라로 뿌리 내렸다. 그 나라에도 자원은 없다. 심지어 물조차도 부족한 나라였다. 홍콩 역시 작은 섬이지만 세계 중심의 물류 유통의 중심도시로 세계인의 출입국이 되었다. 과연 이들 나라는 어떤 방법으로 하늘에 걸려있는 희망이란 공을 잡을 수 있었을까?

그들은 우선 하나로 똘똘 뭉쳤고 미래를 바라보는 리더쉽과 하나가 되었다. 그리고 시간과의 싸움에서 승리를 쟁취했을 뿐이었다. 멈칫거리지 않았고 그들이 찬 · 반 토론을 거쳐 채택한 내용에 대해서는 모두가 하나가 되었다. 이런 성공 사례들 속에서 우리는 교훈을 찾아야 한다. 그들이 시작했던 시대와는 다르고 그때와 상황과 환경은 다르지만 공동의 목표를 설정했다면 좌고우면 하거나 역량을 낭비하는 우를 범해서는 안 된다. 아직도 편을 나누어서 배격하거나 자포자기하며 오로지 불평불만으로 시간을 보내서는 희망은 점점 멀어져 갈 뿐이다.

이 땅에 살고 있는 열정을 가진 도민들이 하나로 통합해서 이상과 목표를 실천해 나가는 치열한 노력이 필요한 것이다. 내가 바라본 우리 제주특별자치도의 미래는 이런 고민 속에서 제시되었다. '동북아의 거점(허브) 으로 당당하고 희망찬 제주', 우리는 싱가포르 면적보다 3배가 크다. 산과 바다 즉 동양의 풍수지리적으로 보더라도 배산임수의 지형을 갖고 있다. 지정학적으로 지금 잠에서 깨어나고 있는 아세안 10개국이 제주를 거점으로 중국과 일본 그리고 우리나라 육지를 통해 유라시아의 넓은 대륙으로 진출하는데 중심축으로 허브 역할을 담당 할 수 있다.

인도, 인도네시아, 말레이시아, 베트남, 캄보디아 등은 최근 정치체제를 안정시키면서 경제성장의 기지개를 켜고 있다. 이런 나라들이 중국 대륙과 일본, 러시아 등으로 진출하는 교두보로서 우리 제주가 매우 중요한 역할을 할 수 있다. 또한 중국이 동남아로 상호 소통하는 과정과 일본이 그러한 접근로에서 우리가 어떤 준비를 하고 대응하느냐가 곧 우리의 미래일 수 있다.

10여 년 전 컨벤션 센터를 짓느니 마느니 하며 한동안 옥신각신한 때가 있었다. 그러나 그 건물 하나로 인해서 우리는 그동안 여타 광역시 · 도에서도 욕심을 내는 각종 국 · 내외 굴지의 회의산업을 유치할 수 있었고 그런 과정을 통해 품격 있는 고급관광지로 우리의 위상을 높일 수 있었다.

도지사 재임시절 다양한 인센티브를 제공하면서 제주에서 회의를 개최하도록 했다. 일각에서는 돈을 주면서 회의를 유치한다는 게 무슨 실익이 있느냐고 비판적 견해를 보이는 분들도 있었다.

하지만 국제사회의 전문적인 지식인 층 등 많은 사람들이 몸소 제주에서의 기분 좋은 경험은 곧 입과 입을 통해 소문이 퍼지면서 구전홍보 마케팅 전략으로 빛을 발하게 되었다. 가끔 육지의 도시들과 회의유치 경합을 하면서 유치지 평가과정을 보면 결국 항공, 숙박, 컨벤션 환경 등이 주요 점수 요인이 된다.

이런 관점에서 보면 중문관광단지가 제주관광에 미치는 영향은 자못 크다고 할 수 있다. 그래서 그 어려운 시절 중문지역 관광단지를 최초 조성할 당시 아까운 땅을 내 놓은 중문지역 주민들의 정성에 고마울 따름이다.

이러한 성공을 발판으로 우리는 일어서고 있기에 지금 한탄하거나 뒷걸음질 치지 말고 더욱 힘을 비축하면서 도민 역량을 축적하고 우리의 비전을 실현시키는 쪽으로 발전한다면 몇 년 안에 분명히 우리의 꿈은 이루어질 수 있다고 믿는다.

그런 측면에서 제주특별자치도의 완성은 더욱 시급한 당면과제이다. 그럼에도 불구하고 지금 상황은 매우 불성실하고 주춤대고 있으니 가슴이 답답함을 금할 수 없다는 게 지금 나의 심정이다. 그토록 옥신각신하면서 다툼이 되어왔던 투자개방형병원 제도의 도입, 관광산업인 내국인 카지노 제도의 자율화, 물류, 금융, 인재영입, 국제학교 이 모든 영역에 제도를 도입 해야 되느냐 마느냐하는 일은 우리 스스로 결정되도록 해야 함에도 불구하고 여전히 중앙에서 좌지우지 되고 있다.

동북아의 중심 거점으로 제주를 부각시키려면 바로 질적인 우리의 변화가 필요하다. 슬로우 시티나 자연감상 위주의 관광산업으로는 2만 불 관광시대를 열기도 힘든 게 현실이다. 중국이나 동아시아 시장의 치유관광을 유치한다고 생각해 보라. 그런 유인책이 고도의 선진화가 이루어지고 있다면 크게 성공할 수가 있다고 보는 것이다. 얼마 전에 삼성의료원에서는 세계 최고의 의학자를 영입하면서 암병원으로 성장시켜 삼성전자와 같이 초일류 의료시대를 열겠다고 선언하고 있다.

만일 우리 제주에 세계일류 병원을 유치해서 최고의 인력이 확보된다면 중국이나 동아시아 등에서 환자를 얼마든지 유치할 수 있다. 돈 있는 고객을 유치하다보면 당연히 고용이나 그에 수반되는 경제 용량은 확대되고 그 사회적 파급은 엄청날 수밖에 없다.

민군복합형 관광미항 크루즈 선박 접안이 가능해지면 중국 상해와 일본의 오끼나와, 제주, 부산이나 목포를 경유하는 정기 크루즈 선박을 운영할 수 있다. 제주특별자치도 관광공사와 관광협회 그리고 강정지역 주민들이 협력 사업으로 추진한다면 네트워크 거점 출발이 가능해진다. 크루즈 선박의 접안으로 질높은 체류관광객이 증가하면서 파생되는 경제적 효과로 인해 제주 경제는 한층 더 단단해지고 다음으로 도약하는 발판이 될 수 있을 것이다.

얼마전 관광진흥 확대회의에서 크루즈에 선상 카지노를 도입할 수 있도록 하겠다는 정부의 발표는 시사하는 바가 크다.

내국인 카지노 역시 폐해만을 우려할 게 아니다. 여기서 발생하는 부가가치로 제주의 1차 산업을 로가닉(천연)시대로 접목시켜야 한다. 언제까지 보호위주의 정책으로 1차 산업을 지켜낼 수 있을까? 국제무대에서도 경쟁력 있는 천연의 농산물을 생산하는 안정된 시스템을 구축한다면 덴마크나 노르웨이 등과 같이 1인당 총 생산액이 7~8만 불 하는 선진국을 향한 도전에 나설 수 있다고 보는 것이다.

물론 좋은 것은 독이 있을 수 있다. 그러나 독이 있을 것이라는 막연한 불안감에 휘둘려 도전해 보지 못한다면 새로운 기회를 놓치는 결정적인 실패요인이 될 것이다. 독을 잘 제거해서 창조적으로 활용하면 좋은 약이 될 수도 있다.

움직임은 적고 허공에 구호만 외친다고 달라질 것은 별반 없다. 나는 할 수만 있다면 지금이라도 이 遲遲不進 지지부진 한 특별자치도의 움직임에 우렁찬 전진을 향한 불쏘시개를 마련하는 전기가 있었으면 하는 바램을 가지고 있다.

비전이 있으면 뛰어야 한다. 언제까지 실천이 없는 甲論乙

駁갑론을박 만 할 것인가. 무슨 특별한 대안이 있는 것인가 아니면 대안도 없는 것인가. 또 하나 외국인 관광객에게 호텔부가가치세 환급제 시행을 한다고 정부에서 발표했는데 이미 우리가 시행하려 했던 부가가치세 환급제는 어디까지 와있는지 궁금하다.

만약 우리가 부가적으로 재원을 벌어들일 수 있다면 제주대학교에 세계 초일류 교수를 초빙할 수 있다. 그러면 결국 막대한 돈을 투자하여 우수한 아이들을 타지로 보내지 않아도 된다. 그러한 우수한 인재가 제주 발전의 기틀이 될 것임은 틀림없는 사실이다.

이 점이 싱가포르에서 배워야 할 좋은 교훈이다. 그들은 도덕국가를 자처하지만 결국 카지노 제도를 도입했다. 그러나 지난 2~3년 동안 그 쪽에서 특별한 문제가 있다는 보고는 없다. 중앙의 간섭을 받지 않는 제주특별자치도 제도가 완성된다면 창의적인 도전을 통해서 '동북아의 거점', '당당하고 희망찬 제주' 건설의 꿈은 반드시 이루어 낼 수가 있다.

몇 개월 전 제주인구가 늘고 있다는 보고서를 본 적이 있다. 얼마나 숨 가쁘게 투쟁했던 영어 학교 도입이었으며 외국인 영주권 제도 도입이었던가. 발에 무좀이 사라지지 않을 만큼 뛰었던 기억이 아스라이 떠오른다. 60년 전통의 옷을 완전히 새로운 옷으로 갈아입기 시작한 지가 얼마인가.

아직도 특별자치제도 도입을 놓고 논쟁한다면 그 시간과 인력낭비로 인한 공허함은 물론이고 하나로 뭉쳐져야 할 도민의 힘을 몇 개로 산산 조각을 내서 어찌하겠다는 말인가.

이러한 현실 앞에서 특별자치도를 해야 한다고 내 모든 인생의 가치를 걸고 뛰었던 나로서는 그 비전과 목표가 저 멀리서 손을 흔드는 모습만 보아야 하는 절박함으로 몸서리치지 않을 수 없다. 어느 촌로가 나에게 수없이 물어보고 있듯이 분명 제주특별자치도는 우리에게 명약이 될 수 있다. 이 제도란 수단을 어떻게 효과적으로 활용할 것이냐 하는 것이 문제일 뿐이다.

한 · 중 · 일 FTA가 서둘러지고 있다. 사방이 눈에 불을 켜고 창조적인 정책을 발굴하기 위해 몸을 던지고 있다. 현실에 안주하며 쓸모없는 일에 탁상공론하고 있을 때가 아니다. 우리가 갖고 있는 모든 역량을 동원해서 우리는 미래를 준비하는 일에 조금도 소홀해서는 안 된다고 강조하고 싶다.

40년 넘게 이 땅의 공직자로 살아온 나는 제주가 새로운 도약을 위해 제주개발특별법, 국제자유도시특별법, 제주특별자치법과 같은 변화를 추구 할 때 마다 낯선 제도라는 이유로 그 폐해를 걱정하면서 차일피일 미루고 원안에 담긴 정신을 훼손하고는 결국 타이밍을 놓쳤다는 회한을 해왔다. 이제 우리 현명한 도민들이 이런 과정의 교훈을 반면교사로 삼았으면 하는 간곡한 기원을 들여본다.

공동체의 발전과정을 한 번 들여다 보자. 인류사회가 오늘날이 있기까지 개인사회에서 위기를 극복하기 위해 씨족사회를 형성시켰다. 개인이 주변 환경으로 부터 각종 도전에 응전하기에는 온갖 위험으로 부터 살아남을 수가 없었다. 사자, 호랑이를 비롯한 힘센 동물로 부터의 도전은 물론이고 자연재해로 부터의 도전, 그보다 큰 도전은 사람으로 부터의 도전이었던 것이다.

힘 있는 사람들이 힘없는 사람들을 위협하기 때문에 이들은 공생할 수 있는 길을 모색하기 시작했던 것이 바로 씨족공동체, 지금도 사자 무리가 하고 있는 원시적 출발 그것이었다. 씨족사회는 족장 중심의 지배집단을 만들었다. 그러나 이 씨족사회에서 더 힘 있는 씨족사회의 침입과 그들의 도전을 이겨낼 수 있는 방법은 없었다.

그래서 더욱 확대된 것이 부족사회이고 이 인구가 확대되고 복잡해지면서 힘의 균형성이 무너지고 또 다른 부족으로 부터의 도전에 대응하기 위해서는 국가공동체 건설이 필요하게 된 것이다.

그리고 국가공동체를 관리하기 위해서는 기초단위 관리시스템이 필요했던 것이다. 이것이 지방공동체의 시작이다. 그리고 국가사회를 효율적으로 운영하기 위한 것이 바로 헌법이며 법률이란 규칙이 형성된 것이다.

중앙집권적 왕권사회에서는 지방은 중앙을 위해 존재했던 사회이다. 한 사람의 행복을 위해 수십만 명, 수백만 명의 백성이 존재했을 뿐이다. 백성의 행복은 도외시되고 왕의 행복만 존재했을 뿐인 사회가 중세국가 사회라 할 수 있다. 그러면서도 기층백성들은 중앙이 관료들을 먹여 살리고 있다고 믿고 살았던 시대이다. 그러나 시간이 흐르면서 이것이 아님을 깨닫고 백성들로 부터 혁명이 일어나고 '민주주의'란 새로운 시대가 등장한 것이다.

즉, 개개인의 행복을 위해서 행정기구와 정치체제가 필요하다는 개념이 사람들의 마음을 사로잡았고 이를 근거로 각종 혁명이 일어나면서 오늘날의 정치체제가 자리 잡게 된다. 아직도 북한이나 후진국의 독제하에서는 왜곡된 형태로 국가 질서나 지방 질서를 유지하고 있지만 대다수의 수많은 나라들은 고귀한 민주주의 시대를 꽃피우고 있다.

우리나라 역시 다양한 우여곡절을 거치면서 민주사회의 기반을 다지고 있음을 우리는 역사를 통해서 잘 알고 있다. '민주주의'는 우리가 만든 공동체를 통해서 나의 존엄한 권리를 보호받으려는 시스템이라고 요약해 볼 수 있다. 그러기 위해서 나는 공동체로 부터 일정부분의 공동체 유지와 보전에 필요한 책임을 부여 받아야 함을 감수해야 한다는 것이다.

그것이 바로 국방의무, 납세의무, 근로의무, 교육의무이다. 이런 의무를 공평하게 부담하고나면 공동체 구성원들이 행복추구권을 비롯한 인간으로서 누려야 할 특권을 누릴 수 있도록 공동체에 책임을 지도록 하고 있다. 결국 공동체가 책임을 질 수 없기 때문에 그 책임자를 선출하고 그 책임자는 자신의 역량을 다해 주어진 책무를 다해야 한다.

특히 최근에는 복지공동체로서 기능이 더욱 부각되고 있고 미래의 희망을 찾아내는 무한 경쟁시대의 책임을 지도록 발전하고 있다. 그것이 바로 입법 · 사법 · 행정부에서 일하는 사람들인 것이다. 그들의 도덕성이 강조되는 까닭이 여기에 있다. 내가 왜 여기서 장황하게 민주주의에 대한 이야기를 하고 있는가. 바로 이것은 '민주주의'란 제도 역시 존엄한 인간들이 행복하게 살기 위한 수단이라는 것을 강조하기 위해서다.

지방정부도 역시 마찬가지란 것이다. 우리는 우리가 오랫동안 관습화된 지방정부가 최고의 가치로 생각하는 것이 습관화되어 버렸다. 그것이 아주 비효율적이라해도 그것을 변화하는 것에 주춤거리고 있다는 것이다. 행정구역을 설정하는 주요목적이 무엇인가. 그 지역주민들에게 얼마나 서비스 제공을 잘해줄 수 있느냐에 따라서 단위로 구분지어진 것이다. 여기에 문화적 공통성이나 생활패턴이 감안됐다고 하지만 궁극적인 것은 그 지역 사람들에게 질 좋은 행정서비스를 얼마나 효율적으로 할 수 있는가 하는 것이다.

시간이 흐르면서 그 공동체가 그 지역의 자존심이 되고 자긍심이 된다. 지금은 집에서 주민등록 등초본을 발급받을 수가 있다. 기초행정 서비스가 정보화로 스마트 시대를 맞이하고 있다. 복지나 재난재해 대비, 위생 · 생산 등의 문제를 제외하고 나면 할 것이 없어지고 있는 시대를 맞이하고 있다.

소규모 경제주체의 형태들도 작목반, 농협, 협동조합, 마을단위 조직 등으로 분파되어 또 다른 공동체의 모습으로 기능하면서 효율성을 제고하고 있다. 그러므로 지방정부에서도 새롭게 행정시스템의 변화를 추구해야 할 때가 된 것이다.

박세일과 같은 사람은 지방정부를 국가단위만큼 확장해야만 경쟁력이 생길 수 있다고 주장하고 있다. 미국이나 중국과 같이 G2에 해당하는 국가의 지방정부가 그러하다는 것이다. 제주특별자치도라는 대한민국의 지방정부도 중앙에 의존하며 현실에 안주하기보다는 중앙정부의 도움을 바탕으로 세계적인 무대에서 경쟁할 수 있을 정도의 경쟁력 있는 비전을 갖춰야 한다. '지방정부' 이것도 결국 지방민들의 행복을 보장할 수 있고 미래비전을 실현할 수 있는 수단이 되어야 한다는 것이다.

우리 제주특별자치도와 같이 인구가 적고 특별한 자원이

부족한 상황에서는 최대한 도민의 세금은 덜 쓰면서 효과적인 발전 기반을 구축하는 것이 필요한 시대가 되었다고 나는 판단했다. '민주주의'가 후퇴할 것이라는 생각은 조금도 안했다. 도의회가 존재하고 국가사회가 더욱 투명한 사회로 발전하고 있기 때문에 사법기관이며 인권기관들이 충분히 부작용을 대신할 수 있다고 본 것이다. 주변의 다른 지방도시는 물론이고 일본이나 중국의 지방정부들과 경쟁하려면 우리만의 효율적인 정부를 만들어서 생산성을 높여야 한다는 것이 나의 기본 철학이었다.

건강한 NGO들이 생산적으로 활동하고 있고 국가 민주주의가 더욱 발전하고 있다. 최근에 보면 지방정부의 여력과는 관계없이 복지확대는 급물살을 타고 있다. 그러나 지역공동체의 콘텐츠의 마련은 지방 스스로 해야 한다는 것이다. 우리는 무엇을 먹고 살아야 할까. 우리 후손들은 얼마나 활발하게 잘 살 수 있을까. 지금 당장 나에게 돌을 던지더라도 미래가 밝다면 나는 그 길을 가야 한다고 믿으면서 행동해 왔다.

투자개방형 병원을 도입한다고 해서 김태환 도지사의 삶이 더 나아지지는 않는다. 그러나 제주 공동체 미래에 도움이 된다. 즉 이런 잣대로 바라본 것이 '제주특별자치도'도입이다. 시 · 군으로 인해 생기는 중복 투자문제, 중복 비용문제, 시간 관리문제, 자율적 결정권 확보문제 등을 효과적으로 해결할 수 있는 이점이 있다는 것이다. 중앙정부와 치열한 토론을 통해서 국방 · 외교 등 국가 존립에 배치되지 않은 것은 모두 이양 받아 우리의 미래를 우리 스스로 결정해 나가자는 것이다.

이것은 우리 제주의 가치를 제주민들의 손으로 드높일 수 있는 굉장히 가치 있는 디딤돌이 될 수 있다고 굳게 확신했다. 여기에 중차대한 위험요인이 하나 있다. 현명한 지도자들이 중요하다. 헌신적인 지도자들이 필요하다. 올바른 의사는 칼을 주면 사람을 살리지만 그렇지 않은 사람에게 칼을 주면 그는 사람을 죽일 수 있음을 간과해서는 안 되는 것이다.

우리의 비전은 무엇인가. 동북아 허브가 되겠다는 것이다. 동남아에서 오는 사람들이 우리 제주를 거쳐 가도록 하고 동북아 사람들이 우리 제주를 거쳐 동남아로 그리고 세계로 나가도록 하겠다는 것이다. 그만큼 사람 살기 좋은 땅으로 세계속에 각광받는 '섬'으로 성장함으로써 이 땅에 살고 있는 우리는 그동안 누려보지 못한 행복한 삶을 살아보자는 것이다.

사람도, 물류도, 금융도, 항공도 우리가 중심이 되어 국가사회 발전에 기여해보자는 도민적 자존감의 발로가 바로 특별자치도 제도이다. 우리는 언제까지 중앙의 지원만을 받겠다는 것이 아니라 당당하게 홀로 서 보겠다는 자존심의 발로이다.

●●● 역사적인 "제주특별자치도"호의 출범을 알리는 축하 프로모션에서 미래의 주역인 어린아이들과 함께하다. (2006.7.1)

●●● 제주자연유산 등재 출정식 (일출봉에서, 2006.8.16)

2. 왜 특별자치도 제도 도입이 필요했는가

행정구역을 설정하는 근본적인 이유는 어디에 있을까. 아마 이것은 행정이 추구하는 목표에 따라서 변화가 있을 수밖에 없다. 왕권시대나 권위주의 시대에는 지역을 통제 내지는 관리수단으로 행정구역을 설정했고, 행정의 역할은 중앙정치를 지탱하는 수단으로 존재했을 뿐이다.

말로는 '민심이 천심이다.' 라는 등 갖가지 뜻을 내놓고 있지만 결국은 어떻게 효율적으로 주민을 통제·동원 하는데 쓰일 수 있을까 하는데서 출발하는 제도였다. 만백성은 한 사람의 왕을 위해 존재한다고 인식되었기 때문이다. 지금 북한체제가 바로 그런 역할을 하고 있다.

권위주의 시대에 있어서도 중앙의 정책방향을 현지화 시키는데 가장 효율적으로 동원할 수 있는 시스템이 행정구역

단위로 책임자를 임명하고 그들은 주민의 복지보다는 중앙 정치의 안정에 더 크게 활용되어 온 것이다. 행정구역론 등에 의하며 행정구역은 그 지역에 살고 있는 사람들의 공동체 결합성 즉 정체성, 인접성, 차별성, 행정서비스 기능성 등을 고려해서 구역을 설정하는 것이 좋다고 되어 있다.

그런데 현대 민주주의 사회에는 얼마나 행정 서비스를 효율적으로 주민에게 도달할 수 있게 하느냐가 제일 중요한 조건으로 부각되고 있다. 지방자치가 실현되면서 상징되는 목표 역시 주민의 복지실현에 행정구역 설정이나 행정기구 설치 등이 존재이유가 되도록 변혁을 이루어 내고 있다.

또한 지역주민들 스스로의 힘에 의해 지역의 미래를 결정하고 복지의 수준이며 경제, 문화, 사회활동의 구심점을 형성할 수 있도록 하는 자율성을 헌법에 의해 보장하고 있다. 소속 주민들이 인권의 존엄성을 존중 받도록 되어 있듯이 자치행정단위 역시 인격체적 권익을 존중받아 그 지역 주민들의 존엄성을 보장받도록 우리 헌법은 보호 장치를 해놓고 있는 것이다.

여기서 급격하게 변화하는 현대 사회의 환경을 직시해 볼 필요가 있다. 불과 몇 십 년 전만 해도 시골에서 시내로 나오려 해도 걸어 나오거나 마차를 이용했는데 60년대 말, 70년대 초가 되면서 콩나물시루 같은 시외버스가 다니고 전기가 들어오고 상수도 현대화가 진행되는 등 우리 생활이 180도 달라짐을 매일같이 경험했다.

그 당시 우리 제주사회가 다른 육지 지역과 달리 근대화가 급진전할 수 있었던 이유 중 하나는 많은 도민들이 일본에 가서 외로운 투쟁을 하면서 경제적 성공을 이루어 내고 그것에 그치지 않고 그들은 고향 발전을 위해서 직 · 간접적인 지원을 해 주었기 때문에 가능했다고 본다.

나는 현직에 있을 때나 떠나 있을 때나 그래서 재일본 재외도민을 만날 때 마다 감사한 생각을 가져야 한다고 주장해 온 사람이다. 우리가 어려울 때 그분들이 생활비를 쪼개면서 고향에 있는 친족 또는 마을에 헌금했는데 이제 좀 상황이 나아졌다고 해서 모른 척 한다면 말이 될 것인가.

가깝게는 컨벤션 센터만 해도 우리 힘이 부족해서 재일본 재외도민들의 애향정신에 호소했는데 이 사업이 정상적으로 흑자사업 체제로 전환시키지 못했다는 이유로 무시해서는 안 될 일이다. 반드시 주식에 투자했던 그분들에게 응분의 보상을 해야만 한다는 생각에는 지금도 변함이 없다.

지금 50세 이상 된 도민들은 누구나 공감할 것이다. 하루가 지나고 나면 그림처럼 달라지던 그 시대의 모습을 생생하게 기억하고 있다. 그런 시대에 우리는 중앙의 처분에 따랐고 중앙에서 떡고물을 나누어 주면 감사하게 받아 먹었다.

그렇게 습관화된 시스템이 60년을 넘게 우리 생활과 동일시해온 것이 제주도란 행정시스템이었다. 물론 이 제도로 적당히 넘어갈 수도 있고 새로운 변화로 도민들을 몰아세울 필요 없이 적당히 명예스러운 도지사 직을 수행하면 그만이었다.

히말라야 산맥을 넘는 것 같은 악전고투가 눈에 보이는 그 길을 왜 선택해야만 했을까. 우리는 몇 십 년 전까지만 해도 감귤과 관광산업 등으로 꿈의 고장으로 각광을 받을 때가 있었다. 다른 지방에서 일거리를 찾아 제주로 인구가 유입되던 시절도 있었다.

그러나 지방화가 되면서 전국의 지역에서는 다른 지역의 환경이 어떠하든 관심이 없었다. 제주에는 자원이 없고 인구가 적으며 지역구 국회의원도 달랑 3명 뿐이다. 정치권에서 제 목소리를 못 낸다고 해서 동정심을 갖고 바라보는 사람은 하나도 없다. 중앙정부의 재량권도 국회 동의 없이 집행될 수 없는 한계가 있다.

지방도시 간 경쟁은 살아 있는 사람의 코를 베어갈 만큼 치열했다. 산업화 시대부터 시작된 도시 집중화는 노무현 대통령 시절인 참여정부가 되면서 엄청난 지방적 저항을 받으면서 지역균형발전이라는 해법을 제시하게 된다. 그러면서 중앙에 집중된 공공기관은 강제적으로 각 지방단위로 재배치되는 조치를 하기에 이르른 것이다. 아마도 노무현 전 대통령은 중앙집중으로 인한 불균형을 해소하는 방법중 하나는 3층

구조의 지방정부도 혁신되어야 한다는 생각을 하면서 남다르게 제주에 대한 혼자만의 고민을 많이 했던 것 같다.

제주관광의 서막을 열수 있었던 것이 박정희 대통령의 의중에서 시작된 것이었다면 노무현 대통령은 새로운 지방의 균형적 발전 전략에서 제주에 새로운 시스템을 적용할 수 있다고 보았던 것 같다. 노무현 대통령이 당선자 시절부터 제주를 유난히 많이 찾았고 그러면서 제주의 미래에 대해서도 깊은 고뇌를 하지 않았는가 하는 생각을 갖는다. 물론 우리나라의 지방정부 시스템의 전반적인 혁신을 고민하는 과정에서 가장 선도적으로 분권의 시범도라는 시스템 적용이 가능했다는 이점도 있었다.

참여정부에서는 제주도가 행정시스템을 단순하게하고 외교나 국방 같은 국가를 구성하는 핵심적 요소를 제외한 나머지 권한과 책임을 갖고 발전을 이룩해서 지방분권의 선도적인 위치로서 홍콩이나 싱가포르와 같은 역할을 해내도록 하겠다는 의도가 바로 특별자치도제 시행을 제안한 것이다.

나는 도내 뜻있는 유지나 언론인, 공무원 등에게 물어도 보고 나름대로 밤잠을 못자는 고뇌를 거듭한 끝에 세계가 하나의 지구촌으로 일일 생활권이 되고 스마트폰이 등장하는 등 IT산업 즉 제4의 지식 정보통신 산업으로 주도적인 발전을 이루었을 때, 과연 60년 동안 길들여졌던 이 익숙한 것들로 부터 탈피해서 제 3의 도약의 발판을 마련하지 않는다면 누가 우리의 미래를 보장해 줄 것인가 하는 고민에 빠져들었다.

이러한 자문자답 속에서 변화에서 오는 책임은 모두 내가 짊어지고 도민들에게 밝은 희망을 안겨드릴 수 있다면 어떤 욕을 듣는다 해도 그 제안을 받아들여야 한다는 결론에 이르른 것이다. 결국 2005년은 이 문제로 제주도가 온통 난리가 났다. 심지어 풀뿌리 민주주의를 말살시키려는 주범으로 낙인찍혀서 가는 곳마다 욕설과 비판을 감수해야 했다.

당연한 일이지만 시군이 없어진다고 하니 시장, 군수, 기초의원까지 풀뿌리 민주주의가 훼손된다는 불합리성을 들고 나와서 지역별 설명회조차 차분하게 진행될 수 없었고, 이곳저곳에서 이런 저런 사건 사고가 발생하는 일들이 비일비재했다.

도청을 떠나서 자신들의 신념을 갖고 찬성하는 단체들은 앞에 나서려 하지 않았고, 관변 단체들은 시 · 군의 기초단체들의 장인 시장, 군수 눈치를 보는 형편이 되자 도 단위 몇몇 지도자급만 남아 있을 뿐이었다. 그러나 반대 위치에 있었던 시민단체들은 시군의 암묵적 지지를 받으면서 공격적으로 반대논리를 제시하고 각종 토론이나 강연 등을 통해서 '풀뿌리 민주주의가 훼손되면 우리가 주인인 지방정부가 도지사가 독주할 때 견제할 수 없다.', '조상대대로 내려온 우리 아름다운 이 제도가 훼손될 수 있다.'는 등 강경한 주장으로 일관하면서 '사면초가'의 지경에 빠져드는 위기에 직면하기도 했다.

그나마 청년단체인 JC에서 악역을 자처하고 나서서 찬성 단체로 정식등록하고 주민설명 토론에서 '행정현상이 하루가 다르게 변화하는 이 시대에 목표가 아닌 수단에 얽매어 비효율을 안고 간다면 우리가 어찌 다른 지역과 경쟁을 할 수 있겠는가?' 하는 논리로 당당히 나서 주었다.

지금도 그 당시 총 리더였던 강시범 회장을 비롯한 JC회원들에게는 깊은 감사를 드리고 싶다.

결국 이 제도를 도입하느냐 마느냐는 도민들의 판단에 달려있다. 절차적으로 정당성을 확보해 나가는 길은 주민투표를 실시해야 한다. 도청 전 공무원을 매일같이 현장에 나가 한 사람의 주민이라도 만나면 장단점을 설명해라. 몰라서 선택을 못한다면 참으로 암담한 결과를 초래할 것이다. 나 역시 주민투표가 실패하면 도지사 직을 수행할 수 없음을 모를 리가 없다.

서울시에서 오세훈 시장의 경험을 보면 익히 알 수 있는 일이다. 하나의 행정행위를 하는데 소요되는 시 · 공간적 낭비를 서울시로 비교할 때 불과 1개 구청 정도의 도민수를 갖고 있는 입장에서 기초와 광역 리더의 의견차이로 발전 프로젝트 진행 지연으로 인한 피해, 유사한 행정행위로 인한 비용과 인력의 낭비, 정당 공천제로 기초와 광역단체장의 입장이 다름으로써 나타나는 괴리 등 등, 이루 말 할 수 없는 비효율성을 극복할 수 있는 처방이 될 수 있음을 도민들은 모를 것인가.

우리 발전에 발목을 잡고 있는 수천 개의 법률 조항들 중 하나라도 우리에 맞게 개정하려면 중앙정부에서 부터 국회까지 몇날 며칠을 줄을 서서 기다리고 사정사정하는 그 고충을 왜 모르는가. 시장, 군수들은 다 알면서도 지금의 기득권을 지키려 함인가 하는 의구심을 가져보았지만 그들은 타협하려 하지 않았다.

4개밖에 없는 시 · 군의 시장, 군수 회의를 소집하였지만 이런저런 이유로 불참했다. 최악의 상황이 된 것이다. 주민투표는 이런 상황 속에서 이루어졌다. 나는 도지사 직을 수행하면서 두 번의 심판을 받아야 했던 유일한 도지사이다. 그만큼 몸부림을 쳤던 시기이기도 했다.

첫번째는 '행정계층구조개편(시 · 군을 없앨것이냐)'제도를 시행할 것이냐 하는 문제였고, 두 번째는 민군복합형 관광미항(해군기지) 관계 등으로 도지사에 대한 불신임 투표였다. 주민투표는 유권자의 $\frac{1}{3}$이상 투표가 이루어지면 투표함을 개함하고 찬반에 따라 투표결과가 성립될 수 있도록 규정 되어있다.

다행히도 첫 번째 투표는 $\frac{1}{3}$을 넘기면서 투표결과가 성립되었다. 시 · 군에서 주민들의 신임을 받았던 시장, 군수의 조직적인 투표불참 운동 속에서도 얻어진 결과라는 데서 현명한 도민들이 아직도 이 사회를 지탱하는 막강한 힘이 되고 있구나 하는 믿음을 갖게 되기도 했다. 두 번째의 경우는

10%정도의 투표 결과가 나와 투표함 개함을 할 수 없음으로 인해 도정의 지속적 추진에 탄력을 받기도 했던 기억이 아직도 생생하게 되살아 난다.

지금 시대상황을 견주어서 볼 때 스마트폰 시대가 도래했고 집에서 주민등록 등초본을 서비스 받을 수 있게 되었다. 모든 행정학자들이 지적하고 있는 행정계층 구조의 단축은 필수요소 일 수 밖에 없다. 장기적인 안목으로 행정구조의 혁신을 진화시킨다면 행정시 제도를 폐지하면서 읍 · 면 · 동의 행정 서비스를 강화하는 방향으로 변화할 수 있어야 한다.

도 본청에 시 담당 부지사를 두고 세정국을 신설하는 한편 읍 · 면 · 동장 지위를 서기관으로 보하고 일선 인력을 최대한 보강한다면 충분히 가능해진다. 특히 사회복지 분야에 인력을 지금의 두 세배로 증가시켜서 재가 복지의 새로운 시대를 열어야 할 것이다.

단 지금은 안정된 상태에서 힘을 모아야 하겠기에 주워진 제도내에서 단계적인 혁신과정을 차근차근 밟아 나가야 한다고 생각한다. '행정관리'비용의 최소화 이것은 현대 행정이 가야 할 가장 바람직한 모델이 되어야 한다. 행정기구의 존재 이유는 주민의 안녕과 복지 보장이 아닌가. 북유럽의 복지 선진국과 같이 대대적인 재 혁신이 필요하다고 본다. 결국 요약해 보면 제주특별자치도 제도의 도입은 왜 했는가?

① 홍콩이나 싱가포르와 같이 동북아 허브로 도전할 수 있는 역량을 구축하는 전략이다.

② 중복된 인력과 비용이 관리 부서에 집중된 부분을 걷어내고 일 중심의 행정기구로 재편하는 것이다.

③ 중앙의 획일화된 법집행 시스템에서 탈피하여 제주 환경에 맞는 발전 전략을 스스로 구축하고 실행할 수 있음이다.

④ 토지를 비롯한 각종 자연자원 등의 단일 프로그램에서 정체성을 확보할 수 있다.

⑤ 변화하는 21세기 IT시대에 적응할 수 있는 행정시스템을 구축하는 것이다.

⑥ 의사결정의 단순화로 도민의 시간과 비용을 절약하는 것이다.

⑦ 이 모두는 도민이 당당하고 희망찬 삶을 보장하는 수단이 될 수 있다. 이외에도 많은 필요성이 존재하지만 몇 가지로 압축한다면 바로 이것이다.

그 당시를 뒤돌아보면 나는 외로운 독립투사처럼 진땀나게 도민들에게 특별자치도 설립의 당위성을 설파했다. 그러나 많은 사람들은 당위성은 인정하면서도 '정' 때문에 흔들리는 사람들도 많이 있었다. 어떤 이들은 기득권을 지켜야 하겠다는 의지로 반대하는 사람도 있었다. 권불 10년이란 말도 있지 않는가. 내가 지킨다 해도 얼마나 지켜낼 수 있을 것인가. 그래서 나는 도지사 출마를 재고했다. 사실 특별자치도 출범과 동시에 불출마함으로써 도민들에게 결코 내가 무소불위의 도지사 직 때문에 이 일에 이토록 집착한 것이 아니라고 보여 주고 싶었다.

하지만 또 많은 도민들은 결과를 보여주어야 한다고 기필코 출마해야 한다고 하였다. 집무실에 있을 수가 없었다. 결국 그분들의 의견을 받아들여 특별자치도의 완성을 통해 모든 도민들이 만족해하는 결과물을 내놓겠다는 일념하에 출마하여 무소속 도지사를 했다.

결국 무소속 도지사의 벽은 높았고 특별자치도의 과제들을 완수하는 데는 아쉬움도 많았다. 더욱 현명하게 특별자치도 제도를 완성시켜 미래지향적 제주 비전을 도민들에게 심어줄 수 있는 새로운 리더의 출현을 기대하면서 도지사 재출마의 도전에는 뜻을 접었다. 그 후로 어느덧 3년이 넘어서고 있다. 하지만 우리의 희망이었던 제주특별자치도호, 그 모습은 적극적인 항해를 못하고 있다. 그냥 제주도였다고 해도 달라질건 없는 것이다. 현안으로 남아있던 일들은 아직도 현안일 뿐이다. 들리는 소리는 전직 도지사의 잘못만 있었다는 말 뿐이다.

두 세 갈래로 찢어진 도민 갈등은 더욱 심화되고 하나로 통합된 모습은 사그라져 갈 뿐이다. 지금 특별자치도의 특성과 보완해야할 일들을 꼼꼼히 재점검하고 중앙정부와 국회에서 치열한 설득전을 벌여 명실공히 우리가 지향하는 시대를 열어야함을 촉구하고자 한다.

도민 분열을 일으키고 현실에 안주하는 제주를 만들기 위해 특별자치도 제도를 도입하려고 필사의 노력을 경주 한 것이 아님을 분명히 보여줘야 할 것이다. 최근 정부에서 발표하는 시책들, 예를 들면 세종특별자치시라던가 부가가치세 환급제도, 선상 카지노 등은 비록 조각나 있지만 우리가 제안했던 시책들이 전국화되어 나타나고 있는 사례들이다.

특별자치도 제도에서 이런 문제는 더욱 보완되어야 한다. 시장이 도지사의 정치적 하수인으로 전락해서는 안 된다. 행정역량이 축적된 인사가 아닌 측근 인사, 정치적 인사들이 배치되는 폐해를 보완해야하는 넓고 장기적인 안목의 필요성 또한 이러한 취지를 공감하는 차원에서 보아야 할 것이다. 제주특별자치도 기구는 단출하지만 역량은 강화시켜서 일당백으로 모든 행정수요를 감당할 수 있도록 재편한다면 당초 의도한 목표에 도달할 수 있다고 본다. 특히 복지기능을 강화해서 주민자치센터의 기능을 한층 보강해야 한다.

노인 · 보육 · 서민생활 특히 최근 새로운 정부에서 창출하는 분야를 보강할 필요가 있다. 그리고는 유통 마케팅 분야와 국제 분야에 공격적인 인력배치를 통해서 동북아 허브 기능을 현실화시키는 능동적인 노력을 했을 때 제주특별자치도는 당초의 우려를 불식하고 고난의 여정을 걸어온 만큼 분명히 도민에게 희망의 등불이 되어줄 수 있다고 확신한다. 그럼 제주특별자치도가 탄생하기까지의 일정을 뒤돌아 보자. 의미 있는 일은 하나하나의 과정에 담겨있는 소중한 교훈들을 타산지석으로 삼아야 한다는 점을 잊어서는 안 될 것이다.

2003년 출범한 참여정부는 지방분권을 국가 전략으로 채택하면서 앞서 언급했던 것처럼 제주에 각별한 관심을 보이던 故고 노무현 전 대통령이 특별자치도법을 제안하였고 당시 도지사였던 내가 받아들임으로써 추진하기 시작하였다.

이듬해인 2004년 9월에는 정부혁신지방분권위원회 내에 제주특별자치도 지원특별위원회를 구성하여 2005년 5월에 드디어 제주특별자치도란 기본구상을 확정하고 2006년 2월에 제주특별자치도 설치 및 국제 자유도시 조성을 위한 특별법을 제정한 것이다. 이 과정에서 정부에서는 제주특별자치도 지원위원회가 구성되어 총리와 각 부처 장 · 차관이 인적 구성원으로 참여하여 범정부적인 지원 기틀을 마련하였고, 행정자치부에는 '제주특별자치도추진지원단'을 두어 실무를 체계적으로 지원토록 했다.

2005년 7월에는 총리실에 추진기획단을 설치했고 제주도에도 기획단을 설치하는 등 활발한 준비 작업을 하는 한편 지방자치법 개정을 위한 주민투표가 실시되었던 것이다. 이렇게 험난한 과정을 거치면서 2006년 2월 9일에 특별법이 국회의결을 거쳐 2006년 2월 21일 부터 특별법이 공포되고 같은 해 7월 1일 부터 본격적인 시행을 하게 된 것이다.

그 이후에도 매년마다 보완 개정을 거치면서 영어교육도시 시행, 외국인 일정액 투자시 영주권 부여, 행정구조의 대대적 개편과 인력 재배치, 중앙사무의 지방사무화 등 4천 여건에 이르는 중앙권한을 이양 받았고 제주특별자치도 조례는 곧 대통령령과 같은 효력을 발휘할 수 있도록 하였다.

하지만 관광 3법을 일괄 이양하면서도 내국인 카지노 사업에 대한 자율권이나 투자개방형 병원설치에 대한 자율권 등 파급효과가 큰 일들은 아직까지도 중앙정부에서 기득권을 내려 놓지 않고 있다. 당초 약속한대로 국가안위에 직결되는 근본적인 문제를 제외하고는 전반적인 분야가 제주특별자치도에 이양 되었을 때만이 특별자치제도 시행취지에 근접했다고 볼 수 있다. 찬반 논란이 있지만 관광 산업의 부가가치세 지방이양, 관광 상품에 대한 국세의 감면조치, 케이블 카의 자율권 문제 등은 도지사 재임시절 막바지까지 추진하다 그 뜻을 이루지 못하고 내려 놓고 나왔다.

여기서 특별히 강조하고 싶은것은 우리가 직접 시행하는 것은 차후라 해도 권한은 중앙에서 지방으로 이양 되어야 하며 그 제도에 따른 시책을 펼치는 것은 우리 도민의 자율권에 맡겨야 한다는 것이 나의 주장이다.

그런데 7년이 넘어 이제 특별자치도 제도의 결과물이 도민의 피부에 와 닿아야 할 지금 시점까지도 지지부진하게 멈칫거리며 도민의 행복과 제주의 미래를 바라는 것이 아닌 제도의 시비를 가리느라 시간을 보내는 것은 매우 슬픈 현실이 아닐 수 없다. 중앙이나 지방 할 것 없이 누가 혼자 영원히 역사를 진전시킬 수는 없는 것이다.

앞에서 언급했듯이 '가우디 성당'이 근 150년 가까이 지어지고 있지만 그 정체성은 계승되고 있듯이 누가 되던 제주특별자치도의 정체성은 끝까지 담아내는 노력이 지속되고 그 시스템을 활발하게 활용해서 국제 자유도시의 꿈이 활짝 펼쳐지기를 나는 강력하게 바라고 있다.

당시에 제주특별자치도 제도를 도입하면서 중앙정부나 도민과 함께 공유했던 비전 즉, 관광+교육+의료+농 · 수 · 축산업 등과 이에 기반을 둔 IT산업 등 첨단산업의 육성으로 친환경적 동북아 중심도시를 조성하고, 사람 · 상품 · 자본의 이동이 자유롭고 기업 활동의 편의가 최대한 보장되는 이상적 자유시장 경제모델을 구축하기 위한 수단으로 고도의 자치권이 인정되는 특별자치도를 설치하여 분권형 선진국가를 이룩하려는데 모범이 되도록 한다고 다짐했었다.

이렇게 되면 싱가포르나 홍콩처럼 새로운 시대를 맞는 국제자유도시로서 발전역량을 극대화시킬 수 있다고 확신한다. 여기서 특별법을 인용하지는 않겠다. 7년이 지난 현재, 평가해 보면 아직도 성숙한 자치도로 진입하기까지는 많은 노력과 다양한 창의적 생각들, 그리고 지도자와 구성원들의 헌신적 노력과 도민들의 하나 된 힘이 필요하다.

대한민국 최초의 여성대통령으로 당선되신 박근혜 대통령께서도 아버지인 박정희 대통령의 제주사랑 정신을 알고 있기에 지금 우리가 하나된 힘을 갖춰 분발한다면 못 다한 현안사업들을 마저 해결하고 비전을 갖춘 특별자치도의 완성을 바탕으로 경쟁력의 틀을 만들 수 있을 것이라 확신한다.

우리 속담에 '우는 아이 젖 준다.'라는 말이 있다. 끊임없이 도전하고 절충하고 당위성을 제기하지 않으면 우리에게 미래는 없다. 공직은 권위를 위해 존재하는 것이 아니다. 도민을 위해 그리고 우리의 공동체 미래를 위한 일을 하기 위해 주어진 특수한 권한이며 책임이다. 여기에 충실하여야 한다.

우리는 싱가포르란 나라를 보면서 부러워한다. 그러나 싱가포르 국민처럼 살기를 원하지는 않는다. 개인도 마찬가지다. 어느 부자농민을 부러워한다. 그러나 내가 부지런 해야 되는 것에는 한계가 있다. 그러면 결국은 그 부러움을 내 것으로 만들 수는 없다. 세상에는 공짜가 없다는 말들을 한다. 내가 무엇을 얻어내려면 무엇을 내려놓아야 할 것이다. 모든 것을 얻고 하나도 잃지 않을 수는 없다.

부지런히 공부하는 학생과 게으름을 일삼는 학생에게 각각 무엇이 주어지는가. 변화를 인정하고 우리 것으로 받아들여 이를 더욱 발전시키고 혁신했던 삼성은 세계적인 기업으로 거듭나고 있다. 우리나라도 거듭된 변화 속에서 세계 10위 권에 육박하는 경제대국이 되고 있다.

돌이켜보면 우리 생활도 엄청난 변혁을 거듭하고 있다. 얼마전까지만 해도 당연했던 일들이 이제는 추억 속에 한 자락 희미한 그림자가 되었다. 특별자치도는 중앙의 권한을 우리 것으로 가져온다는 전제조건을 깔고 선택한 것이다. 우리의 미래를 중앙의 획일적인 결정사항으로 맡겨 둘 수는 없다.

제주 사회는 제주에서 살아본 이들이 결정해야 더 효율적으로 선택될 수 있다. 제주의 보존과 제주의 발전의 기로에서 무엇이 진정 제주를 위한 길인 지는 제주인들이 선택할 때 더 가치 있는, 진정 제주를 위한 길이 될 수 있다. 중앙 정치인, 중앙 부처 공무원, 국회 사무처 요원 중에 제주출신이 얼마나 있는가. 그들이 우리사정을 얼마나 잘 알 수 있을까. 도시계획이나 토지이용은 물론 각종 인허가를 하는데 매일같이 중앙정부에 가서 설명을 해야 한다면 우리 스스로 무엇을 해낼 수 있을 것인가.

인력, 재원 모두 중앙에 가서 부탁해야 한다. 항간에는 당당하게 나서야 한다고 하는 이도 있다. 우리 입장은 단돈 10원이 안타까운 위치이다. 그래서 '제주특별자치도'란 제도를 선택한 것이다. 그래서 우리 스스로 능력을 키워내자는 것이다. 그래야 자존도 생기고 능력도 생기고 자손에게 더 밝은 제주의 미래도 물려 줄 수 있다는 절박감이 있어서 그랬던 것이다.

●●● 4+1 핵심산업육성을 위한 도민통합 대토론회를 갖다. (2006.7.27)

3. 주목 받는 창조경제 기틀을 다져야 한다

우리는 80~90년 대를 격동의 시대로 기억해야 한다. 제주사회는 지방화란 새로운 옷을 갈아 입고 스스로의 도전에 직면한 시기이기도 했거니와 제주발전에 대한 새로운 프로젝트로 충격을 주었기 때문이다.

환경에 대한 보존이냐 개발이냐 하는 문제에서 부터 개방이냐 보호냐 하는 문제에 이르기까지 도민들의 생각은 다양했고 논란도 거대담론이 되어 그 방향을 잡는데 많은 시간을 보냈다.

결국 제주도개발특별법은 많은 수정을 거치면서 받아들여졌고 그 후 20년이 지나고 있다. 그 당시에 우려했던 자본종속론이나 자연자원의 고갈문제 등의 폐해만이 나타난다고만 볼 수 는 없다. 또한 새로운 혁신은 타이밍을 놓쳐서는 안 되는데 옥신각신하면서 시간을 놓친 결과로 전국의 평준화 수준으로 토지이용 분위기가 확산되면서 특징적인 매력을 안겨주지 못했다.

결국 많은 에너지를 들였지만 기대한 만큼의 발전 속도는 가져다주지 못했으며 IMF 등을 거치면서 전국 단위로 확산된 경제적 침체는 그 여파가 지방 소도시로 확산되면서 장기간 주춤거리는 현상으로 나타날 수 밖에 없었다.

그 순간에 들고 나온 것이 국제자유도시 프로젝트였다. 6~70년대에 국제자유도시라는 제도는 획기적인 변혁이라는 인상을 주었지만 민주주의가 진행되고 세계화 물결이 대한민국의 중심부를 강타하는 시점에서 국제자유도시란 처방은 한마디로 작은 물결에 그친 처방인 것이다. 감귤, 축산, 수산 서비스 산업이 주축인 지역경제에 혁신적인 폭발은 일어나지 못했다.

나는 제주시장 재임시절에 자연과 인문 자원에 한계를 극복하는 방안으로 새로운 경제 전진 기지로 첨단과학기술단지의 도입과 더불어 정보통신 혁명과의 접목을 통해 1차 산업과 3차 관광 서비스 산업을 융·복합적으로 결합한 창조경제의 기반에서 찾아 보았다. 그래서 아직도 진행 중이지만 제주대학 인근에 첨단과학단지를 조성하기 시작했고 '다음'이라는 정보서비스 기업을 유치했다.

시작단계에 있는 현장이지만 신규 무공해 기업의 창업과 새로운 민간 기업유치가 성공할 수 있다면 제주의 미래를 개척하는 초석으로 일어설 수 있다고 확신하였다. 제주시정을 정보화의 최고 수준으로 만들기 위해 정보화기획단을 두고 소속 공무원들이 이해도를 높이고 첨단정보 통신의 시대를 빠르게 받아들일 수 있는 환경을 조성했다.

지금은 국가에서 추진하고 있는 미래창조과학부와 연결고리를 형성시켜 그동안 준비해 온 역량을 꽃피울 수 있는 시기가 도래하였다고 생각한다. 하이테크산업진흥원이 중심이 된 IT · BT산업이 제주지역 각 산업에 어떻게 융합될 수 있는지 아이디어를 결집해야 할 최적기가 도래하고 있는데도 여전히 제주의 발전 기회를 모른 체 놓아버리고 있음을 바라보면서 그동안 꾸준하게 노력해온 결과들이 한낮 물거품이 될 것인가 하는 우려도 해본다.

앞서 비전을 이야기 할 때도 말했지만 관광산업하면 혼자 그 시장을 확대할 수 있는 것이 아니다. 다양한 마케팅 능력을 최적화해서 세계적 관심을 집중시키는데도 많은 노력을 해야 하겠지만 꾸준하게 스스로의 매력을 높이는 전략도 병행 추진해야 한다. 제주도의 매력이 커질수록 마케팅 효과 또한 극대화될 수 있기 때문이다.

도지사 시절 전행정력을 집중해서 투명한 상거래질서를 만들어야 된다고 강조했다. 그래서 매월 전략보고회를 통해서 도내 모든 관광업체가 스스로 혁신하는 뼈아픈 노력을 기울였다. 불신으로 가득찬 제주관광 시장에 새로운 바람을 불어 넣고 모두가 합심하여 단결하기를 바라는 마음으로 물꼬를 트려는 심산이었다.

결국 업체는 물론이고 주민, 언론 모두가 힘을 실어주면서 오랫동안 벽으로 둘러쳐있던 물꼬가 트이기 시작했다. 이런 와중에 제주항공을 비롯한 저가항공사가 들어서면서 항공요금 문제가 근본적으로 매듭이 풀리고 이런 유인책은 국민관광지, 세계인의 관광지로 거듭나는 계기가 되었다.

이러한 진전이 도민들 살갗에 와 닿을 만큼 경제적 풍요로움을 주고 당당한 희망을 노래할 수 있겠느냐고 갈등하던 나에게 주어진 것이 바로 제주특별자치도제 시행이었고 이 제도의 도입을 위한 논란은 2004년 부터 지속되었다. 상당부분 제도개혁이 일어나고 있지만 어떤 부분은 아직도 도민의 공감대를 얻어내지 못하고 기웃거리거나 주춤하고 있는 면이 있다. 한때 제주 삼다수 물을 판매한다고 할 때 엄청난 반발이 있었다.

그러나 지금 돌이켜 보아도 그 일로 인한 부정적인 여파는 크지 않다. 오히려 타지에서도 제주의 물을 마실 수 있는 기회를 제공하였고 제주의 브랜드 가치 또한 향상 시킬 수 있는 발판이 되었다. 이뿐만 아니라 제주 국제 컨벤션센터를 건설하려 했을 때 역시 찬반 논란이 상당했었다. 그러나 그 건물이 건설되지 않았다면 어떻게 세계적인 회의를 유치하며 품격 있는 국제회의도시란 브랜드를 얻어낼 수 있었을까. 어떻게 세계인의 집중을 받을 수 있었을까.

어떠한 대형 프로젝트가 도입된다고 하면 우리는 혹시 우리를 구렁텅이로 내몰릴 것은 아닌가 하는 의혹에 사로잡혀 마음을 열지 못했다. 그래서 수많은 투자자들이 제주에 오면 온갖 고초를 겪어야한다는 말이 돌곤 했다. 세계로 나아가야할 제주를 우리의 의식의 울타리 속에 가두어 개방시키지 않으려 했다.

세계화 시대에 맞게 우리의 의식도 세계화에 맞는 의식으로 변화할 방도가 없을까 하는 고민을 오랫동안 해왔다. A라는 투자자가 마을에 투자를 하려면 대대적으로 환영하기보다는 이런 저런 피해를 빌미로 보상을 받아내려는 움직임도 보였다. 그래서 나온 방안이 바로 '새로운 제주운동'이었다.

항간에 우리가 언제 구제주에 살았는가 하는 비아냥거리는 소리도 귀가 아프게 들었지만, 뉴제주 운동을 통해 투자하고 싶은 지역이 되고 관광객에게 친절하고 정직한 접대를 함으로써 제주를 찾아온 고객들이 행복하게 제주를 체험할 수 있는 도시로 거듭날 수 있었으면 하는 나의 염원의 결정체가 그 운동을 하게 된 이유였고 목표였다.

이 운동도 결국에는 잔잔한 물결에 그쳤지만 상당부분 주민들이 새로운 영역으로 세상을 바라보게 되었고 그러면서 투자자도 몰리면서 한 때 25개 인문자원인 박물관이 40개 이상으로 불어나는 등 자연자원 말고도 볼거리, 놀거리가 획기적으로 증가하는 요인이 되었다고 생각한다. 또한 골프장도 30개 소로 불어나면서 골프에 드는 비용도 안정될 수 있었다. 이러한 노력들이 관광산업에 활력을 불어 넣으면서 서비스 경제가 증가하는 요인이 되기도 했다.

다시 특별자치도 관련 프로젝트로 돌아가 보면 그렇게 진통을 겪으면서 추진하였던 투자개방형 병원제도 도입은 아직도 오리무중의 상태에서 머물고 있다. 내국인 관광객 카지노 제도, 한라산 케이블카 문제, 신공항 건설문제 등 도민 내부에서 찬반 갈등이 첨예한 것들은 논의만하다가 멈추어버렸다.

어찌했든 결론을 내야하고 그런 대형 현안들이 우리 스스로 노력을 통한 최첨단 창조경제의 기틀을 마련해야한다는 것이 지금도 변함없는 나의 소신이다. 누구든 생각해 보면 알 것이다. 지금의 경제규모로 우리가 할 수 있는 것은 없다. 지금 우리의 재정능력으로 새로운 도전은 요원한 일 일뿐이다.

다소 위기를 감안하더라도 파격적인 도전을 통해서 돌파구를 열어내야만 우리도 주목받는 선진국의 도시로 진입할 수 있음이다. 실질적인 소득수준 면에서 선진국으로 나아가기 위해서는 우리 모두가 밤잠을 설치는 고민, 토론 그리고 노력이 뒤

따르지 않으면 안 된다. 민 · 군 복합형 관광미항이 설치된다면 우리는 선제적으로 우리의 경제적 가치를 접목해야 한다. 예를 들면 세계 유명선박을 빌려서 한 · 중 · 일 3개국을 왕복하는 유람선을 우리 제주가 띄울 수 있어야 한다. 그러려면 재원이 필요하다. 그래서 공공기관이 추진하는 내국인 카지노 제도의 필요성을 절감하는 것이다.

내국인 면세점 제도를 도입할 때 중앙정부나 많은 사람들이 대한민국의 거래질서가 붕괴되는 것 아닌가 하는 우려를 했다. 하지만 그런 우려는 그냥 기우였을 뿐이다. IT산업이 발달한 지금 시대에는 규격화된 상품으로 놀이게임 시설로서의 역할에 충실토록 재정립할 수 있도록 만들 수도 있다.

내국인 면세점처럼 사용금액 출입횟수 제한 등을 통해서 건강한 놀이시설로서 위상을 정립시킬 수 있다는 것이다. 투자개방형 병원도 마찬가지이다. 병원 진료수가를 제대로 규제하고 국민건강보험 문제에 단서를 붙여둔다면 폐해는 최소화 할 수 있다. 특히 제주특별자치도에 한정해서 20년간 시범운영한다면 전 국민적 피해는 생각할 수도 없다.

세상은 이제 지구촌 시대이다. 우리가 보호하고 막는다고 하여 다른 나라가 막고 있는가. 다른 지역이 멈추고 있는가. 심각하게 고민해보자. 우리가 어떠하든 세상은 자기 멋대로 돌아간다는 사실에 눈을 떠야 한다. 모두들 그쪽을 향해 가버린 후 잠자고 있던 우리는 무엇이라 말해야 하는가. 홍콩이나 싱가포르가 열악한 여건 속에서도 최고의 삶을 누리고 있는데 우리는 무엇을 주저하면서 군침만 삼키고 있어야 하는가.

감귤문제, 당근문제를 비롯한 1차 산업에 부가가치를 높이려면 어떻게 해야 할까. 나는 우리 농업 선구자들이 이제는 스웨덴이나 덴마크 등의 낙농업 국가를 살펴 보아야 한다고 생각한다. 그들 나라에서는 농업전문대학 과정 이상이 아니면 농업을 할 수 없다.

누구나 다 할 수 있는 것이 농업이 아닌 시대가 되고 있는 것이다. 일정 규모의 토지와 철저한 유기농 정신이 아니면 안 된다는 것이 그들의 생각이다. 그래서 이런 생각을 해 본다. 우리 농업 지도자들을 연차적으로 덴마크 낙농업 현지 연수를 시키고 그쪽 대학과 우리지역 대학이 협력해서 전농민이 공부할 수 있는 제도를 만들었으면 하는 것이다.

얼마 있으면 우리가 원하던 원하지 않던 거대한 중국, 첨단농업의 일본, 그리고 아세안 국가들과 개방농업의 새 시대를 맞이해야 한다. 여기서 이겨내려면 유기농 생산물에 접근해야 한다. 농약과 화학 비료로 생산된 1차 산업은 경쟁력을 상실하고 만다.

그러므로 전환기적 시점에서 1차 산업을 지키기 위해서는 어떻게 해야 할 것인가. 유통은 지방정부가 책임지는 시대가 되어야 한다. 주민들은 열심히 생산만하면 된다. 그런데 어느 재원으로 감당할 수 있을 것인가. 그것이 바로 3차 서비스 산업을 통해 창출한 재원을 갖고 1차 산업을 뒷받침하는 지원 시스템을 구축해야 한다는 것이다.

그렇게 해서 세계 최고의 품질경영을 이룩할 수 있다면 1차 산업이 최고 소득을 창출하는 창의 소득원으로 발전할 수 있다. 한 발 앞서 해결해야 할 과제가 바로 여기에 있다. '제주특별자치도' 제도에 대한 근본적인 의도는 무엇인가. 바로 국방이나 외교와 같은 국가 존립 사무가 아닌 경우 전체를 제주에 위임하도록 되어있는 제도이다.

따라서 단순히 사무 위임 성격이 권한 위임이 아니고 모든 일을 자유롭게 할 수 있는 시스템을 구축 하자는 것이 본래의 의도인 것이다. 그런데 중요한 것은 모든 도민의 목소리가 하나 되어 중앙에 건의하여도 얻어 낼 수 있는지 확단할 수 없는 일들을 우리끼리 갑론을박하고 있으니 가뜩이나 권한을 넘겨주고 싶지 않은 중앙정부에서야 회심의 미소를 지을 수 밖에 없다.

지방정부 개별적으로 돌아가 보면 국회의원 각자가 지역구를 갖고 있다. 제주가 잘 되는 것을 바라만 보고 있을까. 제주는 되는데 우리는 왜 안 되는지 발버둥 칠 수도 있다. '세종특별자치시'를 보라. 벌써 제주특별자치도에서 아이디어를 얻어내고 활용하고 있지 않은가. 정말 잠시도 숨 쉴 틈이 없는 것이 오늘날의 현실이다. 다행히 우리는 바다와 산을 갖고 있고 천혜의 아름다움을 갖고 있는 자연의 보고이다. 하늘이 우리에게 주고 있는 기회를 저버리고 신세만 한탄해서는 안 된다는 교훈을 곱씹는 기회이길 간절하게 빌어 본다.

앞으로 나가려면 조용할 수가 없다. 바다나 강, 하천도 거센 파도나, 거친 비바람 등, 강한 물결이 일어야 깨끗하고 새롭게 바뀌어 흘러간다. 60만 도민들이 다양한 생각과 가치관을 갖고 있다. 그리고 다양한 경제관을 갖고 있다. 그러기에 한 발 앞으로 나가려면 찬반 논란이 있고 어두운 그림자가 어찌 안 보일 것인가. 나는 냉정하게 반추하면서 생각한다.

도지사 직위에 있으면 나의 영광을 지속적으로 지키려 한다고 도민들이 오해할 것이다. 그러나 공직에서 떠나서 다시금 가다듬고 생각을 해 보아도 뾰족한 방법이 나올 수 있는게 아니다. 투자자들이 가장 매력적으로 보이는 것은 무엇일까. '돈벌이가 될 것인가?' 하는 것이다.

미래에 돈벌이가 될 수 있다면 투자를 하게 된다. 결국 선순환구조가 되기 위해서는 매력도를 높여야 한다. 외국어학교를 한다고 해서 정체성이 훼손될 우려가 있고 성공 가능성이 없다고 비판하는 사람들이 있었다. 지금 초기이지만 좋은 교육환경, 최적의 의료시설, 고급 문화예술의 도입, 격조 높은 도시문화의 조성, 이를 아우르는 천혜의 아름다운 자연환경이 있다면 세계의 석학들이 오지 않을 이유가 없다. 이제 조금만 더 나가면 빌게이츠는 제주에 살면서 미국의 회사를 경영하는 시대가 될 수도 있을 것이다. 모든 것이 화상으로 소화 되고 스마트시스템이 해결되는 시대가 멀지 않았다. 제주에서 미국의 하버드나 영국의 옥스퍼드 대학의 강의를 수강할 수 있다.

제주대학교 학생들이 서울대학의 교양과목이나 전공과목 일부를 수강할 수 있는 IT시대가 도래하고 있다. 시대가 흐른다면 시대의 흐름에 맞게 변화하고, 다음에 올 시대를 준비하는 것이 도리이다. 시대가 변했는데도 지나간 시대에 안주하려 함은 현대의 실정에 위배되는 안일한 생각인 것이다.

우리는 이제 이러한 시대의 흐름에 걸맞게 무엇인가를 준비해야 할 것인가. 앞에서도 언급했지만 "덴마크 농업전문대학에서 우리 농촌 지도자들이 6개월 단위 교육을 받으면 어떨까?" 하는 상상을 해보고 있다.

우리의 미래는 우리가 하기에 달려있다. 남들이 잘 하는 것을 질투어린 눈으로 바라만 볼 게 아니라 우리 현실을 그렇게 높여야 한다는 것이 나의 소박한 생각이다. 이것이 잘 되면 저것 또한 잘 될 수 있다. 모두를 나열하기에는 한계가 있지만 제주특별자치제도의 장점을 극대화하는 슬기로운 시대가 열렸으면 하는 바람을 가져 본다. 조금만 더 시간을 무의미하게 흘려보내면 우리는 다시 되돌릴 수 없는 빈약한 위치로 전락해버리고 만다.

아! 그때 그것을 했더라면 하고 후회해도 버스가 이미 지나버렸음이다. 이러한 것이 경제를 생각하는 기초가 되어야 한다. 내가 시간이 지나고 난 이후에 밀려오는 느낌은 그것만은 했어야 했다는 것이다. 어떤 기업이 성공하는데는 R&D 분야의 투자에 관건이 있다고 본다.

우리는 3조원 대의 재정을 갖고 있으면서도 제대로 된 R&D 분야에 투자를 소홀히 했던 것이 지금도 무척이나 후회가 된다. 1년이 지나고 2년이 지나면서 제주의 미래와 관련된 일들이 최고로 연구되고 그것을 바탕으로 도민들의 삶의 방향이 설정되는 그야말로 생활목표의 바로미터인 연구기능이 미미함은 한 숨이 나는 부분이다.

제주개발공사와 JDC 등, 세외수입을 올리는 부분에서 일정부분 R&D 분야에 투입되는 시스템을 갖추어 100년 대계를 향한 연구 노력이 지속될 때 계획적인 미래행보는 가능해 질 것이다.

예측 가능한 정책대안도 여기서 나올 수 있는 것이다. 경제지표, 행복지표, 환경지표 등 우리와 밀접한 관련이 있는 분야가 매년마다 발표되고 최소한 트렌드 코리아와 같은 소비 패턴을 연구해서 발표하는 수준은 되어야 할 것이다.

우리는 따지고 보면 어림 짐작으로 나가고 있다고 보아야 한다. 세계 환경, 국내환경을 포함한 우리의 미래를 향해서 석학들의 연구기능을 활발히 육성하고 이를 현실적인 정책 대안으로 도입하는 시스템이 설정되어 예측 가능한 경제활동이 되도록 해야 한다는 것을 강조하고 싶다.

우리는 불확실성의 시대에 살고 있다. 그리고 우리 스스로 해결할 수 있는 범위도 제한적인 상황이 많다. 경제적 어려움은 이제 전세계적 시각에서 조망해야만 한다. 일본에서 벌어진 해일과 같은 현상도 남의 나라 일만은 아니다. 매해 반복되고 있는 태풍이나 자연재해를 몰고 오는 각종 자연활동들도 언제 무엇을 몰고 올지 모른다.

심심치 않게 벌어지는 범죄나 불법한 일들 역시 나에게 어떤 영향을 줄지 모른다. 최근에 증가하는 중국인 관광객 또한 국제질서에 기인하여 변화할 수 있는 요인이 된다. 하나의 기업도 그러하듯이 지역 공동체 역시 이러한 불확실성의 시대를 가늠하면서 자생 자립할 수 있는 굳건한 토대를 만들어 나가야 하는 것이다.

우리는 외부로 부터 어느 정도의 사람을 받아들일 때 쾌적한 삶의 공간을 확보할 수 있을까. 이러한 연구는 관광객이 무작정 유치가 아니라 적정량에서 질적 성장 패턴을 확보해야 하는 과제를 주고 있다고 보아야 한다.

하나의 기업체가 제 몫을 다하려면 미래 대처 능력이 있어야 하듯 우리지역 공동체 역시 현재의 삶의 행복 추구권 확보도 중요하지만 미래 변화를 예견하고 그에 대응할 수 있는 역량을 배양할 수 있는 준비를 하는 것, 그것이 창조경제의 기틀이 되어야 한다고 본다. 양용은 골프선수 한 사람이 제주에서 탄생함으로써 제주의 위상을 높이고 있다.

힐링 시대에 들어서면서 우리는 무엇으로 주목받는 창조경제 시대를 만들어낼 것인가. 문화콘텐츠 하나로 세계적인 섬이 될 수도 있다. 세계자연유산, 생물권 보전지역, 지질 공원 등 자연이 갖고 있는 천연적 가치는 이미 세계에 입증했다고 할 수 있다. 이러한 특수한 상황을 어떤 상품에 접목시키고 세계인들에게 주목 받게 할 것인가를 우리는 생각하지 않고 있다. 융합의 가치를 만들어내지 못하고 있는 것이다.

골프전문 초 · 중 · 고등학교가 필요하다. 그래야 골프경제를 이끌어갈 인재가 탄생할 수 있다. 어느 석학은 앞으로도 농업이야 말로 가장 중요한 부의 원천이 될 수 있다고 했다.

곰곰이 생각해보면 맞는 말이다. 인구가 존재하는 한 사람들은 무엇이든 먹어야 한다. 그러나 세상 사람들은 먹을거리에 까지 인위적 조작을 가하고 있다. 유전자 조작을 하기도 하고 화학적 비료와 농약으로 농사를 하려는 것이다.

세계가 인정하는 제주의 자원에서 천연적 농산물이 생산된다면 세계 선진사회는 우리에게 주목할 수 밖에 없다. 수산업도 무작정 잡는 시대에서 기르고 잡는 것과 균형성을 유지해야 한다. 그러기 위해서는 바다에 대한 연구가 깊이 있게 진행되어야 한다. 바다 자원이 고갈되고 그 원천이 오염되고 있다. 무한정 생산될 수 없다는 것이 최근 보고이다.

선진어업은 어족자원에 대한 보호와 바다 오염원의 제거에서부터 찾아야 한다. 축산은 또 어떠한가. 우리 제주지역 여건상 축산물은 총량제가 필요하다. 자연을 제대로 이해하는 길은 가축들이 적정 생산이고 위생적인 관리와 생명존중 차원의 처리능력이 필요하다. 청정한 농업은 청정한 축산을 할 수 있다는 카테고리에서 문제의 답을 찾아야 한다고 본다.

첨단과학기술단지에서 융·복합 디자인이 탄생하고 새로운 영역이 핵심생활 ITC 첨단 소비물자가 탄생한다면 우리는 세계적일 수 있다. 한국의 가수 싸이가 세계적인 인물이 되었다. 제주의 인문자원이 세계적인 보물이 될 수도 있다.

유럽의 그리스는 신들의 고향이고 그리스 신들은 세계 지식층 사람들이면 그 이름을 외우고 다닐 정도이다. 모든 인문학의 기초에는 그들 신들이 바탕이 되고 있다. 우리 제주에도 신들의 고향이라 칭한다. 그런데 우리는 주술적 차원에 머물고 있다. 콘텐츠로 재창조할 생각을 해 본적이 없다. 영국의 세익스피어는 문화적 자산이기도 하지만 튼튼한 인문학적 경제적 자산이 되기도 했다.

제주의 문화 콘텐츠가 풍부한 상상력의 근원으로 부각되

고 영화를 비롯한 문화예술 소재로 각국에 그 영역을 넓힌다면 자연유산과 더불어 유형 · 무형의 자원으로서 융 · 복합을 이루어낼 수 있다. 여기에 창조적인 디자인을 가미한다면 그야말로 제주만의 상품이 됨으로써 주목 받는 창조경제의 기반이 될 수 있는 것이다. 세계적인 기업 구글이나 또 다른 사이트 속에 제주에서 생산되는 불로초 상품이 회자될 수 있다면 그것이 새로운 벤처창업의 기반이 될 수 있다.

패션도 그렇다. 우리가 하기 나름이다. '구더기 무서워서 장 못 담글 것인가.' 하는 속담을 다시금 되새겨 보자. 매사를 두려워할 것이 아니라 이를 최대한 활용해서 두 배의 가치로 이용해 보자. 우리 경제의 규모는 11~12조 규모이다. 최소한 20조 규모로 덩치를 키워야 한다. 공항 하나를 건설하려면 5~7년 동안 5~7조 규모의 투자가 필요하다.

우리는 5년 동안에 20조 규모의 경제 규모를 만들 수 있다. 경제 덩치가 커지는 것이다. 혼신의 힘을 다해야 하는 이유가 여기에 있는 것이다.

아메리카컵 요트대회 하나가 경제규모 2조~3조를 키운다는 이야기가 인터넷에 회자 되는 것을 보았다. 우리는 전혀 다른 세계로 방향을 잡아야 한다. 농업은 예술과 접목해야 한다.

평생을 예술에 투자하는 것처럼 먹을거리인 농업에 투자해야 한다는 것이다. 인재를 키워야 한다. 그래야 금융 산업도 커질수 있다. 세계적인 경제학자를 제주에 살 수 있게 해야 한다. 지금 말하면 불가능하다 할 것이다. 그러나 할 수 있다는 신념을 가지고 도전한다면 가능성이 열려 있다.

새롭게 불고 있는 협동조합 시스템은 지방과 국경을 넘어설 수도 있다. 제주에서 생산한 딸기가 뉴욕에서 먹는 그 날은 분명히 올 것이기 때문이다. 너무 작은 것에만 눈길을 주고 머무르지 말자. 현재와 미래와 과거를 동시에 바라보면서 우리의 미래를 이끌어야 한다. 새로움에 대한 도전이 없으면 가치의 창출은 없다. 창조가 없으면 후퇴만 남을 뿐이다.

한라산에 산삼 씨를 뿌렸다. 몇 년 후에 그 산삼은 엄청난 경제적 수익을 안겨줄 것이다. 불가능하다고만 하던 일이 현실로 되어가는 것이다. 왜냐하면 한라산은 UN이 인정하는 생물권 보존지역이고 또한 인류의 자연 유산이며 특별한 지질을 보유하고 있기 때문이다. 경쟁력이 있는 산업을 극대화시켜서 그 이익으로 취약한 산업을 뒷받침하며 균형을 유지하고 이 균형으로 발전을 모색하는 산업정책으로 생명력을 유지시켜야 한다.

지금은 어렵지만 미래에는 매력 있는 산업에 투자해야 할 시기인 것이다. 중앙정부도 진화하고 있다. 정치권도 생산과 분배 측면에서 균형 있게 진화하고 있다. 우리는 큰 틀에서 보면 국가의 보호 속에 있는 지방정부이다. 그러기에 우리는 최선을 다해서 도전해 볼 필요가 있다. 성공도 실패도 결국은 우리에게 큰 디딤돌이 될 수 밖에 없다.

융 · 복합 경제구조를 통해서 콘텐츠를 개발하고 창조경제의 틀을 설정해서 미래 경제의 기반을 구축해야 한다는 말들을 하고 있다. 우리가 1차 산업을 지속가능한 천연 및 생태적으로 생산하는 것을 누가 알아 줄 수 있는가. 이로 인해 우리는 1차 산업과 세계적인 네트워크 기능인 정보통신 기능과의 연결 고리를 찾아야 한다.

싸이라는 가수가 '강남 스타일'로 일약 세계적인 인물로 등장한 것은 'Youtube'에 동영상을 올리면서 시작되었다. 마찬가지로 우리가 하고 있는 농사 짓는 모습을 정직하게 동영상으로 촬영하여 'Youtube'를 통해 세계에 알려 나가는 것이다. 여기에는 퍼포먼스도 필요하고 독특함도 있어야 한다. 문화적 콘텐츠가 있어야 한다. 그 무엇과 다름이 있어야 한다. 그리고 전 지구적 이어야 할 것이다.

'워낭 소리'라는 독립 영화가 한 때 크게 인기를 끌었던 적이 있다. 전형적인 수동적 농업에 종사하는 농부와 소에 얽힌 사연이었다. 소와 농부의 끈끈한 정을 주제로 다루었다. 나와 같이 어린 시절 농사 일을 했던 사람들에게는 콧잔등이 시큰둥해지는 감동을 주는 대목이기도 했다. 스토리텔링의 한 단면이다. 여기에 그 지역의 생산물의 모습을 부각했다면 그 생산물은 단연 그 어떤 종목보다 잘 팔렸을 것이다.

우린 아직도 과거의 방식에 길들여져 있다. 뿐만 아니라, 옛날 옷이 몸에 더 잘 맞는다. 그게 편하다. 새 옷을 입으면 무엇인가 당장은 어색하고 불편해진다. 길들여지기에는 시간이 필요하다. 하지만 길들여지기에 필요한 시간을 참지 못하여 이내 옛것으로 돌아 간다면 결국 우리에게는 또 다른 노력이 수반되어야 한다.

최근에 스마트 폰이 엄청나게 확산되고 있다. 그러나 그 스마트폰을 제대로 이용하는 사람들은 별로 없다. 단순히 핸드폰의 기본 기능만을 답습하고 있는 것이다. 이 기기의 새로운 장점을 제대로 활용할 능력이 부족한 것이다. 우리는 순간순간 쉬지 않고 변해 가는 세상을 바라보고 있지만 내가 세상 변화의 중심으로 나아가기에는 두려움이 더 큰 것이다. 1차 산업에 정보 통신 기능을 접합하고 이를 또다시 문화라는 능력으로 포장하는 과학기술적인 처리 과정으로 상품을 만들어 내야 할 것이다. 이런 벤처기업을 육성해서 시험적으로 지원하고 창업을 지원하는 것이 융·복합 산업의 탄생을 의미하는 것이다.

조용필이라는 가수가 대형 콘서트를 연다. 공연장에 가보면 가수가 노래 부르는 공연장 벽에는 엄청난 스크린이 붙어 있고 다양한 문화적인 퍼포먼스를 연출하고 있다. 결국 이는 영상과 통신과 가수라는 사람과 기계, 미술 등이 융합되어 하나의 현실을 만들어 내고 있는 것이다. 이런 분야는 우리의 1차 산업, 3차 산업, 정보 통신 등 다양한 분야가 어우러져서 하나의 상품으로 녹아드는 것이다. 이런 관점을 다양한 생산품에 적용한다면 그것이 새로운 창조 영역이 될 수 있음이다.

세계 자연유산이며 생물 다양성의 서식지이고 지질 공원으로 네트워크가 구축되어 있는 제주에서 환경이 연출하는 아름다운 모습을 다큐멘터리로 제작하여 세상에 내놓을 수 있다. 뉴질랜드는 아름다운 자연경관을 '반지의 제왕'이란 한편의 영화 속에 녹여 냄으로써 세계인들의 주목을 받았다. 그리고 이러한 영화라는 장르는 뉴질랜드를 한층 더 신비스럽게 묶어 냈다. 더 이상의 진척이 없지만 이 속에 생산된 결과물이 있다면 이 상품은 지상 여기저기서 주문이 이어질 것이다.

우리가 자연 분야 3관왕이라고 하는데 이 우수한 자연에서 생산된 농산품에 대한 브랜드화가 이루어지지 못한 것이다. 물론 관광객들이 북적거리는 것으로 지금은 만족하고 있다. 창조 경제의 융 · 복합 상품은 바로 여기서 아이디어를 찾아내야 한다는 것이다. 유기농을 넘어서 천연 생산물, 이것을 동영상으로 제작해서 'Youtube'에 올린다는 생각을 해보자.

구좌에서 생산되는 당근이 탄생에서부터 식품이 되기까지의 일생을 영상화 해보면 어떨까? 그것이야 말로 새로운 마케팅을 하는 하나의 방법이 될 수 있을 것이다. 우리는 가만히 기다리고 있다. 현재에 안주하고 있다. 우리는 도전하려고 하지 않는다.

NEW 제주 운동을 하면서 읍 · 면 1개 농작물의 우수성을 알리는 사업을 시작했는데 현재 흐지부지되고 말았다. 끝까지 파고드는 노력이 부족한 것이다. 창조를 위한 집요함이 부족한 것이다. 미국의 길로이란 마을은 마늘 생산지로 유명하다. 어느 날 그들은 건강을 연구하는 학자들을 초빙하여 그 지역 마늘의 우수성을 검증하고 발표하는 과정에서 길로이 마늘 축제가 탄생했다. 결국은 마늘 유통도 강화하고 건강도 좋아지고 관광객도 모여 들었다.

우리는 읍 · 면 · 동마다 1년에 한두 번씩 체육대회며 마을 축제며 각종 행사를 치루고 있다. 없는 돈을 모아서 대대적으로 화합을 목표로 행사를 치루고 있다. 나는 시장 · 도지사 재직 시절 이 행사를 줄이고 경상비를 절감하자는 정책을 내걸었지만 이런저런 이유로 크게 효과를 이루지 못했다.

가만히 생각해보면 알 수 없는 일이다. 읍 · 면 · 동 별로 그 돈을 생산적인 측면에 투자한다면 전통이 쌓일수록 빛을 발할 수 있을 것이다. 구좌 지역 토질에서 자란 당근이 왜 타지방에서 자란 농작물보다 더 좋은가? 이 지역은 세계 자연 유산 지구에 속한다. 그리고 지하에는 맑은 지하수가 흐른다. 그래서 삼다수 맑은 물이 구좌 · 조천의 상층부에 있다. 그러니 맑은 물의 기운을 먹고 자란 당근이 그 어느 지역보다도 그 기능면에서 우수하다. 이것을 의학적으로 검증하고 국내외 많은 사람들에게 나눠 줄 수 있다면 이에 해당하는 경제적 가치는 이루 말할 수 없을 것이다. 그것이 바로 스토리텔링이 되고 브랜드가 될 수 있으며 명소로 부각되는 지름길이 될 것이다. 이것을 지역 축제로 하자는 사람은 별로 없다.

도지사 재직 시절 추자에서 조기가 과다 생산되어 어렵다는 이야기가 있었다. 그 쪽도 마찬가지가 아닌가. 영광 굴비는 똑같은 재료를 갖고 최고의 브랜드를 만들어 비싼 값을 받을 뿐만 아니라 영광 법성포 하면 얼마나 유명한 곳이 되었는가. 그것도 결국은 주민들의 노력에 힘입어 이루어졌다. 애월의 브로콜리는 어떤가. 육지에서는 모든 생산품이 비닐하우스 속에서 자라지만 애월은 태양과 제주의 비바람을 먹고 노지에서 자란 브로콜리를 갖고 있다. 어느 것이 경쟁력이 있겠는가.

이런 장점에 주목하여 널리 알리려는 노력이 부족하다. 한림의 쪽파, 한경 · 대정의 마늘, 남원 · 표선 지방의 감귤, 우도의 땅콩 등 등. 알고 보면 소규모지만 지역마다 자랑거리인 농산물을 생산 해내고 있는 것이다. 그러니 이런 농산물에 대해 전문가들의 연구와 더불어 스토리텔링을 하고 브랜드를 구축하는 작업을 한다면 그 상품 가치는 두 배 · 세배가 될 것이다. 어느 'YouTube'에서 이런 동영상이 올라왔다는 이야기를 들은 적이 없다.

점차 사라져 가는 해녀에 대한 이야기이며 우리가 갖고 있는 자랑스러운 문화와 더불어 새로운 소재를 찾아내어 준비하는 작업을 꾸준히 한다면 미래에는 큰 희망이 될 수 있다. 읍·면·동에서 펼쳐지는 체육대회를 이런 농산물을 콘셉트로 한 마을 축제로 승화시킨다면 추수 감사제와 같이 마을 경제 발전의 토대를 마련할 수 있을 것이다. 이러한 경제발전은 그 마을의 장점을 더욱 부각시킬 수 있게 만들 것이고, 그것은 또다시 경제발전을 불러와 마을의 가치를 승격시키는데 크게 기여할 수 있을 것이다.

세상에는 영원히 존재하는 것은 없다. 생명의 기원을 따라가 보면 기후변화에 적절히 적응하지 못한 생명체들은 일찍이 멸종의 길을 걸어야 했다. 지금도 끊임없이 생명체들은 진화하고 있고 어떤 생명체들은 멸종의 역사 속으로 사라지고 있다. 나라도 그러하다. 중국의 그 막강했던 나라들도 3백~4백년을 지탱하기에 힘들었고 그렇게 막강했던 로마 역시 천년을 넘어서면서 멸망의 길을 걸었다. 사람 역시 그렇게 생각한다. 특히 사람들이 경영하는 기업 역시 몇 백 년을 이어 오는 기업은 드물다. 아마 지금 막강하게 세계에서 두각을 나타내고 있는 미국이나 중국도 역사가 흐르고 나면 어떤 모습으로 쇠락의 길을 갈지 예측할 수 없다. 또한 더 부강한 나라로 변할지도 모른다.

우리나라에 삼성이나 현대와 같은 기업들도 어떤 변화를 창조해 낼지 모르는 일이다. 여기에는 한 순간도 쉬지 않고 변화하고 있는 생태환경 속에서 어떻게 스스로를 창조적으로 변화시키고 세계를 주도할 수 있느냐 하는 것이 관건이 될 수 있다. 따라서 미래 예측 능력이 있느냐 하는 것은 변화하는 환경에 맞출 수 있는, 나아가 변화를 창조할 수 있는 경쟁력 있는 몸짓을 갖출 수 있는가 하는 것이다.

그래서 나는 도지사 직에 있으면서 남들이 이미 걸어갔던 편안하고 안일한 길을 따라가서는 안 된다는 점을 강조하였던 것이다. 아무도 가보지 않은 길은 위험이 도사리고 두려움이 있을 수 있지만 확신컨데 그 창조적 도전만이 우리의 풍요한 미래를 안내할 수 있다고 본 것이다.

창조하는 경제를 만들어낸다면 스티브 잡스의 애플이나 빌 게이츠의 윈도우와 같은 컴퓨터 산업의 정점을 만들어 낼 수도 있고 다양한 문화적 산업도 만들어 낼 수 있다. 더욱 편리하고 더욱 발전된 미래, 사람들이 희망하는 상품을 창조해 내는 노력이 뒤따르지 못한다면 우리는 더 이상 희망을 바라볼 수 없다.

삼성의 이건희 회장이 마누라와 자식을 빼고는 모두 바꾸라고 말하면서 시작한 삼성의 변화는 20년이 지난 지금 세계일류기업이란 목표를 달성 했다. 그 과정 속에는 아마도 말할 수 없는 고난과 역경이 존재했을 것이다. 지금 그들은 또 다른 변화를 통해 세계의 주도적 역할을 수행하기 위해 내일 닥쳐오는 위기를 인식하면서 혁신을 외치고 있다. 우리는 과연 이 치열한 경쟁의 지구촌 사회 속에서 창조의 노를 활발히 젓고 있는가. 곰곰이 생각하고 또 반성해 보아야 한다.

나라에서도 창조경제를 주창하고 있다. 우리는 제주특별자치도란 차별화된 수단을 최상위로 끌어 올리면서 창조적 도전에 불을 지펴야 한다. 가끔은 제주특별자치도의 온통 약용작물이 보고가 되면 어떨까 하는 생각을 하면서 혼자 실없이 웃고 있을 때가 있다.

제주특별자치도를 출범시키면서 '4+1' 산업을 통해 홍콩이나 싱가폴과 같은 경제 가치를 창출하자고 했던 프로젝트들이 출범 당시의 정신으로 큰 배의 기관과 같이 힘차게 전진했으면 한다.

이제 막 시작하고 있는 교육산업, 아직 출발도 못한 의료산업, 새로운 혁신이 필요한 관광산업, 첨단복합산업 그리고 우리 생명산업인 1차산업에 대한 창조적인 노력과 거대한 결집력을 통해 성장 잠재력을 자극한다면 우리는 새로운 시대를 열어 갈 꿈을 이루워 나갈 수 있다고 확신한다. 그것이 바로 주목받는 창조경제의 기틀이되고 우리가 이루어 갈 수 있는 가능성이 있다고 확신하는 것이다.

●●● 양배추 수확 현장을 방문하여 대책을 주문하다. (2009.2.14)

4. 제주 환경은 우리 미래의 척도다

서울대학교 김난도 교수는 2012년 소비 트렌드를 발표하면서 'Organic'과 'Rawganic'이란 표현을 하며 이제 유기농보다도 천연 생산물로 가치가 더 중시된 소비 트렌드가 형성된다고 말했다. 웰빙 시대에서는 천연의 가치를 중심으로 한 중요성을 강조하고 있다.

사람들은 사람들의 발길과 손길이 닿지 않는 곳을 찾아 지구촌 곳곳을 누비고 있다. 사람과의 관계에서도 진정성이 제1의 중요성으로 다뤄지고 있다. 음식에서는 유기농 생산식품에서 천연 자연 생산 식품으로 무게 중심이 옮겨가고 있다. 그러기에 자연 그대로 보존이 되고 있는 자연적 환경에 최고의 가치를 두고 있음도 무리가 아니다.

제주특별자치도는 동서로 73km, 남북으로 31km인 타원형

모양의 화산섬으로 섬 중심부에 1950m 한라산이 우뚝 솟아 있다. 화산 활동으로 만들어진 제주도는 섬 자체가 화산박물관이라 할 만큼 다양하고 독특한 화산지형을 자랑한다. 땅 위에는 크고 작은 368개의 오름이 펼쳐져 있고 땅 아래에는 160여 개의 용암동굴이 섬 전역에 흩어져 있는데 작은 섬 하나에 이렇게 많은 오름과 동굴이 있는 경우는 세계적으로 매우 드물다.

이러한 제주의 가치는 2002년 생물권 보전지역 지정을 시작으로 2007년 세계 자연유산 등재, 2010년 세계 지질공원 인증까지 유네스코 3관왕을 달성한 것이다. 이는 세계적으로 유례가 없는 것으로 제주가 전세계인이 함께 가꾸고 보전해야 할 환경 자산의 보물섬으로 그 가치를 인정 받은 것이다. 하지만 현실에 안주한다면 이러한 세계적인 인정도 언제 잃게 될지 모를 일이다.

자연은 무한정 존재하지 않는다. 참을 수 있는 만큼만 참아낸다는 소박하지만 한결같이 유지되어온 진실을 알지 못한다면 그러하다. 따라서 제주가 해결해야 할 가장 시급한 과제는 수용력에 대한 깊이 있는 연구와 사후관리 시스템이 구축되는 것이다.

내가 도지사로 재직할 당시 세계 자연유산 등재를 할 필요가 있느냐에 대한 다각적인 평가 작업이 이루어졌다. 지질

공원 지정을 위한 네트워크 관계자들도 같은 시각이었다. 이에 관련된 세계적인 석학들이 방문할 때 마다 우리에게 각인시켰던 내용은 지정된 지침을 위배하거나 과도한 개발이 진행되어 자연적 가치가 훼손될 시에는 언제든 정기적인 평가를 통해서 탈락할 수 있음과 인류를 위해서 책임감을 갖고 이 자연적 가치를 보전시키는데 노력해 달라는 세계자연유산에 대한 책임자와 도민들의 자세를 신신 당부하던 일이 생각난다. 나는 책임지고 도민과 함께 근본적 취지에 어긋남이 없도록 하겠다고 다짐을 몇 번이고 되풀이 했었다.

제주특별자치도가 출범하는 초기에 도청 직제 전반을 새롭게 설계하면서 이런저런 제안이 많았다. 부지사 직제를 행정부지사, 경제부지사로 해야 한다는 여론과, 관광의 섬이기 때문에 관광부지사 제도가 필요하다는 등, 각처에서 다양한 당위성을 제기하며 여러 의견이 쏟아져 나왔다. 그런데 제주가 이만큼 살고 있다는 자긍심을 심어주고 미래에도 보전해야 할 가치가 있다면 그 중심에 제주환경이 있음을 직시할 필요가 있다고 생각했다.

'만일 제주가 자연환경이 훼손되고 물이 오염된다면 누가 제주를 찾아올 것인가?' 하는 시점에서 나는 결심을 했다. "제주특별자치도에서 최고의 가치는 환경이고 그러기에 '환경부지사' 제도를 도입해야 한다." 산적했던 많은 현안들과의 싸움으로 인해 이 분야에 대한 획기적인 시스템을 구축하지 못한 부분은 지금도 아쉬움으로 남는다.

어떤 이들은 산업적 가치를 위해서 환경이 희생해야 한다는 의견도 있었다. 그러나 다른 측면을 보면 환경적 가치를 제대로 지키고 있으면 다른 부분은 따라올 수 있다는 것이 환경에 나의 대한 생각이다.

세상 만물은 地지, 水수, 火화, 風풍의 작용에 의해서 형성되고 무너지며 새로운 생명을 잉태하기도 한다. 우주의 생존 법칙일 수 도 있다. 따라서 토지에 대한 엄격한 관리가 선행되어야 한다. 그리고 물에 대한 관리는 우리와 같이 강이나 호수 같은 대형 원천자원이 없는 섬의 특성상 엄격한 잣대로 공공재로 관리할 수 밖에 없다.

전임 신구범 도지사 시절도 그랬지만 나도 도지사 재직시절 한진그룹이 제주 물자원을 상업용으로 이용하려는 움직임에 엄격하게 대응했던 기억이 새롭다. 이 분야 만큼은 제주인들의 생존의 문제라는 인식전환이 필요한 사안이 아닐 수 없었다.

특히, 무분별한 지하수 개발로 인해 파생될 지하수 문제에 대해서도 근원적인 연구가 필요한 시점이라고 본다. 너도나도 지하수를 이용하고 있는데 과연 이 만큼 활용해도 지하에 흐르고 있는 용량은 얼마만큼 잔존하고 있으며, 얼마나 쓸 수 있는지에 대한 심각한 검토가 선행되어야 할 것이다.

특히 바닷가에서 용솟음치던 용천수가 말라가고 있는 것을 지켜보면서 위험 수위가 어디까지 왔는지 하는 검증작업 없이 주먹구구식으로 대처하는 것은 너무나 어리석은 일이라는 것이 나의 소견이다. 혹자는 "있을때 잘하지"라고 할 수도 있지만 정책의 중요성과 절차 등을 감안할 때 지금 시점이 최적기라고 보는 것이다. 특별자치 제도 속에 지하수를 비롯한 제주 자연자원의 보존과 이용에 관한 권한을 충분히 반영하여 미래를 직시하는 규제 조항을 삽입하는 등 특단의 노력이 필요함을 말하는 것이다.

가끔 차를 몰고 바닷가에 서 있노라면 녹조현상이 발생하고 온갖 쓰레기들이나 지상의 오염물들을 다 받아 안고 있는 바다의 생태계는 언제까지 지탱할 수 있을까 하는 우려를 할 때가 종종 있다. 중산간 마을에서 버려지고 있는 축산폐수에서 부터 농가와 골프장에서 뿌려지는 농약과 비료의 부산물, 이 모든 것들이 비가 올 때마다 바다로 흘러 들어갈 것이다.

일부 학자들은 인간에게는 해가 없다고 하지만 "천연 자연적 가치가 아닌 인공된 화학물질인데 아무런 폐해가 없다는 말이 진실일까?" 하는 의문을 품을 때가 많다. 물론 내가 도지사직에 있을 때도 경제의 한 축을 활성화해야 한다는 신념에서 이런 환경적 측면을 도외시 한 부분도 없지 않지만 자유인이 되어 제주의 이곳저곳을 다니다보니 이러한 우려를 깨끗이 털어내는 작업도 병행되어야 함을 깊게 깨닫고 있다.

"개발해야 할 곳은 개발하고 보존해야 할 곳은 철저히 보존해야 한다."는 발전 논리에서 한 발 더 나아가 "아직도 천연적 가치를 지니고 있는 곳은 철저히 보전되어야 한다."는 신념이 뇌리에 더 깊게 자리 잡았다.

우리가 조상 대대로 살아온 삶의 터전은 좀 더 지속가능한 발전이 이루어질 수 있도록 관심을 집중해야 한다. 집 한 채를 짓거나 나무 한 그루를 심는 작업도 제주의 환경을 아우르는 깊은 배려의식이 필요하다는 말이다. 얼마 남지 않은 천연의 숲이나 한라산 국립공원, 그리고 368개에 이르는 오름, 주변의 작은 섬들이 인간으로 부터 더 이상 침해받지 않는 차원에서 보존될 수 있도록 해야 한다는 생각을 한다.

예를 들어보자. 너도 나도 오름을 오른다. 1000만 명의 관광객 모두가 오른다면 스펀지처럼 부드러운 제주의 오름은 금세 형질이 변형되면서 어쩌면 자연재해의 근본으로 발전되어 버릴지도 모른다. 그러나 포토지점을 찾아서 설명과 감상을 할 수 있도록 한다면 훼손되지 않은 오름의 본 모습을 감상함과 동시에 오름이 형성된 배경과 이에 얽힌 다양한 이야기를 문화 콘텐츠로 발전시켜 관광객들에게 전달함으로써 국내외에 무한한 가치를 지닌 관광 자원으로 자리매김 시킬 수 있을 것이다. 제주시장 시절에 생활쓰레기 무단투기 방지를 위한 전쟁 아닌 전쟁을 치렀던 적이 있다.

태풍 피해복구, 감귤 구조조정, 도정 주요정책 설명을 위해 나처럼 공무원들을 몰아세운 상관도 없었을 것이다. 그러나 재직 당시에 그토록 얼굴을 찡그리던 직원들이 지금은 만나면 먼저 인사하고 소주 한 잔을 건네 오는 걸 보면서 "순간은 힘들어도 그것이 결국 제주도와 도민을 위한 것이라는 의도를 알고 이해가 되었구나." 하는 생각을 하면서 꽤나 고맙고 한 편으로는 미안한 생각도 해 볼 때가 종종 있다.

생활쓰레기 폐기물은 나에게 특별히 두드러기를 형성하게 만드는 이유가 있다. 그것 역시 제주시장 시절 봉개 회천에 쓰레기 매립장 시설을 계획하고 실행에 옮기면서 얼마나 힘든 과정을 거치며 이루었던가를 생각하면 지금도 몸이 떨리는 일이다. 하수종말처리장이며 쓰레기 매립장의 시설 위치를 정하게 되면 그 지역 주민들은 사력을 다해 반대 투쟁을 한다.

그렇다고 일반 개인 기업체처럼 높은 보상금을 지급할 수 있는 상황만은 아니다. 서쪽 노형동에 있었던 매립장이 포화상태가 되면서 불가피하게 봉개 회천동으로 새로운 위생 매립장을 시설하기 위한 설명이 시작되었다. 엄청난 반대와 밤

낯 없는 설명과 설득을 통해서 결국 주민들이 불편을 감수하면서도 들어 주었다. 당연히 다른 지역에 비해 우선해서 숙원사업을 해결해 드린다는 약속을 하고 불편을 감수하는 차원에서 이해해 달라고 부탁한 것이다.

지금도 가끔 쓰레기 매립장을 가 본다, 하루에 몇 백 톤 (제주시 180톤 이상) 씩 방출하는 쓰레기가 분리 수거도 되고 각종 절감 노력을 했음에도 매립장 면적은 점점 줄어 들고 있음을 어렵지 않게 목격할 수 있다. 도시지역이 아닌 읍·면 지역의 경우에는 이미 포화된 매립장 태반이 향후 어디로 가야할지 대안도 제시하지 못한 상태로 방치되고 있다.

그 방대한 면적이 쓰레기 매립장으로 활용되어 가고 있다. 앞으로 천년 이천년이 지나면 제주도 모두가 쓰레기 매립장이 될 수도 있다. 아름다운 국립공원 한라산 주변이 모두 쓰레기 매립장으로 띠를 두를 듯도 싶다. 상상만 해도 끔찍한 일이 아닐 수 없다.

그러면 앞으로 어떻게 할 것인가. 하는 고민이 다가 온다. 소각장도 넘쳐 난다. 매립장은 포화되고 있다. 환경수도란 있는 자연을 보존 보호하는 것도 중요 하지만 과학적이고 선진적인 관리 시스템을 모범적으로 갖추는 일이 선행 되어야 한다.

쓰레기는 재활용 시스템화 하고 물은 중수도 개념으로 재

활용하며 모든 활동은 자연 기준에 적합 여부를 체크하고 천연 세제를 활용하는 등 도민과 함께 환경을 가꾸는 일에서 부터 시작되어야 할 것이다.

최근에 서울 지역에서도 쓰레기 종량제가 시행 된다고 한다. 쓰레기 종량제가 우리 지역에서는 시행된 지가 몇 년째 되고 있다. 하지만 지금 시점에서 이야기를 들어 보면 시행율이 30~40%에 머문다는 이야기가 있다. 환경 선진국에 시민들은 솔선해서 환경을 지켜 나아가야 하는데 앞장서야 한다.

그들은 왜 그래야 할까. 바로 환경은 단순히 나만의 문제가 아니라 후손 대대로 이어져야하는 자연 유산이기 때문이란 공동체 윤리관을 확실하게 알고 실천해야 되기 때문일 것이다. 제주의 허파 역할을 할 수 있는 곳이 바로 곶자왈일 수 있다. 이곳을 주민들의 사랑과 애정으로 가꾸고 보전하는 지혜로 활용했으면 하는 바람이 있다.

브라질의 유명한 꾸리찌바란 도시는 교통문제를 대중교통 즉 시내버스 체계의 혁신으로 해결한 것이 세계적으로 유명하게 되었다. 서울시 시내버스 체계의 혁신 사업이 바로 여기서 벤치마킹한 사례이다. 도심에 물이 흐르게 하는 사례 역시 제주시의 산지천이나 서울시의 청계천 등이 하천 관리 사업을 함으로써 쾌적한 도시 환경을 재창출하는 묘안이 될 수 있음이다.

지금도 늦지 않았다고 본다. 대중교통의 혁신을 통해 에너지를 절감하고 도시 동선의 효율성을 제고하면서 공기 오염도를 최적화하는 정책들이 활성화되어야 한다. 그리고 매일같이 쏟아지고 있는 생활 폐기물에 대한 새로운 관념을 정립해서 쓰레기 배출량을 현재보다 절반 이상으로 감소시킬 수 있는 정책을 통해 그야말로 청정성을 지속적으로 유지시켜야 한다. 이러한 막중한 책임이 공무원들에게 주어진 역사적인 사명이라고 나는 생각한다.

국가에는 안보가 중요하다면 지방행정은 주민들의 검소한 생활을 바탕으로 우리 주변의 가치를 훼손하는 것을 더 이상 방치하지 말아야 한다는 것이다. 한라산과 중산간 지대의 오염도가 지나치면 더 이상 청정지역으로 유지할 수 없다. 또한 제주도의 토지 역시 천연적 가치를 더 이상 누릴 수 없다. 이런 일들이 부지불식간에 조금씩 진척되다 보면 우리가 뿌린 독약에 의해 우리 스스로 자멸할 수도 있다.

현명한 다음 세대들이 새로운 아이디어로 원래대로 되돌려 놓을 수도 있겠지만 지금 이 시대를 살고 있는 우리도 가급적 천연적인 상태로 물려줄 수 있는 노력을 경주해야 한다. 우리는 입만 열면 자연분야 3관왕을 차지했다고 홍보에 열을 올리고 있다. 그러나 보존을 위한 노력 없이 방치하는 태도만을 지속한다면 얼마 안가 더 이상 내세울 수 있는

게 없게 된다. 산업적 측면의 발전을 환경적 측면의 자연보존에 접목하여 자연의 보존을 유지하며 생활방식을 개발하고 자연과 더불어 살아감으로써 자연의 한 부분인 인간 역시 아름답게 존재할 수 있음을 인류사회에 보여 주어야 한다. 농 · 축 · 수산업에서도 유기농의 한계를 넘어서 생태농업, 생태축산, 생태수산 등의 진로를 개척해야 한다는 생각을 해본다.

혹자들은 1차 산업과 3차 산업의 접목이라 하고 또는 자연과 산업의 조화라 말할 수도 있지만 철저한 보존이 결국 산업이 되고 경제로 부각될 수 있는 시대가 멀지 않았음을 직시해야 할 것이다. 따라서 '우리가 살고 있는 이 땅과 이 땅을 스쳐가는 바람, 이 땅에 흐르는 물을 어떻게 청정하게 관리할 것인가 하는 문제와 더불어 태양이 주고 있는 에너지를 어떻게 효과적으로 극대화하여 얻어낼 수 있는가'하는 일들에 대처하고 미래를 향해 나아가는 지혜로운 모습, 그것이 바로 우리의 미래를 점치게 하는 척도라고 생각한다.

세계자연유산 지정을 위해 현지를 방문했던 어떤 석학은 용암동굴을 다녀온 후에 "자연에 죄인이 되는 듯하다."는 말을 하였다. 자신이 아니었다면 영원히 잠들어 있을 신비한 기적을 우리가 찾아내는 기쁨은 있지만, 많은 사람들이 방문하고 손을 대다보면 서서히 신비로움이 사라지고 훼손된다고 생각하니 그럴 수 밖에 없다는 것이었다.

우리에게 백지가 주어지면 누구나 무엇인가 그려 보려고 하다가 백지까지 버려 놓는 경우가 많다, 물론 사람들은 그런 실패를 겪으면서 한 인간은 유명한 화가로 성장한다고 할 것이다. 그러나 자연과 같이 한정된 자원인 경우에는 그런 이야기가 통하지 않는다. 일본에서 일어났던 지진이나 남태평양 지역에 있는 작은 섬들이 물속으로 가라앉고 있는 현상들은 인간이 위대한 듯 하지만 지구란 작은 별을 우주적인 관점에서 보면 하나의 티끌일 수도 있다.

어쩌다 폭발이 일어나서 펑하면 작은 먼지는 어디로 휘날려 버릴지 모르는 일이다. 그 티끌 속에서 허우적거리며 살고 있는 우리 인간 개개인들은 이에 비해 우리의 힘으로 해낼 수 있는 일에 분명 한계가 있음을 절감할 수밖에 없다.

따라서 우주 순행원리를 역행함으로써 맞게 될 엄청난 재앙으로부터 우리를 지키는 안전판 역시 절제된 삶을 통해 자연 본래의 모습 속에서 우리 미래를 창조적으로 찾아내는 것이 바람직하다는 생각을 한다. 관광산업의 용량평가, 교통산업의 용량평가 등 근원적인 문제에 눈을 돌려야 하고 그 데이터베이스 구축을 통해서 우리가 지금 활용 할 수 있는 시스템을 최대한으로 활용하는 노력이 선행되어야 할 과제이다.

제주 섬 전체를 하나로 디자인하고 100년 후 멋진 예술품으로 조각해 냈다는 굳은 신념으로 환경에 대한 경외심을 표현해야만 한다. 지사 직을 떠나 새로운 나의 시각에 많은 변화가 있었다. 환경수도라 하면 환경의 기초에서 부터 최고의 경지에서 환경운동이 세계로 확산되고 쌍방향 소통의 거점이 되어야 한다. 공기 · 물 · 토지, 그리고 산과 계곡 · 바다에 이르기까지 철저하게 지속 가능한 상태를 유지해야 할 것이다. 여기에다 제주의 사람들이 생활방식, 생명에 대한 의식까지 같은 수준으로 존중되어야 할 것이다.

이것이 환경수도의 본 모습이 되어야 한다. 내가 지향하고 있는 제주의 품격 있는, 대우받는 환경은 자연에 대한 경외감에서 시작되어야 한다. 많은 이해관계 속에서 정책에서 우선 순위에 놓여야하고 이와 같은 방향으로의 계획수립과 공감대를 확대해 나갈 수 있을 때 환경수도의 가치는 공고해지고 미래지향적이 될 수 있다.

누가 우리에게 환경수도가 되라고 권고할 사람은 없다. 나도 도지사직에 있으면서 매년마다 환경지표를 발표하지 못했다. 특별자치도에 매몰되고 지역 경제에 매몰되었다고 이유를 대야할 것 같다. 분명히 아쉬운 대목이었다. 데이터베이스 구축이 완벽하지 못했다. 그래서 지금도 환경에 대한 과학적 검증이 부실한 실정이다. 3관왕의 지역이라는 명성에 걸맞는 실천적 행동은 이루어지지 않고 있다. 환경 R&D 분야 연구가 최고 수준에 있지 못하다. 또한 인재들도 턱없이 부족하다.

"세계적인 섬으로 인정받는 만큼 세계적 이목을 집중시킬 수 있는 모습을 보여 주어야 한다"고 후배들에게 말하고 싶은 대목이다. 선배 세대로서 강조해 주고 싶은 대목이다. 물론 경제발전 그리고 삶 또한 중요한 요소이다. 그러나 환경이 무너지면 모든 것이 무너진 다는 것을 알아야 한다.

인간은 돈이나 명예보다 결국은 건강이 있어야 여타의 것들을 누리고 즐길 수 있다. 대학과 NGO 단체도 행정측면에서 생각을 적용하면서 도민생활 속에서 환경수도를 찾아야 할 것이다. 점점 늘어나는 쓰레기, 점점 미궁 속에 빠지는 물환경, 메말라 가는 바다 자원, 산성화되는 토지, 점점 축소되어가는 천연 숲 등 악조건이 산재해 있다. 조금씩 파고드는 중산간 지역에 사람의 흔적들이며 오염원에 노출된 자연경관들, 이 모두가 생각이 바뀐 사람들이 손길을 기다리고 있다. 이런 일들을 해결하기 위하여 정책이 필요하다. 도민들은 걱정은 하면서도 막상 내 일 같지는 않은 것이다. 해마다 발표되는 정직한 지표만이라도 있으면 좋겠다는 생각이다.

1. 하루 쓰레기 생산량
2. 하루 지하수 소비량
3. 하루 토지 공기 오염지수
4. 하루 써버리는 자연 자원량

'이제 남아있는 제주의 천연자연의 면적은?' 얼마인가. 이것만이라도 알 수 있으면 좋겠다. 그래야 정책을 세울 수 있는 기초자료가 될 것이다.

독일의 프라이 부르크라는 도시는 쓰레기 제로 베이스를 실현한다는 이야기를 들었다. 국제수준의 환경 NGO들이 80여 단체가 활동 한다고 한다. 우리가 환경수도라는 길로 가려면 이런 도시를 다시금 들여다 보아야 할 것이라는 점을 강조하고 싶다.

2012 WCC 유치 기념행사를 갖다. (2009.12.23)

5. 우리에 맞는 행복도형을 그려 내어야 한다

우리 제주에는 아름다운 풍습이 전해 내려오고 있다. 바로 '수눌음' 정신이다. 수눌음을 해보면 힘든 노동 일을 하면서도 행복을 맛볼 수 있고 공동체에 속한 자신을 발견하게 된다. 사회기부 운동이나 이웃돕기 정신 이 모두가 여기에서 기인하는 정신이라 할 수 있다. 제주의 향토문화 사전을 보면 수눌음이란 제주도 특유의 미풍양속으로 육지의 품앗이와 같다.

수눌음은 생산 공동체에서 행하는 관습으로 단순한 협업 노동 이상의 의미를 지닌다고 생각한다. 연원을 살펴보면 제주는 돌이 많고 물이 지표 속으로 쉽게 스며들어 복류하는 화산섬이어서 논농사 중심의 집약적인 양식은 적합하지 않았다, 대부분 전작 경작지로서 밭농사에 의존할 수밖에 없었던 농업구조에서 여성이 적극적이고 능동적으로 거의 모든 일을 담당하다시피 되었다.

밭농사는 힘을 요하는 밭갈이를 제외하면 남성 없이도 가능한 일이다. 여성들은 수눌음을 통해서 여성 혼자서도 스스로 농사를 지으며 생활할 수 있었다고 설명하고 있다. 사실 어린 시절을 돌이켜보면 그런 경우가 비일비재 하였다. 제주의 특성상 외방으로 부터 침탈도 많았고 사면이 바다로 둘러싸여 있어 어촌생활이 주를 이루었다.

어촌생활을 이루다 보니 남성들이 목숨을 잃는 경우가 많아 홀로 사는 여성들이 많았던 것이 사실이다. 이러한 상황 속에서 수눌음 방법을 이용하여 남자가 있는 집에 농사 일손을 거들어 주고, 초가지붕을 새로 잇거나 밭갈이를 할 때는 힘 있는 남성을 빌려서 삶의 방식을 개척해 왔다. 물론 여성들만 동원되는 경우도 있었지만 그러고 보면 수눌음 활동은 기존 경제활동에 그 의미가 크다고 볼 수 있다.

현대사회가 급속도로 발전하면서 개인주의가 만연해지고 물질 만능 사회로의 변화는 돈으로 모든 것을 해결하려는 분위기를 가속화시키고 있다. 선진 유럽식 삶의 방식이 마치 최고의 가치인 것처럼 사회와 가정에 자리 잡고 있는 것도 부인할 수 없다. 우리 문화는 단연 '효'의 문화이다.

부모는 자식을 낳아 기르고, 부모가 나이가 들면 자식들은 온 정성을 다해 부모를 모시는 것이야 말로 최고의 덕으로 인정 받았다. 불과 몇 년 전만 해도 부모를 요양원에 모시는 것을 치욕적으로 생각하는 분위기가 우세했다. 그러나 지금은 그렇지 않다. 당연히 자신이 몸을 움직이지 못하고 집안의 상황이 여의치 않으면 요양원에 의탁하는 것을 받아 들이고 있다.

이를 바라보는 사회적 시선도 이를 당연히 여기고 노인들 스스로도 그렇게 받아 들이고 있다. 사회가 발전하면서 물질 근본주의적 생활이 행복의 기준이 될 것인가.이런 생각은 좀 더 깊게 생각해 보아야 할 대목이 아닌가. 이러한 생각에 기인하여 제주형 복지는 수눌음 복지가 되면 좋겠다는 생각을 하는 것이다.

아이들이 태어나면 당연히 어른들은 아이들을 훌륭하게 키워야 한다. 젊은 부모가 시간이 없으면 어른들이 아이들과 시간을 보내면서 돌봄이 역할을 한다. 그러면 부부가 맞벌이를 할 수 있는 여유가 생길 것이다. 제주에서는 이렇게 어른들이 아이들을 보살피는 일에 참여케 하는 것도 바람직하다고 생각한다.

어린 아이들을 성장시켰으니 당연히 어른이 된 아이들은 어른들을 잘 모셔야 할 것이다. 바로 이것이 세대를 아우르는 융합이며 세대 간의 수눌음 활동이다. 또한 이것이 끝까지 인간을 행복하게 만드는 길이 아닌가 생각해 본다.

중앙정부나 지방정부에서 복지예산을 편성한다면 이런 기조하에 재정을 지원하고 어른들은 어린이 돌봄이 일거리를 찾아서 좋을 것이고, 어린이들은 어른들과 생활하면서 인성교육을 제대로 받을 수 있어서 좋을 것이다. 그러나 정부에서도 할 수 없는 단 하나의 일은 인간이 정신적 고독에서 탈피하고 따뜻한 노후를 보내다 행복한 최후를 맞이할 수 있도록 하는 것이다.

고령화 시대를 문제로만 인식할 것이 아니라 고령화를 보다 넓게 생산과 복지의 선순환 기점에 연결시키는 방안을 찾아내는 작업이 필요하다는 것이다. 이것이 복지 시대의 새로운 창조이며 진정한 정신적 복지이다. 거동이 불편하거나 불가능 하신 분, 독거노인, 장애아 등을 보살피는 문제에 있어서도 60~70대 어른들이 참여할 수 있는 기회를 확보한다면 어른들의 일거리는 크게 확대될 수 있을 것이다.

현재 제주사회 뿐만 아닌 한국사회는 베이비 부머 세대들이 은퇴시기를 맞이하면서 갈 곳이 마땅치 않고 은퇴 후 삶을 이어갈 원동력인 일거리가 없어지면 너무 젊은 나이에 노인 세대로 묶여지고 결국은 소비세대로 낙인 찍히는 현상으로 귀결되고 있다. 그러나 이 분들에게 약간의 교육과정을 통해서 어린이들에게 동화 읽어주기, 간식 챙겨주기 등의 보육교사 활동의 길을 마련해 준다면 보다 저렴한 인건비로 안전한 어린이 보육기능을 담당해 낼 수 있을 것이다.

양로원, 요양원 시설이 고급화되고 있지만 의식이 있는 사람은 가족 품이 그리워 지는 것이다. 그리고 사람은 본디 같이 정을 나눠온 사람들이 그립다. 나이가 들면 고독사가 많아지는 이유가 여기에 있다. 젊은 현대인들은 자신이 나이 들어 고독한 노인으로 죽어가는 모습을 상상하지 못하며 또한 원치 않는다. 무엇인가 막연한 상태로 살다 어느 날 문득 세상을 떠나는 것처럼 현재를 생각하기에 급급하다.

그러나 살다보면 어느 샌가 자신도 모르게 온 몸이 움직일 수 없는 거동 불가능한 노인이 되는 것이다. 그때서야 가족이 그립고 자식이 그립다 하면 늙은 노인이 떼 쓰는 모습으로만 비춰질 수밖에 없다. 따라서 어린 시절은 어른들에게 양육되어 지고 나이가 들면 아들 · 딸 세대들에게 도움을 받는 수눌음 정신이 꽃피어져야만 100% 복지가 이룩될 수 있다고 본다.

그리고 그러한 문화가 로봇이나 돈으로는 이룰 수 없는 인간만의 행복을 일궈낼 수 있는 복지이다. 아무리 좋은 시설에서 생활한다 하더라도 일주일이 멀다하고 세상을 떠나는 동료를 지켜보면서 마지막 노후가 과연 행복해질 수 있을까. 겉으로는 태연하고 평안할지 모르지만 내면에서는 인생무상의 절정에서 상심에 젖어 마지막을 기다리는 심정이 될 것이다.

다음은 보육이 문제이다.

우리는 늘 기회균등이란 말을 하고 있다. 그러나 우리가 과연 후손들에게 기회를 균등하게 주고 있는지 하는 문제를 좀 더 세심하게 고려해야 한다. 어떤 어린이는 부유한 가정에서 태어나 이런 저런 교육을 받고 자란다. 어떤 어린이는 가난하고 힘든 가정에서 태어나 공교육 과정만을 힘겹게 마치며 자란다.

그런데 이 사회는 치열한 경쟁사회이기 때문에 수없이 많은 시험과정을 거치면서 선택되어 진다. 순간순간이 시험이며 선택의 연속이다. 결국 문제는 선택 지점에서의 균등성 만을 강조하고 있지 그 과정에서의 균등성을 얼마나 세심하게 챙기고 있는지 되짚어봐야 한다. 이런 것이 결국은 사회를 양극화시키는 '사회적 암'을 태생시키는 요인이 되고 있다.

국가가 이제부터 보육문제에 깊이 관여하려 하고 있다. 바람직한 일이다. 고령화, 저출산 문제의 해결은 바로 보육문제에서 찾아야 한다. 아이를 낳기만 하면 보육비용은 나라에서 부담한다고 하면 출산에 대한 부담이 줄어들 것이다. 북유럽에서는 80%를 정부에서 부담하고 부모는 20%를 부담한다고 한다. 이것도 생활의 여유가 있는 사람들이고 어려운 가정은 100% 국가가 해결한다고 한다.

이처럼 우리도 보육문제는 정부가 적극 개입하여 철저한 실태조사를 한 후 불공정 없는 최적의 관리방법을 모색하고 그 외에의 상황적, 현실적 요건을 접목한 복지시스템을 짜야 한다. 특히 단순히 물질적 측면만이 아니라 자긍심을 심어주고 행복한 미래로 나가는 길잡이가 될 수 있다면 출산과 보육문제가 크게 개선될 것이고 그것은 바로 이 사회를 근원적으로 지탱하는 힘이 되어질 것이다. 어린이들이 행복하게 무럭무럭 자라 이 사회를 이끌어갈 선구자가 되고 또한 사회적 기둥이 되도록 하는 것이야 말로 현 시대를 살고 있는 지금 우리 세대들이 가장 시급한 과제이며 일거리다.

지방자치를 다시 실시한지 10여 년이 되고 있지만 지방정부의 재정은 항상 비어 있다. "국고부담율도 제대로 감당 못하는 수준이면 어떻게 특수한 사업들을 펼칠 수 있을까." 하는 생각을 하게 된다. 모든 복지 행정을 국가에만 의존한다면 그 획일성에 제주만의 실정에 맞는 그림이나 비전은 요원할 수 밖에 없다. 따라서 이러한 획일성을 탈피하고 제주만의 특수성을 최대한 살려낼 수 있는 제도를 만들어 보겠다는 신념이 특별자치도 제도의 시행인 것이다.

모든 것을 관광 카지노에 맞추어서 사례가 될지 모르지만 투자개방형 병원제도나 관광 카지노 제도, 크루즈 유람선 운영

등 나름대로 재원을 확보할 수 있는 돌파구를 만든다면 주민 개별적 경제활동에 밑바탕을 창의적으로 지원할 수도 있고 또한 복지문제나 장학 사업에 대 변혁을 줄 수 있을 것이다.

머물러 있기를 바라면서 변화하기를 바라는 것은 이치에 맞지 않다는 것을 다시금 강조하고 싶다. 변화해야 기회가 생긴다. 초 · 중 · 고등학교는 물론이고 대학교까지 무료로 다닐 수 있도록 지원해야 한다. 그리고 탁월한 인재들을 선발하여 선진지 유학을 지원한 후 일정기간 고향에서 봉사할 수 있도록 한다면 그보다 최선은 없을 것으로 본다. 그래서 국세 중 일부를 제주특별자치도에 한해서 지방세로 전환해 주도록 요청하는 정책을 꾸준하게 추진했던 것이다.

사람 사는 곳, 사람들이 살고 싶어 하는 곳, 나이 들어서 버려지지 않는 곳, 부모를 봉양하면 보상을 받는 곳, 그런 곳이 제주여야 한다는 것이다. 그리고 이 땅에서 태어나면 누구나 과정부터 선택지점까지 균등한 기회를 부여받을 수 있도록 해야 한다는 것이다.

다음으로는 바로 일자리이다.

가장 중요한 복지는 바로 일자리이다. 아무리 다른 요소가 갖추어진다고 해도 떳떳한 일자리가 없으면 행복해질 수 없다. 복지는 소비자라고 하는 개념을 버려야 한다,

선진유럽 어린이 집은 보육교사 한 명이 어린이 4명 이상을 담당하지 않는다. 공교육에서도 어린이 10명 내외의 아동을 담임으로 해야 한다. 마을에 80~90세 노인은 4명 당 복지요원 1명이 배정되어 있다고 생각해 보자.

그럼 완벽한 재택복지 시스템이 가동될 수 있다. 복지요원 인건비를 정부에서 지출하는 것이다. 거동 불능자이거나 독거 노인 등은 특별 관리 요원을 지원한다면 이들 역시 인간다운 생활을 할 수 있을 것이다. 그렇게 되면 엄청난 일자리가 창출될 수밖에 없다. 종전의 참모부서인 행정관리 인력은 과감하게 감축해서 복지지원 인력으로 대폭 증원해 나간다면 새로운 모델이 될 수 있다.

회계, 인사, 행정, 재산 관리와 같은 분야는 이제 아웃소싱을 할 수도 있다. 이미 루틴화 되어 있는 행정의 영역을 민간에게 위탁관리해서 투명성을 제고시키는 한편, 나머지 복지나 경제부서의 지원에 인력을 할당해서 혁신행정에 도전을 해야 한다. 이렇게 함으로써 일반행정 인력에 대한 인건비를 복지 인건비로 대폭 전환시킬 수 있다.

제주특별자치도의 경우, 두 개의 행정시 인력 구조를 재편성해서 그 기능 일부는 읍 · 면 · 동으로, 총괄 기능은 도청으로 분배하고 나머지 인력은 복지 분야 인력으로 전환시킨다면 충분한 전환점이 될 수도 있다고 본다.

물론 행정구조 조정의 방법에만 의존하는 것은 한계가 있다. 제주도정의 한계라 할 수 있는 재정력의 부족함을 극복할 수 있는 세외수입의 극대화에 창의적인 노력이 필요하다는 것이다. 사례를 들어보면 현재 제주개발공사에서 지하수를 판매하고 있다. 여기 수익금 일부는 당연히 R&D 분야에 투자가 되어야 한다. 그리고 일부는 복지재원 즉, 장학사업 등에 지원하면 좋겠다는 생각이다.

국가기관이라고는 하지만 JDC도 마찬가지이다. 이처럼 각 기관에서 수익사업이 생기면 그 중 10% 내외는 장학금 출연을 의무화하여 인재육성 프로그램을 활성화해야 한다.

만일 케이블 카나 관광 카지노 사업 등이 시행될 수 있다면 복지기금을 자체적으로 축척할 수 있기 때문에 우리 현실에 맞는 행복한 복지도형을 그려낼 수 있다고 본다.

메슬로라는 학자는 인간의 욕구를 5단계로 구분하고 있다. 1단계는 생리적 욕구로 의 · 식 · 주 수면에 대한 욕구이고, 2단계는 안전에 대한 욕구로서 신체적 감정적 안전에 대한 욕구이다. 3단계는 소속감과 애정에 대한 욕구로서 타인과의 관계에서 인정 받으려는 마음, 어떤 단체의 일원이 되고 싶은 욕구를 말하고 있다. 4단계는 자존의 욕구로서 명예 · 권력 · 성취와 관련된 욕구들이다. 마지막 5단계 욕구는 자아실현의 욕구를 말하고 있다. 이러한 욕구들은 동시 다

발적인 것이지 수직적 의미만을 말한다고 볼 수는 없다.

우리 사회의 발전상과 궤를 같이한다고 할 수도 있다. 50~60년대 우리는 보릿고개 시절을 보내야 했다. 그 당시는 의식주 문제며, 안전의 문제가 가장 중요시되던 시대였다.

70~80년대 이후에는 소속감이나 안전에 대한 욕구가 지배적이 였다면 90년대 이후 사회는 명예와 성취에 대한 욕구가 사회를 지배했다고 볼 수 있다. 최근에는 『멈추면 보이는 것들』이란 혜민 스님의 책이라든지, 법정스님의 『무소유』, 그리고 각 종교 단체가 주축이 된 나눔과 봉사 등 자아실현의 단계로 진입한다고 볼 수 있다.

따라서 이러한 사회적 문화 발전양상에 맞추어 그에 맞는 복지 정책을 견인해 내는 것이야 말로 사회 현상과 행정이 접목될 수 있는 길이라 할 수 있다. 그리고 이러한 인간욕구와 그에 상응하는 일들이 접점을 이루었을 때 행복이란 선순환 구조가 맞물려 돌아갈 수 있다. 이러한 현상을 접목시켜 주는 역할이 바로 교육이라 할 수 있으며 성인들은 주민자체센터에서 자신이 원하는 교육프로그램을 통해 접근이 가능하게 될 수 있다.

선진유럽과 같이 '평생교육' 활성화를 통해서 언제 어디서나 무엇이던 새로운 것을 배울 수 있고 그 교육과정을 통해서 자신을 재발견 할 수 있는 그런 사회적 시스템을 읍·

면 · 동 단위로 체계적이고 수준 높게 형성시켜야 한다. 그러면 기회 요소에 대한 선택은 도민들이 하는 것이다.

집집마다 마련된 인터넷은 오늘 당신에게 무엇이든 선택할 수 있는 기회를 제공해 준다. 어디서는 경제이론과 취미활동을, 또 어느 곳에서는 외국어를 또 다른 곳에서는 교양강좌를 선택할 수 있다면 집에만 박혀 있을 수 없다.

골프 매니아들은 골프 강좌를, 음악 매니아들은 좋아하는 음악 강좌를, 주민들의 욕구에 연관지어 개설한 다양한 평생교육 프로그램들은 복지센터별로 행복한 미래를 위한 길잡이가 된다. 이러한 선진국형 복지제도가 네트워크로 연결되어 있다고 한다면 이 땅에 태어난 모든 사람들은 삶의 가치를 충분히 보상받을 수 있을 것이다.

이제 중앙정부에서도 행복지수를 평가하는 시스템을 도입하려고 한다. 따라서 매년마다 사회발전 속도에 맞춰 국민들의 행복지수도 상승하고 있는지를 점검해야 한다. 행복지수의 성장속도에 따른 다양한 맞춤형 복지 제도가 도입되어야 하고 기존에 도입되었던 제도중에 이제 그 의미가 상실된 것이 있다면 새로운 것으로 교체되어야 한다. 변화하는 속도에 따라 이렇게 행정서비스 제도가 달라져야 한다는 것이다. “우리는 무엇을 위해서 존재했는가?” 하는 점을 처음부터 다시금 일깨워야 할 시점이다.

사람이 없으면 정치도 행정도 그 무엇도 필요 없다. 사람들이 질서를 잡고 행복을 느끼면서 안전하게 살아가기 위해 세금을 내고 행정에 리더를 세우고, 힘을 실어 주기도 하는 것이다. 그런데 이 땅에 살고 있는 사람 대다수가 불행하다고 생각한다면 그것은 무의미한 일들을 해왔다는 것이다.

종전에는 힘 있는 몇 사람을 위해 백성들이 존재해 왔다. 그러나 민주주의가 발전하는 지금은 누구를 위해서가 아니고 이 땅의 주인인 국민 개개인을 위해서 행정이나 정치는 존재감의 이유가 있는 것이다. "모두가 만족하는 공동체 최고의 선에 이를 수 있는가?" 라는 가장 근원적인 문제를 당장해결 할 수 있는 것은 아니지만 이런 문제를 최소화할 수 있는 방법을 찾아내는 것 또한 행정이나 정치적 리더로 선택된 사람들의 의무이며 책임사항이다.

종전에 알아왔던 복지는 의식주에 국한된 1단계의 복지 프로그램이라 할 수 있다. 앞으로는 문화와 연결된 지속가능한 복지제도가 실현될 수 있어야 한다는데 대해서 토를 달 사람은 없을 것이다. A라는 시설아동들이 합창단을 만들어 합창대회에 참여하고 그리고 심사위원들로 부터 인정을 받고는 서로 껴안고 눈물을 흘리면서 행복해하는 모습은 어느 곳에서나 쉽게 볼 수 있는 장면이다. 어느 장애우가 불가능에 도전해서 도전을 성취하고는 그가 가장 사랑하는 사람을 껴안고 감동의 눈물을 흘리는 사례 또한 적지 않다.

생산적인 복지라 함은 스스로 보람을 느끼고 정상적인 사회구성원으로서 일을 하고 그에 따른 당당한 보상을 체계적으로 받을 수 있는 시스템이라 할 수 있다. 모든 분야에서 고르게 기회를 마련하고 기회를 마련한 사람들은 기회가 없는 사람들을 위해 수눌음의 정신으로 보듬어 함께 살아가는 사회를 만드는 일이야 말로 제주특별자치도가 보다 더 사람 사는 향기가 나는 곳으로 만들 수 있는 방안이 아닌가 생각해 본다.

어느 시설에 환경이 잘 되어있다고 소문이 났다. 그러한 시설에서는 생활하는데 편리함은 있을 것이다. 그러나 나를 인정해 주는 사람이 없다면 그는 결국 우울해질 것이다. 사람들이 모이고 밝은 태양이 비추고 아등바등하며 살아가는 그 자체가 행복인 것이다. 그러한 사회성, 인간성을 찾아주는 사회의 상징이 바로 나눔과 배려, 자원봉사 활동을 말할 수 도 있다. 메슬로의 인간욕구 5단계 별로 각각의 상황에 맞게 나눔과 배려와 자원봉사 활동과 더불어 맞춤형 수눌음 복지가 제주는 절실하다는 생각을 해 본다.

이러한 복지를 요즘에는 재능기부라고도 한다. 교육을 통해서 얻어진 재능을 이렇게 기부하는 균형잡힌 사회가 되어야 한다는 말이다. 청소년과 장애를 갖고 있는 사람, 여성 노인, 젊음을 향유할 수 있는 젊은 세대에게 꿈과 희망을 안겨 줄 수 있는 정책 아이디어를 꾸준하게 개발하고 적용해 나가야 한다. 이러한 수눌음 복지의 틀이 국가복지 제도는 물론 인류사회에 이바지할 수 있는 기회가 되기를 희망해 본다.

수눌음 복지는 시민과 정부간에도 행복을 심어주는 틀이 될 수 있음을 다시금 공감하고 있다.

●●● 노숙자 급식현장에서 봉사자들과 함께하다 (2006.1.19)

●●● 복원된 제주목관아의 야경모습이 고풍스럽다. (2003.1.26)

6. 제주에 맞는 문화융성

선진국과 후진국은 경제적 우월성 만을 갖고 비교할 수 없다. 물질적 풍요성에서 중동 석유자원국을 따를 수 있는 나라는 별로 없다. 또한 행복지수 역시 사람들의 의식구조와 관련이 있는 문제이며, 선진국이란 평가와는 공통적인 문제들에서 차이가 있다고 보아야 할 것이다.

문화라는 말은 그 시대를 살고 있는 사람들의 포괄적 행태 모두를 포용한다고 보아야 할 것이다. 제례, 예의, 의식 구조, 경제 수준, 품격, 디자인, 관습적 사고, 나눔 문화 등 등을 포함한다고 말할 수 있다.

그래서 문화 선진국이라면 그 지역 공동체의 품격이 얼마나 높은지 또한 배려하고 소통하는 시스템이 얼마나 민주적인가 하는 나름의 판단요소가 될 수 있다. 우리 도심 구조가 얼마나 약자들에게 배려하는 양식으로 조성 되었는가. 주민 개개인이 기초질서를 지키는 수준은 얼마나 되는가.

또한 생명존중에 대한 생활태도와 나보다 덜 가진 자를 위한 나눔의 실천력은 어떠한가. 공동체 구성원 상호간에 예의를 비롯한 생활공간을 배치하는 디자인 속에서도 문화적 품격은 엿볼 수 있다.

길가에 놓여 있는 돌 하나, 가로수 한 그루에 대한 배려, 나만이 아니고 공동체를 위해 내가 할 수 있는 역량이 무엇인가를 찾아내서 일익을 담당하려는 자세가 필요하다.

최근에 쌍둥이 자매 중 한 사람은 미국으로, 또 한 사람은 프랑스로 입양되어 훌륭하게 성장해서 서로를 찾는 사례가 신문에 오르내렸다. 프랑스 장관 직에 오른 한 여성이 어린 시절 프랑스에 입양되어 훌륭하게 성장한 일도 있었다. 미국에 입양되어 잘 자란 예술가를 비롯한 다양한 전문가들이 고국을 방문하는 사례도 있었다. 어떤 이들은 장애인을 입양해서 평생을 이들을 위해 몸 바친 사람도 있었다.

하지만 우리 주변에는 외국에서 장애우를 입양했다는 이야기는 별로 없다. 물론 조용하게 선을 실천하는 사람들도 많다. 그러나 우리 주변에 있는 어린이들이 우리 공동체 사회 속에 더 많은 양부모를 만나 훌륭하게 자랐으면 하는 개인적인 바람이 있다. 이런 인도적인 일들을 보면서 우리가 보다 선진 시민으로 거듭나기 위해서는 우리의 의식구조에서 부터 인간을 소중히 하는 그런 문화적 새싹이 움트고 자라야 한다고 느낀다.

가끔 우리 주변에서 이런 말을 하는 경우가 있다. 우리 주변에 있는 것들은 아무리 좋은 것이라 해도 볼품 없는 것으로 취급 된다고 말한다. 이와 마찬가지로 사람들도 우리 주변에서 유능하다면 깍아내려 폄훼하려고 하고 외국이나 다른 지방에서 그런 경우가 있다면 부러워하며 따라하는 경우가 종종 있다. '고래도 칭찬하면 춤을 춘다.'는 말이 있듯이 우리도 우리 주변에 있는 훌륭한 인재들을 칭찬하고 격려하면 더 유능하고 활력이 넘치는 사회로 발전할 수가 있을 것이다.

우리 제주특별자치도는 '신들의 고향'이라고 일찍이 미국의 유명 매체인 CNN에서 소개된 바 있다. 그만큼 우리에게는 창조의 신, 농경의 신, 산파의 신, 등 1만 8천 여 신들이 존재한다고 구전되어 왔다. 그러나 이러한 신들이 있다는 것으로 그치고 마는 것이다.

하지만 그리스는 자신들이 가지고 있는 신의 이야기를 각종 문화 콘텐츠로 활용하면서 아직도 그들 생활 속에 생생하게 살아 움직이고 있다. 뿐만 아니라 세계적으로 전파되어 우리 어린 아이들의 교과서에서 제우스, 포세이돈, 헤라, 데메테르, 디오니소스, 아폴로, 아르테미스, 헤르메스, 아테나, 아레스, 아프로디테 등 미의 신, 물의 신 등으로 소개되고 있으며 심지어 그 신들의 이름을 외우고 다니는 것이 지식인이 되는 기준이 되어 버리기도 한다.

우리는 여기에 대한 창의적 생각을 좀 더 해야 할 것이다. 물론 일부 몇몇 분들이 작품을 만들고 제주 신들의 우수성에 대해 주장하고 있으나 그것은 그들의 이야기일 뿐이다. 내가 도지사 재직시절에 중앙언론과 손을 잡고 스토리텔링 공모전을 진행하기도 하였지만 아주 초기 작업 단계로 우리의 문화적 토대를 기반으로 한 콘텐츠 작업이 이루어져야 할 선행 과제를 안고 있기도 하다.

우리 마을마다, 계곡마다, 오름마다에 녹아 있는 신들의 이야기를 잠에서 깨워 현대적 감각으로 재해석 하는 노력도 이 시점에서 필요하다는 것이다. 살기 좋은 마을, 살고 싶은 동네, 살기 좋은 지역이란 단순히 아름다운 자연경관만 갖추어진 곳을 말하는 것이 아니다.

① 좋은 교육을 받을 수 있어야 한다.

② 좋은 문화예술을 향유할 수 있어야 한다.

③ 언제나 질 높은 진료를 받을 수 있어야 한다.

④ 천혜의 아름다운 자연자원이 있어야 한다. 아름다운 산과 바다가 있고 마르지 않는 맑은 물이 있어야 한다.

⑤ 천연의 농산물, 수산물, 축산물을 얻을 수 있어야 한다.

⑥ 개인적 프라이버시가 침해 당하지 않아야 하고

⑦ 안전한 생활을 쾌적하게 즐길 수 있어야 한다.

⑧ 서로 배려하고 나눔의 미덕이 존재하며

⑨ 기능적으로 잘 연결된 디자인 도시로 자리 잡고 있어야 한다.

⑩ 적당한 소득과 미래 비전이 있어야 한다.

현재는 전 세계가 스마트 폰으로 연결되어 있기 때문에 화상으로 대화할 수 있고 하루 이틀이면 스킨십도 할 수 있는 시대에 살고 있다.

이러한 현대적 접근성에 기반을 바탕으로 세계인들이 지역적인 정보를 공유할 때, 인간은 불안전한 곳에서 매일같이 다양한 위험을 느끼며 사는 것을 피하고 싶어 하기 때문에 그 매력도는 증가할 수밖에 없다. 제주특별자치도가 앞에서 말하고 있는 요건들을 갖추고 있다면 일본에서 화산 폭발과 지진으로 불안해하는 사람들의 관심을 충분히 끌 수 있다.

보스턴 마라톤 대회에서 나타나듯이 언제 총성이 터질지 모르는 미국 생활을 불안전하게 느끼며 기피하고 싶어 하는 사람들도 제주에서 살고 싶다고 생각해 볼 수 있는 곳이 되기도 한다. 사업체는 다른 곳에 있지만 한 시즌을 보내는 휴양지로서는 제주보다 매력적인 곳은 없는 것이다.

통합 서비스 시스템이 잘되어 있고, 선진 의료원이 정착되어 활동하는 곳이 된다면 그럴 수 있는 것이다. 또한, 소득 수준이 높은 사람들이 거주하게 된다면 많은 문화예술 상품들이 제주에 새롭게 등장하거나, 보여질 수 있다. 그렇게 되면 모든 도민들이 새로운 문화예술을 향유할 수 있는 기회가 확대된다. 바로 이러한 기회의 확대 속에서 우리의 문화예술은 더욱 풍성해지고 윤택해질 수 있는 것이다.

교육시스템도 지금은 영어 학교에 한정해서 정착시켜 나가고 있지만 읍 · 면에 있는 중학교 고등학교를 특성화하도록 지원해서 전국단위 모집을 하고 이를 활성화 시킨다면 우리 자치도는 교육문화의 복합 예술도시가 될 수 있다. 어떤 중학교는 예술특성화 학교로, 어느 학교는 골프 학교로, 어느 학교는 미술학교로, 어느 학교는 음악학교로 지정해서 어린 시절부터 끼를 살려주고 장래성이 있으면 연관된 상급학교로 갈 수 있도록 하면 탁월한 인재들이 모여들 것이다.

또한 이러한 시스템은 학생들의 꿈을 이루어 주는 발판이 될 것이며 하고 싶은 일을 할 수 있는 제주가 되는 출발점이 될 것이다.

그리스 아테네란 도시처럼 한 시대를 부흥시킬 수 있는 도시가 될 수 있다고 본다. 폐교 위기에 처한 시골학교를 폐교시키는 것만이 능사가 아니라 이들 학교를 특성화시킨다면 전국 단위에서 그 분야와 관련된 훌륭한 끼를 갖고 있는 학생들이 지원하게 되고 이들은 기숙생활을 하면서 어린 시절부터 다양한 분야에서 자기 자신을 발견하고 성장할 수 있도록 해 줄 수 있는 기초 발판을 마련해 줄 수 있다고 생각한다.

당연히 이런 과정 속에서 자연스레 우리는 인재적 측면에서 우리의 외연을 크게 확장시키고 미래를 열어갈 수 있는 역량이 크게 배양되어 질 수 있다. 또한 그러는 과정 속에서 매일 같이 다양한 아마추어 예술인들의 공연활동과 시연활동이 활발하게 전개되고 이를 통해 우리만의 고유한 문화융성의 기틀을 마련할 수 있을 것이다.

이것이 특별자치도의 장점이다. 다른 지역은 전국 단위 법률에 저촉되어 마음대로 할 수 없는 일들이 우리는 조례만 제정하면 우리의 뜻대로 이런저런 창의적 발상을 실현할 수 있다는 것이다. 왜 이런 창조적 기회를 현재는 외면하고 있는 것일까? 활용한다면 그것이 제주의 발전이며 미래가 될 수 있다.

지금 우리의 현실은 어렵다. 재정력도 부실하고 도민과 행정의 신뢰감도 부실하다. 그리고 여러 가지 환경 상태도 열악한 상태에 있다. 그러기에 무엇인가에 도전을 해야 하는 과제를 안고 있다. 계속해서 같은 위기를 안고 살아갈 순 없다. 리더는 위기를 보면 그것을 발전의 기회로 만들 수 있어야 한다.

민간차원의 투자개방형 병원을 도입하면 건강보험 체계가 무너져서 크게 서민들의 안전을 해칠 것으로 우려하는 목소리가 있다. 만일 유명한 의료원이 이곳으로 그냥 온다고 생각해 보면 요원한 일이다.

암이나 4대 중증 등을 시술하는 실적을 보면 대부분 서울에 집중되어 있다. 그들은 인구의 집중도 고려하고 수지 문제도 계산해야 한다. 그 유능한 의료진이 제주에 오려고도 하지 않는다. 단지 그들을 끌어들일 수 있는 방안은 돈이 있는 법인 단체가 투자할 수 있는 근거를 마련하는 것이다. 그들은 60만 미만의 도민을 생각하는 것이 아니라 이웃 중국이나 동남아를 비롯한 주변 국가들의 주민을 대상으로 한다는 것을 인지해야 한다.

미국의 유명한 병원이나 일본의 유명한 의원도 제주에서 병원을 개설할 수 있다. 그러는 과정에서 우리 제주의료원, 제주대학교 병원도 자연스레 경쟁력이 생길 수밖에 없다. 경쟁력을 키우려는 의지가 없다면 그 시설은 경쟁력을 잃고 제자리걸음 하고 퇴보할 뿐이다. 결국 경쟁력이 없다면 손님이 없어지고 자신들의 존재이유가 없어지기 때문이다. 이렇게 되면 많은 사람들이 제주를 주거지로 선택하는 문제를 심각하게 고려하는 단초가 될 수 있다는 것이다.

당연히 서민들의 생활을 해치는 일은 일어날 수 없는 일이다.제주도민들이 현실을 보려는 의지를 갖고 색안경을 끼지 않은 채 제주사회를 바라보고 그에 합당한 리더를 선출한다면 가능한 일이다.

그리고 행정을 감시하고 있는 의회 의원들이 있고 언론이 활발하게 활동하고 있는 한 국민건강 보험이 무너지거나 서민들이 찬밥 신세가 되는 것은 불가능한 일이라 단언할 수 있다. 선진의료와 교육시스템 그리고 문화예술의 향유, 언제나 자유롭게 이동할 수 있는 교통시스템과 천혜의 자연이 보존 된다면 이보다 더 좋은 삶의 환경은 없을 것이다.

또 이런 환경 속에서 경제적 부가가치는 크게 높아지고 더 높은 미래를 지향할 수 있다. 세계의 이목이 작은 섬 제주를 향할 수 있다. 지금은 불가능한 금융도시, 유통 중심의 도시의 꿈도 하나씩 이룩될 수 있으며 세계 최고의 서비스 중심의 브랜드는 그렇게 점점 높아질 것이고 제주의 문화콘텐츠는 또 한 번 세계를 향해 크게 번성할 수 있다.

위와 같은 이유에서 세계적인 문화예술인들이 한 번 쯤은 눈여겨 볼 곳으로 제주를 가꾸는 작업이 그래서 필요한 것이다. 도지사였던 나는 생물학적인 나이가 있어서 영원히 존재할 수 없음을 잘 알고 있다. 그런데 무엇을 위해서 주민들을 속여가면서 무리하게 정책을 추진해야 하는가.

우리가 최소한 보다 더 낳은 미래를 자손들에게 물려주어야 한다는 사명감이라는 특별한 이유 밖에 나에게는 없다. 시간이 흐르면 많은 사람들은 이러한 것들이 필요 했다고 시인할 수도 있지만 그 때는 이미 경쟁력을 상실해 버린 후가 될것이다.

희소성의 원칙이란것이있다. 정책이나 상품도 그와 같은 것이다. 모든 것이 일반화되어 버리면 어찌할 것인가. 어느 지역에서나 할 수 있는 일이 되면 결국 힘이 있고 자원이 있고 인재가 모여 있는 지역이 우선시 될 수밖에 없다. 태생적으로 우리는 취약점이 많은 상태에서 경쟁을 하고 있다.

지역구 국회의원이 단 3명 밖에 없다. 다른 지역은 수십 명씩이나 된다. 이들과 경쟁 자체가 무의미하다. 인구와 재정, 생산력 등이 전국 1%에 못 미친다. 그러니 이를 극복하고 타 지역과 경쟁할 수 있는 방법은 결국 탁월하게 차별화된 문화. 자연 그리고 창의적인 아이디어 뿐이다.

예술의 기초라 할 수 있는 문학, 음악, 미술 등 다양한 장르에 걸친 예술행위 속에 제주문화의 특성이 자리할 수 있다면 그것 자체도 의미를 갖출 수 있다. 영상은 두 말할 것도 없다. 우리가 살아온 삶의 다양한 분야가 활발하게 논의되고 그것이 정서적 안식처가 되면서 우리의 정체성으로 부각될 수 있을 때 그것을 우리는 문화의 융성으로 말할 수 있을 것이다. 최근에 싸이라는 가수 한 사람이 세계를 휘젓고 다닌다. 한국 문화 예술의 저력이라 한다. 그런 끼 있는 한 사람이 우리 지역에도 있을 것이다. 다만 보이지 않을 뿐이다.

보이지 않는 도민들의 잠재의식 속에 우리만의 창의와 열정이 가득한 문화를 세계시장으로 방출하려면 결국은 세계가 주목하는 고장으로 우리가 한 계단 두 계단 올라서야 할 것이다. 무한정 물밀듯이 사람들이 밀려오는 그런 섬이 아니고 품격 있고 격조 높은 사람들이 살고 싶은 곳으로 그렇게 우리를 주목받게 해야만 한다는 것이 나의 지론이다.

그것이 진정한 경쟁력이다. 지금은 암담한것 같지만 멀리 보면 당당한 희망의 등불이 보이는 그런 문화의 시대를 만들어야 한다. 그런 시대를 일궈 나가는 방법에서 다양하게 동원할 수 있는 일들이 있는데 그 중 하나가 바로 인재를 모으고 재원을 모으는 일이 된다. 작지만 알뜰한 노력도 꾸준히 해야 하지만 보다 비전 있는 미래를 향해서 한 발자국씩 걸어가야 한다는 차원에서 다양한 제안을 하고 주장을 해온 것이다.

도지사 재직시절에 제주도립미술관을 지었다. 예술인들이 소망하는 공간이었다. 서귀포 종합문예회관을 시작했다. 소암 미술관을 신축했다. 여성들의 공간인 여성 프라자를 신축했다. 관광객들의 공간인 웰컴 센터도 만들었다.

문학의 집 건립을 태동시켰다. 이런 노력은 그냥 이루어진 것이 아니였다. 국비와 도비를 포함한 다양한 노력을 통해 이룩된 도민들의 문화 공간이다.

그러다 보니 채무가 상승해서 한 때 큰 위기인것 처럼 보도되는 것을 보았다. 하지만 문화의 품격을 지향하는 일이 중요성을 재인식해야 한다. 그리고 우리 능력은 그 정도의 채무를 감당할 수 있을 만큼 성장했다고 나는 보고 있다.

섭지코지에 건립되어진 아쿠아플라넷도 4면이 바다이면서 이룩하지 못했던 사업을 민간 자본을 유치하면서 이룩한 성과이다. 이것들이 관광 상품화됨과 동시에 한 편으로 도민들의 교육 공간이 되고 놀이 공간이 되고 있다. 또한 그것이 문화예술의 기초가 되기도 한 것이다. 기초 문화 인프라는 이렇게 준비 되어야 한다.

그러나 고급문화 예술을 향유할 수 있는 시설도 필요하다. 한 때 노력해 오던 국립국악원 제주분원 등과 같은 중앙에서 향유하는 문화예술 공연 작품들이 제주에서도 향유될 수 있도록 한다면 더할 나위 없이 좋을 듯 싶다.

이러한 것부터 출발하여 우리가 갖추어야 할 고급 문화예술 공간들이 착실히 들어서야 한다. 그런 노력을 해나가려면 재원이 뒷받침이 되어야 하고 중앙정부의 특별한 지원도 필요한 것이다.

"끼를 살리고 창작 활동을 마음껏 해 볼 수 있는 기회는 없을까?", "문화예술인들의 집념이 수준 높고 품격 있는 제주섬의 인문적 환경으로 거듭나는 시대를 열 수는 없는 것일까?" 하는 문제들이야 말로 이 시대 우리의 당면한 과제 중 하나임이 틀림없다.

답답한 심정은 푸르러 가는 한라산 자락의 초여름 신록을 바라보는 것만으로는 사그라지지 않는다. 문화란 단지 예술만을 의미한다고 할 수 없다. 세계적으로 이름을 알리고 있는 사람들이 스포츠 분야에도 존재한다. 축구에도 박지성, 손흥민, 구자철을 비롯해서 수십 명이 국가의 위상을 드높이고 있다. 골프 쪽에도 박세리, 신지애, 박인비를 비롯해서 최경주, 양용은 같은 선수들이 당차게 세계 유명인들과 어깨를 나란히 하고 있음은 주지의 사실이다. 김연아, 손연재 같은 선수 또한 빼 놓을 수 없다.

이러한 세계적인 인재가 제주에서도 탄생할 수 있다. 그에 합당한 투자와 노력을 겸비하여 차분히 인재를 육성해 나간다면 우리에게 현실이 될 수 있다. 이런 측면에서 볼 때 우리의 진심어린 고민과 관심이 너무 부족했다는 사실이 나의 가슴을 시리게 한다. '우리를 둘러 싼 환경을 제대로 이해하고 세계 최고의 권위에 도전할 수 있는 인재들을 지원해서 만방에 이름을 알릴 수 있는 시대를 만들어 나가는 것', 이것 또한 무형의 브랜드를 수출하는 것이라고 본다. 이토록 우리 문화 속에 내재하고 있는 무한한 가능성을 일깨우는 노력을 치열하게 할 수 있다면 이것이 바로 문화를 융성시키는 첩경이라 하겠다.

따라서 앞서 언급했지만 개개인에 맞는 특성화 교육을 통해 어린 재목들을 제주의 비전을 실현시킬 큰 재목으로 육성시키는 노력을 우리만의 숨은 카드로 활용해야 한다는 생각을 해 본다. 내가 제주시장 시절부터 열정을 다해 온 제주목 관아에 대한 사적공원 사업은 몇 년 동안 진척을 보이다가 한 동안 주춤해 있음을 가슴 아프게 늘 바라 보고 있다.

溫故知新온고지신이란 말이 논어 위정편에 있다. 옛것을 익히고 그것을 미루어서 새것을 만든다는 말로 옛것을 참작하여 알아서 정책에 반영한다는 뜻이다. 흩어져 있고 숨어 있는 옛것의 가치를 발굴하고 시간차를 두어 복원사업을 함으로써 우리의 뿌리에 대한 긍지를 찾아내는 노력도 함께 해야 한다는 뜻이다.

내가 현직에 있을 때 이루다 깨닫지 못했던 부분이라 할지라도 시내 거리를 걸어 다니다 보면 완성된 사적공원의 위상을 찾아야 한다는 생각이 떠나질 않는다.

정책에는 이처럼 연속성이 있어야 한다. 사람이 바뀐다고 정책이 주춤 거린다면 그것은 예산의 낭비이고 시간의 낭비이며 결국 이루어지는 것은 없을 것이다. 물론 중앙정부의 지원과 관심이 필요하겠지만 우선해서 우리의 열정이 아쉬운 대목이다.

우리는 평면적 개발에 매달려 왔다. 그러다 보니 점차 한라산 자락까지 도시발전이 이루어지고 있다. 그러는 반면 옛 도심은 공동화가 심화되면서 싸늘한 그림자가 밤거리를 채우고 있다. 도지사 재직시절에 제주시의 경우 구도심 재개발 사업에 대한 구상을 해 왔다.

이 사업은 동경이나 서울 종로 등에 가서 재개발에 성공한 사업들을 살펴보고 우리도 착안할 만한 부분이 있다면 과감하게 받아들여야 한다. 재개발 사업이 활성화 되고 평면보다는 수직적 입체적 발전을 도모함으로써 자연을 보존함과 동시에 미래 지향적이며 창의적인 도시의 발전을 이룩해야 한다.

부산의 해운대 거리를 가다 보면 홍콩이나 싱가포르에 서 있는 듯한 느낌을 받는 경우가 있다. 우리 탑동거리며, 칠성로 거리며, 산지천 거리 등이 재창조적인 노력을 통해서 그야말로 바다와 어우러진 멋진 도시로 거듭날 수 있을 것이다.

멀지 않은 곳에 우리 제주의 빛나는 미래가 있다. 우리는 가난을 극복해 오면서 '디자인'이라는 영역을 도시발전 기능에 접목시키지 못해 왔다.

혹자들은 디자인 하면 외형만을 생각하는 경우가 있는데

그 외에도 질감과 기능성을 모두 고려하면서 사물들이 품격 있게 배치되는 것을 의미한다. 따라서 건축물 인허가에서 부터 도로개발, 상가의 간판 달기, 거리 표시, 쉼터의 제공, 교통로 배치, 차선, 가로등 등을 포함한 일체의 동선 배치가 선진 유럽의 디자인을 벤치마킹하고 친환경적 도심 창조 작업이 이루어져야 한다는 것이다. 허겁지겁 달려온 우리의 삶은 곳곳에 시정해야 할 부작용들이 속출하고 있다.

도심도 건축문화의 핵심이며 생활문화의 꽃을 말할 수 있다면 이런 측면에 집중해야 할 시대가 온 것이다. 종전에는 관광하면 자연경관을 감상 하거나 인문자원 즉, 문화재를 찾아보는 것으로 한정되어 있었다. 그러나 지금은 그 지역 사람들의 삶의 중심을 들여다 보고 함께 즐기는 관광산업이 발전될 것으로 예상된다. 최근 돈 쓰는 관광객은 서울의 중심 상가나 부산 해운대 등으로 집중되고 있다는 현실은 이를 입증하는 사례가 된다.

일본 동경에 가면 옛 궁전이나 공원을 보는 경우도 있지만 도심 재개발에 성공한 도심을 둘러 보는 일정을 잡는 경우가 종종 있다. 은퇴 관광객들은 한적한 도시 외곽지에서 조용한 사색을 즐기기도 하지만 역동적인 도심에서 사람들의 심장의 고동소리를 들으며 함께 살아 있음을 느끼는 경우도 늘고 있는 추세이다.

그래서 도시 중심의 한 밤의 페스티벌 같은 유희도 필수 불가결한 활동이라 볼 수 있다. 우리가 발전시키고 있는 국제관악제와 같은 이벤트나 한밤의 해변축제와 같은 행사들은 보다 규모 있게 육성해서 사람들을 음악예술 속으로 끌어 들여야 할 것이다.

재직시절에 아쉬운 점이 있다면 국제관악제 같은 행사는 범세계적인 조직위원회를 갖도록 해야 하는데 이를 이룩하지 못했다는 점이 아쉽다는 생각을 해 본다. 지금도 늦지 않았다고 생각한다. 그 만큼 위험이 되는 요인들도 많이 있지만 부산의 국제영화제에 준하는 화려한 페스티벌로 위상을 높여 간다면 도시 중심에서 살아 있는 문화와 창조적인 예술활동의 중심에 설 수 있을 것이다. 그 뿐이 아니다.

이미 사라져 버렸지만 세계 섬 문화축제, 한라산 눈꽃축제 등을 보다 세련되게 다듬어서 21세기 제주인들의 대표적인 놀이문화로 선양시킬 수 있어야 한다. 이러한 문화 페스티벌을 통해서 삶의 스트레스를 풀어내는 공간이 되기도 하지만 종합축제 과정을 통해서 이 지역 젊은이들에게 다양한 문화적 콘텐츠를 체험케 할 수 있는 교육의 장이 될 수 있다는 것이다.

특히 다양한 시나리오를 통해서 연출되는 축제에 참가하는 도민들의 새로운 아이디어를 만들어 낼 수 있는 기회를 제공할 수도 있음이다. 세계 4대 축제라 하면 일본 삿보로 눈 축제, 독일의 맥주 축제, 브라질의 쌈바 축제, 스웨덴의 토마토 축제 등이 거론되고 있다. 우리의 감귤을 토대로 한 대형 소비축제를 통해서 유통을 조절할 수 있는 기회를 만들어 낼 수도 있다.

흔히 21세기 우리가 후손에게 물려 줄 특징적인 문화가 무엇인가에 대하여 질문했을 때 쉽게 참여하는 축제를 발굴해서 차츰 실현시켜 나간다면 우리만의 특성화된 축제문화도 만들어 낼 수 있다는 자부심을 가져야 할 것이다. 곰곰이 생각해 보면 우리에게도 무한한 가능성이 열려 있다.

모든 분야마다 세심한 관찰을 통해서 합의를 이루고 개선시켜 나간다면 우리만의 고유한 문화를 생산하면서 멋진 삶의 공간으로 거듭날 수 있다고 생각한다. 이런 과정을 거치면서 그 속에 자연 친화적인 콘셉트를 주도면밀하게 녹여낼 수 있다면 지속가능한 발전은 단순한 구호가 아니라 현실로 다가올 수 있다는 생각이다.

스페인 바로셀로나에 가면 가우디 성당이 방문객 성금으로 150년 넘게 건축되어 오고 있다. 이 건축물 하나로 이 도시는 사람들이 끊임없이 찾아오고 경외심을 표하고 있다. 앞으로 60년을 더 지어야 완성될 건축물이지만 그들은 쉬지 않고 짓다가 후손에게 물려주곤 떠나고 있다. 문화는 이렇게 만들어지고 있다. 영국의 대문호 세익스피어는 그가 떠난 지금도 영국의 품격을 대변하고 있다.

우리는 문화예술의 창조적 영역에서 너무나 열악한 단계를 걷고 있다. 도지사 재직시절에 어떻게 하면 부족한 금액이라도 지원할 수 있는가에 노심초사 했던 기억이 새롭다. 음악 · 미술 · 문예 (시, 소설 등) · 영상 · 연극 등 모든 분야에 사회적 관심과 새로운 융성의 방안을 모색하는데 도민적 관심이 제고 되어야 할 때라고 특별히 느끼는 이유는 멀리서 바라보는 감만은 아닌 듯싶다.

새로운 천년을 기념하며 제주의 역사, 문화, 행정, 사회를 총 망라한 유물 590점을 매설하고 다시 1천년이 지난 뒤 개봉하기로 하고 돌하르방 모형의 캡슐을 매설했다. (2001.1.1)

7. 통섭 · 융합 · 통합의 원리

만물은 태생에서 부터 독자적으로 태어난 것은 하나도 없다. 근원적으로 만물이 형성되는 과정에는 땅과 하늘, 바람, 태양, 그리고 물이라는 요소가 융합되면서 태어난 것들이다.

즉, 地水火風지수화풍 중 어느 하나가 문제가 생겨도 생명체들은 생존할 수가 없다. 지구가 우주에 탄생한 이래 오늘 날까지 살아 있는 생물체들은 4대 요소에 적응하는 방향으로 진화해온 것이라 할 수 있다. 중동의 모래 사막에는 그 곳 환경에만 적합한 식물이며 동물들이 존재하고 있다. 특히 인간들도 그 환경에 맞게 적응력이 진화되어 왔다. 북극이나 남극 등 아주 추운 곳에는 또 그쪽에서 생명유지가 가능하도록 진화된 생물체들이 그 환경에 맞게 생존을 이어나가고 있다.

우리처럼 사계절이 뚜렷한 곳에서는 봄 · 여름 · 가을 · 겨울 계절에 맞는 식생들이 분포되어 진화되어 오고 있다. 뿐만 아니다. 한 발 더 깊이 들여다 보면 아주 작은 많은 생물체들 역시 독자적으로 생존할 수 없다. 그 생명체가 존재하기까지는 유전자가 계승되어야 하기 때문에 조상들이 있다. 그렇게 대대손손 적응과 진화를 거치며 내려 온다.

음과 양의 이치에 따라 암컷과 수컷으로 나누어 서로 융합하면서 새로운 생명을 창조해 낸다. 자기들 종족끼리만 연결 되어 있는 것이 아니라 먹이사슬로 또 연결되어 있고 이와 같이 생물과 동물로 연결되는 고리에 따라 생활에 의식주를 비롯한 생애를 살아가는 요소들이 등장하는 것이다. 이런 과정 속에서 입체적인 통섭의 원리와 복합적인 요소들이 융합과정을 거치기도 한다. 진화하고 이어져 나가기 위해서 통합된 에너지를 형성하기도 하는 것이다.

우리 인간들은 원시 시대에는 개인에서 부터 출발해서 씨족→ 부족→ 국가 → 국가연합→ 지구촌 시대로 발전해 나가고 있다. 지구의 온난화에 대응하기 위해 국가들이 규제정책을 발표하기도 한다. 우주의 변화에 대응하기 위한 다양한 연구를 함께 진행하기도 한다. 국가간 전쟁을 위해서 서로 추구하는 이념이 같은 국가끼리 동맹을 맺기도 한다. 온전한 통합은 아니라도 그렇게 다양한 분야에 같은 생각을 하는 사람들이 힘을 모아 위기에 대응하기도 하고 인간의 권익을 신장시키기도 한다.

결국 지구촌 사람들은 혼자 해 낼 수 있는 일이 없다는 것이다. 또한, 하버드대학교 스멜델은 공동체를 이롭게 하는 것을 정의라고 규정하고 있다. 이러한 통섭이나 융합, 통합의 가장 근접해 있는 것은 소통이라고 할 수 있다. 상호간에 소통이 어떻게 이루어지느냐에 따라 에너지를 만들 수도 있고 혹은 실패할 수도 있다. 하나의 공동체에서도 이러한 과정이 잘못되면 갈등이 일어나고 서로 싸우면서 결국은 공동체의 새로운 형태로 변형되는 것이 역사적 사례로 이미 나타나고 있다.

우리 제주특별자치도에는 60만에 가까운 사람들이 살고 있다. 이들 사람들은 각자의 생각이 다르고 생활습관이며 여러 가지 측면에서 서로 다른 면을 갖고 있다. 상당부분 같은 부분이 있다고 하더라도 생각하는 지향점을 달리할 수도 있다. 그러기에 지도자들은 각기 다른 지향점을 갖고 있는 사람들과 소통하기 위해 리더십을 발휘하고 소통하려고 갖은 노력을 다하는 것이다.

만일 소통에 실패한다면 갈등이 깊게 패이고 통합할 수 없기 때문에 역사의 진척은 반작용으로 지체될 수 밖에 없다. 그렇다 해서 하나로만 뭉칠 수는 없는 것이 현실 사회이다. 일시적으로 도민들로 부터 위탁 받은 힘이 있다고 해서 힘없는 자들을 억누른다고 그것이 언제까지 이어질 수 있을까. 회의가 드는 일이다. '카리스마'란 긍정적 표현은 덕망을 위엄으로 갖추었을 때 쓰는 말이라 할 수 있다.

강제하고 억제하는 과정을 통해서 얻어지는 카리스마는 권위가 없기 때문에 얼마 못사서 해체되는 길을 갈 수 밖에 없다. 지난 60년을 살아오는 과정에서도 때로는 갈등을 일으키고 때로는 통합하는 지혜를 발휘해 왔다. 내가 도지사 재직시절에 주민투표며 주민소환 등 거칠고 험난한 과정을 겪으며 살아 왔다. 그러나 나는 그 당시 태클을 걸었던 사람들을 조금도 미워하거나 잘못됐다고 생각하지 않는다. 그 만큼 그 분들도 열정적으로 이 제주 땅을 사랑하고 지역주민의 미래를 걱정하기 때문에 그런 용기 있는 행동에 나설 수 있었다고 생각한다.

자신의 일상을 소비하면서 온 정열을 다 받치면서 경쟁하고 토론하는 과정을 거친 것이다. 그러면서 대다수 도민들의 생각을 이해하고 수렴하는 과정도 거친 것이다. 미래로 전진하기 위한 역동성이 필요한 과정이라 할 수 있다. 그 역동성을 만들어 내는 과정을 거치면서 통합의 새 시대를 만들 수 있다. 우리 속담에 그릇을 씻으려면 그릇이 깨지는 아픔도 있다는 말이 있다. 극명하게 잘못 간다고 생각하는 사람들이 가만히 있는 것도 용기 없는 일이다.

왜냐하면 우리가 만들어 내는 결과물은 온전히 나에게 또는 나의 후손에게 돌아올 것이기 때문이다. 그러나 위정자들이 나와 다른 주장을 하고 나를 지지하지 않는다고 하여 그를 통합의 대상에서 제외 시키거나 자신을 지지하는 쪽만을 갖고 일을 하겠다고 생각한다면 엄청난 오류를 범할 수 있다. 또한 그것은 진정한 통합이 아니다. 'NO'라고 하는 사람들의 생각을 의미 있게 되새기고 고려한다면 그들이 생산하는 정책이 훨씬 온전한 생산물을 만들어 낼 수 있다고 생각해 보아야 한다.

이것이 소통의 기초요 통합의 기본이 될 수 있다고 나는 생각해 오고 있다. 통합이나 융합 통섭이 왜 필요한 것일까. 만물에 생성의 이치가 담겨 있기 때문이다. 자연의 원리는 인간이 남 · 여로 구분되는 순간 부터 나와 다른 것으로 부터 끊임없이 보완하도록 탄생되었다. 남자와 여자가 융합되고 통섭의 원리에 충실할 때 새로운 생명이 탄생하는 것이다. 그러니 모두가 나의 생각과 나의 행태에 동질적인 것을 선호한다면 반쪽 밖에 볼 수 없는 삶을 살 수 밖에 없다.

이러한 만물의 이치를 따지지 않더라도 제주특별자치도는 얼마 되지 않는 도민들이 하나의 주제를 갖고 통합할 때 큰 힘을 발휘할 수 있고 온전한 공동체의 기능을 발휘할 수 있다는 것은 누구나 아는 일이다. 너는 저쪽 편이고 너는 또 다른 편으로 편가르기를 하고 나면 얼마 남지 않은 사람들을 도민 전체의 의견으로 오산할 수가 있고 그 결과는 몇 번이나 우려를 하는 것과 같이 역사의 퇴보를 가져올 뿐이다.

우리는 그간 통합을 말해 왔지만 의견의 분산과 편가르기로 인해 하나의 통합된 의사결정을 하는 데는 굉장히 힘든 과정을 거쳤다. 역사의 뒤안 길을 살펴보면 몽골족의 지배에서 부터 일제 강점기, 4·3사건 등 외적인 갈등요인이 묻어 있는가 하면 중앙정치적 성향과 지방에서의 다양한 이해상충에서 오는 갈등은 그 골이 자못 깊은 것이다.

지방자치 시대가 되면서 각종 크고 작은 선거에서 초래되고 있는 갈등 역시 조속히 치유되어야 할 과제이다. 뿐만 아니다. 제주특별자치도 시행, 민군복합형 관광미항 건설 등 대형 정책들이 들어설 때마다 찬반으로 갈라서서 자신의 입장을 주장하면서 공동체가 제시된 목표 하나를 향해 똘똘 뭉치고 분발하면서 막강한 힘을 얻어 낼때 그 지상 목표는 달성될 수 있었다. 고구려도 백제도 권력의 사유화를 향한 이전투구는 그들을 뿌리째 멸망시키고 말았다.

중국 대륙의 역사나 로마 2천년 역사를 상고해 볼 때 이러한 전철을 밟지 않는 나라가 없었다. 따라서 단 한가지 분명한 것은 확실한 목표를 제시하고 백성들이 그 필요성을 공감하면서 한 덩어리로 뭉칠 때 강한 공동체가 형성될 수 있다.

나는 우리 제주지역 사회도 이제 더 이상 갈등만을 일삼지 말고 치열하고 의미있는 토론과정을 거치며 출범한 특별자치도 제도를 통해서 한 단계 도약해야만 한다는 절대 명제 앞에 통합해야 한다고 생각한다. 조금씩 개개인의 위치에서는 손해가 있을지라도 공동체에 대한 긍정적인 측면과 전체적인 확실한 동의가 있다면 공동체의 미래를 위해 다 같이 전력투구해야 함을 강조하고 싶다.

우리는 역량을 한 곳에 집중시켜 중앙정치권이나 정부를 상대로 제주특별자치도 만의 시스템을 구축하는데 최선의 노력을 다해야함에도 불구하고 정책 하나를 추진하는데도 내부의 갈등이 융합되지 않아 진전없는 발걸음만 계속하고 있다.

그 결과 다른 지역으로 우리의 아이디어가 지속적으로 노출되고 정치력이 있는 곳에서는 그런 아이디어를 바탕으로 재삼 응용력을 발휘하여 자기들 나름의 발전 에너지로 삼고 있다. 이렇게 내 고향에서도 추진될 수 있는 좋은 정책들이 타 지역에서 이용되고 있는 것을 지켜보며 답답함과 아쉬움을 참을 수가 없었다.

일례로 인천광역시 송영길 시장은 지역을 잘 살게 하겠다고 선언한 후 치열한 노력을 한 결과 결국에는 녹색국제기금을 유치하는데 성공했다. 이러한 성공적 유치에 따라 엄청난 인력수요가 발생할 것이고 이에 따른 경제적 가치는 두말할 필요가 없을 것이다. 또한 인천광역시는 관광지역이 아님에도 불구하고 해외 카지노를 도입해서 외자유치를 서

두르고 있다. 제주특별자치도가 추진하려고 했던 투자개방형 병원 또한 도입을 위한 준비에 박차를 가하고 있다는 이야기가 있다.

힘들다던 인천 아시안 게임도 성공리에 준비하고 있다. 재정 적자의 도시라는 이야기도 있었지만 이제 위기 속에서 희망을 찾아가고 있다. 이러한 성공이 있기까지는 지역 정책에 대한 지역주민들의 적극적인 협조와 지지가 있었을 것이다. 강원도에서는 국내 카지노가 제주에 도입되면 강원도민들이 모두 일어서 반대할 것이라는 이야기가 있다.

탄광에 내국인 카지노가 도입되어 강원도의 미래가 암담하다는 이야기보다는 동계 평창 올림픽을 유치하는데 온 도민이 수차례에 걸친 끈질긴 도전 끝에 결국 성취했다는 이야기만 들린다. 온 도민이 하나의 목표만을 향해 집념어린 노력을 한 결과물이다. 심사위원들이 찾아올 때마다 도민들은 모두 하나가 돼서 그들을 맞이했고 하나된 열의를 보여주었다.

물론 정부 투자가 관건이 되겠지만 우리나라가 88 서울올림픽이나 월드컵 경기를 통해 국운 상승의 기회를 만들었던 일들을 기억해 볼 때 분명 강원도의 미래는 또 한 번 상승의 기회를 맞이할 것이다.

관광산업 면에서도 세계적 인지도를 바탕으로 크게 혁신

되어질 것이다. 그들은 전 · 현직이 없었다. 그 일을 시작한 사람은 새누리당 출신의 김진선 도지사이고 결과는 민주당 출신의 최문순 도지사가 얻어냈다. 그 지역에서 하나의 현안으로 인한 갈등보다는 공동의 목표를 향해 역량을 한 곳에 모은 결과가 강원 도민들로 하여금 성공의 길로 안내하고 있다. 이 시점에서 우리가 해야 할 일은 무엇일까.

우리 도민들도 이제 진심으로 고민해야 한다. 장독이 깨질 것이 두려워 장을 담그지 않으면 우리는 무엇을 먹고 살아야 할까. 공동체의 구성원들끼리 통합하지 못 한다면 누구와 더불어 일을 할 것인가.

찬성하는 이들도 반대하는 이들도 모두 우리 공동체의 미래를 긍정적이고 창조적으로 발전시키기 위해 필요한 존재이다. 개개인의 사사로운 감정보다는 역사적 사명감에 입각해서 심사숙고하는 자세가 필요한 것이다. 힘들게 가고 있는 제주특별자치도란 큰 배는 이 땅에 살고 있는 우리 이외 그 누구도 우리의 순항이나 침몰을 걱정해 주지 않는다.

전국적인 이슈를 위해 활용은 될지언정 뒷날의 구체적인 발전과 영광스러운 미래를 위해 노심초사해 줄 사람은 아무도 없다. 강정마을의 민군복합형 관광미항 건설사업도 가닥이 잡혀서 서서히 마무리되고 있다. 그러나 갈라진 도민의 마음을 봉합하는 것은 결국 이 땅에 살고 있는 우리들의 몫이라는 것을 잊지 말아야 한다. 우리가 가지고 있는 인프라를 어떻게 활용하여 도민의 삶을 달라지게 할 것인가를 고민하는 것 또한 우리의 몫이라는 것이다. 정책에 대한 혹은 현재에 대한 문제에 대해서만 논쟁하고 있을 때 미래 대안을 찾는 이들도 있어야 결국 우리는 하나가 되고 미래를 향해 디딤발을 내딛을 수 있다.

정치와 행정은 누구를 위해 존재하는 가치인가. 좀 더 미래를 바라보고 앞으로 나갔을 때 도민들에게 무엇을 안겨 드릴 수 있는지 고민하는 것을 잊어서는 안된다. 어쩌면 내가 현직에 있을 때 시작된 일들이라는 이유로 지금도 희망을 담보하는 걸음을 내딛지 못하고 제자리에서 서성댄다면 그 이유는 무엇 때문일까.

참으로 안타까운 생각이 든다. 그리고 도민들에 대하여 한없이 미안하고 죄송한 심정이 든다. 이건 아닌데 하는 한 가닥 아쉬움이 지금도 내 머리를 짓누르고 있는 과제가 되어버린 것이다. 혹자가 말했듯이 현재에 대해 물러서서 방관해 버림으로써 복잡하지만 숙명적인 현안에서 피해버렸다는 말도 가슴 아프게 다가 오는 말이다.

우리는 대한민국의 영토에 속한 국민의 한 사람이기도 하다. 그러면서 우리의 자존을 지켜내야 하는 제주특별자치도민이기도 하다. 대한민국 국민으로서의 위치와 제주특별자치도민으로서의 자존감 모두를 충족할 수 있는 지혜를 발휘해야 한다.

제주특별자치도 설치 과제 중에서도 국방 · 외교는 국가존립 고유의 사무다. 우리도 국방이 무너지면 무사할 수가 없다. 국제적 질서에서 힘을 상실하면 4 · 3사건과 같은 수난을 피할 수 없다. 국가 구성요소로서 우리 제주특별자치도민도 또한 당당히 참여해야 한다는 신념에는 지금도 변함이 없다.

어느 집 누구도 귀한 아들을 전쟁에 보내고 싶지 않다. 그러나 보내지 않을 수 없는 것은 대한민국 국민이기 때문이다. 국민으로서의 의무와 책임을 다할 때 그에 합당한 권리도 주장할 수 있다고 생각하기 때문이다. 우리가 이런 저런 이유와 명분을 붙여가며 예외이기를 바란다면 정부에 가서도 대한민국 국민으로서 떳떳하게 요구할 수 있는 것은 하나도 없게 될 것이다.

전국대비 인구규모 1%, 경제규모 0.9% 미만인 우리들이 무엇으로 자립해 나갈 수 있을까 하는 고민을 끊임없이 해야 한다. 자기 마을에는 쓰레기 매립장이 들어서면 안 된다고 주장하고, 자기 마을에는 하수종말처리 시설이 들어서면 안 된다고 주장하고, 장례식장이 들어서면 안 된다고 주장하고, 노인요양시설이 들어서면 안 된다는 주장만을 반복한다면 당신의 쓰레기는 어디로 가져갈 것이며 당신의 오 · 폐수는 어디에 버릴 것이며 당신이 죽은 후 당신의 장례는 어디에서 치러야 할 것인가. 이러한 집단 이기주의에 대해 깊은 고민을 해보면 우리 모두가 더욱 행복해지기 위해서는 내가 갖고 있는 소중한 것도 일부 내려 놓을 줄 아는 모습이 공동체를 더욱 건강하게 만들 수 있는 길임을 알게 될 것이다.

한 때는 이런 일도 있었다. 어렵사리 외자를 유치했는데 마을 사람들이 이에 대한 반대 대책위원회를 구성하여 반대 시위하고, 심지어 어떤 경우는 보상금도 받아내려 하고, 또한 어떤 경우에는 왕따도 시키고, 이러한 현상이 지속된다면 과연 어느 누가 투자를 하려하고 고용을 창출하며 세금을 내려는 의지를 보일까하는 진심어린 반성을 해보아야 할 것이다.

위의 사례들로 비춰볼 때 아직도 우리는 열린 마음에서 거리가 있음을 보여 준다. 하지만 지금은 마을 단위로 환영분위기를 조성하고 있다는 소식을 들으며 나아진 도민의 의식에 안도감을 느끼고 있다. 일설하고 경제가 창조적으로 발전하며 서로 행복한 나눔의 사회가 되기 위해서는 경쟁할 때는 치열하게 경쟁하되 하나의 결과물로 합의가 이루어졌을 때는 그 결과물을 향해 모든 역량을 집중시킬 수 있는 성숙한 사회가 바로 통섭의 사회요, 통합의 에너지를 가지고 우리의 꿈을 실현시킬 수 있는 길이 될 수 있다.

사회가 점차 고령화되면서 인간의 고독을 절감하는 도민

들이 많아질 것이다. 이러한 인간의 고독을 근원적으로 치유하기 위해서는 세대 간의 진심어린 융합이 필요하다. 따라서 세대 간, 계층 간의 갈등도 칭찬하고 격려하는 사회 분위기 속에서 가장 인간적인 공동체로 발전을 도모할 수 있을 것이다. 그런 통합의 시대를 여는 길이야 말로 우리가 넘어야 할 또 하나의 산인 것이다. 현재가 존재하기까지 수많은 선배 세대들의 고생이 있었고, 그분들의 노력과 발전을 향한 집념이 이 순간의 번영을 이끌어 냈을 것이다. 또한 후세들의 피나는 노력이 있기에 나이든 어르신들이 안락한 노후를 보낼 수 있는 것이다.

서로의 허점을 찾아내려는 고민에서 탈피하여 무엇으로 공동체에 이바지할 것인지를 진지하게 논의하고 함께 고민할 때 우리 제주의 미래가 더욱 밝아질 것이라는 생각을 해본다. 오랫동안 공직을 통해서 정성을 다하고 공동체의 발전을 위해 쉼 없이 노력한다면 분명 하늘은 그 뜻을 알 것 이라고 생각해 왔다.

그러나 잠시 떠나 있는 시 · 공간을 통해 새로운 노력이 필요함을 절감하기도 한다. 쓰러져 보지 않고서는 일어서는 즐거움을 알 수 없다. 또한 시련을 겪고 일어날수록 더욱 견고해 지는 것이 만물의 이치다. 우리 특별자치도에도 이런 미래가 왔으면 한다.

●●● 우도면민의 진정한 숙원인 상수도 문제를 해결하기 위해 남원읍의 물을 공급할 해저 상수도 시설사업 기공식을 갖다. (2009.1.28)

8. 현안으로 풀어 보는 미래

많은 도민들의 박수를 받으면서 도지사 직을 떠나온 지 벌써 3년이란 세월이 지나고 있다. 그 당시 많은 현안들을 이렇게 풀어야 하겠다고 다짐했던 문제들이 지금도 현명한 해결방법과 미래를 기다리고 있다. 같이 일했던 공직자들도 이런저런 이유로 다 비켜서있어서 이제는 전혀 새로운 방법들을 모색하고 있다. 한 몸을 던져서라도 이 문제만은 해결해야 한다는 처절한 몸부림이 베어 나오지 못함도 아쉬운 대목이다.

내가 했던 직무의 음지만을 들춰보려 함도 도민 통합이나 새로운 에너지를 만들어 내는 성장의 동력을 멈추게 하는 장애요소로 작용하고 있다. 내가 바라보는 현안들은 무엇이며 그 해결의 열쇠를 어떻게 바라보았는지에 대해 솔직하게 털어 놓아 보고 싶다.

첫째, 제주특별자치도의 완성으로 홍·가(홍콩 · 싱가폴)프로젝트의 꿈을 앞당겨 나가는 것이다.

투자개방형 병원 도입, 내국인 카지노 추진, 케이블카 추진, 국제기구 설립 및 유치, 국제 금융기능 유치, 국세의 지방이양, 관광상품 부가가치세 감세를 위시한 많은 제도들이 아직도 중앙정부가 전국 균형성과 획일성을 전제로 권한을 이양하지 않고 있다.

이러한 부분들을 제주특별자치도에 맞게 이양 받아 제주특별자치 도민들의 뜻에 맞는 옷으로 갈아 입도록 하고 이런 기능을 적극 활용하여 역동적인 서비스 중심 도시로 완벽하게 진흥시키는데 심혈을 기울여야 한다. 일본, 중국, 동남아, 인도, 러시아 등 세계의 인구들이 주목하는 제주가 되면서 그들 나라들의 경제성장과 더불어 제주특별자치도가 동북아의 허브 도시로 기능하는 목표에 접근하는 것이 우리의 목표이다.

하지만 7년이 지난 지금도 정부에서는 미적지근한 움직임만을 보이고 있는 것은 가슴 아픈 현실이다. 당초 특별자치도가 되면 도민 생활이나 그 위상과 자존이 크게 확대된다고 했던 나의 약속은 허공에서 또 다른 동력을 부르고 있다는 느낌이 진하게 들고 있다. 이러한 현실을 직시하여 하루 빨리 제주특별자치도의 미래를 위해 도민을 통합하고 정부

●●● 역사의 현장을 기록보존하는 제주시 문화유적지 표석 100기 설치 계획을 갖고 추진했던 '영주관터' 표석을 세우고 기념촬영을 하다. (1999.2.19)

를 설득할 수 있는 방안이 나와야 한다.

제주특별자치도는 무엇을 경쟁력의 주무기로 삼아야 할 것인가? 많은 사람들이 우리는 장래 무엇을 가지고 제주의 발전 토대로 삼아야 할 것인가 하고 질문하는 사람들이 많다. 제주특별자치도 설립당시 4+1산업을 내세웠다. 즉 관광, 교육, 의료, 첨단과학+1차 산업으로 요약할 수 있다.

교육산업이 잘 될 수 있을 것인가 하는 우려가 있었지만 대정지역의 영어교육도시는 충분한 경쟁력을 갖고 출범했고 그 기반을 충실히 다지고 있다.

관광산업 역시 연일 성장세를 멈추지 않고 있으며 자연경관과 인문자원이 어우러지면서 저가 상품 중심으로 사람들을 끌어 들이고 있다. 그러나 쇼핑이며, 먹을거리, 놀거리 등 질적인 성장을 위해 보완해야 할 과제가 여전히 많이 남아 있다. 관광상품에는 라이프 사이클이 존재한다.

이 사이클을 한 바퀴 돌고나면 관광객들은 실증을 느끼면서 제주에 대해 식상감을 버릴 수 없다. 싱가포르의 경우는 지속적인 변화를 주기 위해 카지노를 도입한 것으로 나는 보고 있다. 따라서 끊임없이 변화를 추구하지 못하고 정체성 있는 테마를 구성하지 못하면 질높은 관광객 유치는 요원할 수밖에 없다.

의료관광이나 카지노 등. 게임 산업도 영원할 수는 없다. 이런 상품을 바탕으로 다음 차원의 관광 상품을 창의적으로 생각하여 구성해 내야 한다. 이러한 발전 단계를 거칠 수 없다면 곧바로 쇄락의 길을 가야 할 것이다. 따라서 빈약한 쇼핑 상품, 우천시나 겨울철에 즐기고 놀 수 있는 고급 상품들이 유치되어야 한다. 특히 안락한 리조트 단지의 마련으로 편안한 휴양을 즐길 수 있도록 만들어야 한다. 그러기 위해서 우리 자치권이 절대적으로 필요한 전략중 하나인 것이다.

의료산업 분야는 아직 가야할 길이 너무도 멀다. 투자개방형 병원제도를 도입하겠다는 의지가 멈추어 있는 만큼 이에 우선해서 제주에 도입할 수 있는 틀이 마련되어야 한다. 이 대목에서 결국은 중앙정부에서 갖고 있는 이러한 권한들을 일괄 제주로 이양해야 하는데 아직도 현실은 미미한 걸음마 단계이다.

초보단계도 나가지 못하는 현실이 아쉽기 그지없다. 특히 약용작물 등을 재배해서 최첨단 제약업체와 사업적 네트워크를 구축하고 경제적 가치를 창출해내는 등 제주지역 의료산업과 또 다른 영역을 연결하고 이에 따른 결과물을 바탕으로 새로운 영역을 창조해내는 것이 우리의 과제이지만 현재에는 그대로 서있는 느낌을 지울 수 없다.

최첨단 산업은 대형 기업 유치에서 부터 벤처 창업을 통해서 제주지역 대학생들이 멋진 미래를 꿈꾸는 곳으로 발전시켜야 할 과제를 안고 있다. 앞으로 민자유치 또는 중앙정책과제를 해소하는 요소로 활용될 수 있다면 더할나위 없이 좋은 발전의 계기가 될 것이다.

1차 산업은 눈에 보이지 않을 만큼 진일보하고 있지만 최근에 특별자치제도에 힘입어 더 나은 성장을 가시적으로 보여주는 일들이 획기적으로 보이지 않는 것이 너무나 아쉽다. 물론 그 동안 묶여 있었던 크고 작은 규제들이 풀려서 농민들이 한 시름을 덜기도 했지만 새로운 활로를 모색하겠다는 제주산업의 비전 제시에는 미적지근한 느낌을 지울 수 없다.

이러한 주요 산업을 중심으로 하여 인재를 육성해야 하는 과제가 중요하다. 이런 몇가지 산업을 축으로 과감하게 혁신하고 위협과 기회가 공존하는 산업들에 활기찬 신규 프로젝트를 통한 도전이 지속되는 것이야 말로 우리의 미래가 되어야 한다. 인재를 육성하는 방법에도 여러 가지가 있을 수 있다. 우선 돈을 주고 세계의 석학들이 두뇌를 빌려 오는 방법이 있을 수 있다. 이것은 적극적인 방법이라 할 수 있다. 우리가 갖고 있는 1백만 내외 도민들이 세계 곳곳으로 나아가 눈부신 활동을 하고 있다. 이들이 갖고 있는 두뇌를 최대한 활용한다는 것이다. 예를 들면 하와이에 있는 이덕희 여사를 통해 제주환경을 점검하고 발전 방안을 모색해 나가는 등의 사례와 같다.

또한 우리 도내에 살고 있는 도민들을 유능하게 키워 그들이 제주발전을 위해 헌신하도록 하는 것이다. 우리는 초·중·고등학교에서 부터 대학에 이르기 까지 제주가 필요한 인재를 육성하는데 총력을 다 해야 함을 절대 잊어서는 안 된다. 그것이 제주의 미래인 것이다.

수차례 언급하고 있지만 각 학교마다 특성화 과정을 신설하고 여기에 맞는 학과목을 개설하여 어린 시절부터 끼를 살릴 수 있는 교육을 실시함으로써 세계적인 전문인들을 탄생하게 하는 것이다.

예술분야, 환경분야, 체육분야, 문학분야, 건축분야 등 각종 기능별로 과정을 만들 수 있다. SK와 함께 할 수 있는 축구학교, 도내 골프장과 함께할 수 있는 골프학교, 영상위원회와 함께 할 수 있는 영상 · 연극학교, 미술관과 함께 할 수 있는 미술학교, 환경 NGO와 함께 할 수 있는 환경학교 등 농어촌 폐교 위기에 있는 학교를 대상으로 이런 기능을 추가하여 활성화 시킨다면 우리 사랑하는 자녀들은 숨겨져 있는 자신의 잠재력을 최대한 끌어내고 이를 통해 제주를 크게 번성케 할 것이다.

투자개방형 병원이 개설되면 최고의 의료 인재들이 투입될 수 있다. 그러면 제주대학 의대생들이 최고의 인재들과 네트워크가 형성되면서 임상실습에 참여할 수 있다. 자연스럽게 그들의 능력이 성장하고 개인과 병원의 경쟁력도 크게 향상될 수 있다. 가장 우려하고 걱정하고 있는 미국식 제도로 인해 국가에서 의무적으로 시행하고 있는 국민건강보험 시스템이 붕괴될 일은 있을 수 없다고 단언한다.

이번 박근혜 정부에서는 4대 중증환자에 대한 무료 시술까지 복지 혜택을 확대하고 있다. 국가 복지정책이 나날이 진보하는데 제주는 제자리걸음만 하는 것을 지켜볼 수 없다는 생각에 자꾸만 아쉬움이 표해진다. 긴 안목으로 세상의 변화를 수용해야 한다. 또한 긴 안목으로 세상의 변화를 선도해야 한다. 우리가 시행하지 않는다 해도 이런 아이디어를 다른 특구에서 도입하여 가치를 창출해낸다면 우리는 닭

쫓던 개 지붕 쳐다보는 격이 될 것이다.

얼마 전에 고흥에서 인공위성을 발사하는 모습을 감격스럽게 지켜 보았다. 이러한 과학도시로서의 영광을 우리 제주가 누릴 수 있었는데 우리는 이것을 거절했고, 고흥에서는 이를 받아 들였다. 그때의 미묘한 차이가 현재의 큰 변화를 일으킨 것이다. 지금은 미미하다는 반응이지만 미래 우주의 꿈은 여기에서 이루워 질것이 분명하다. 이러한 현재의 변화는 미래에는 돌풍이 될 수 있음을 잊지 말아야 한다.

결국 그 지역은 명소가 되었다. 그리고 수많은 일자리가 창출되었고 그들은 많은 혜택을 누릴 수 있었다. 앞으로 10년, 20년이 지난 후 연간 1~2회 발사하는 시대가 온다면 그 지역은 최첨단 과학을 체험하는 공간이 되어 있을 것이다. 항공위성 분야가 그 지역 어린이들에게는 미래의 꿈이 될 수 있다.

孟母三遷之敎 맹모삼천지교 란 말이 있다. 아이들은 주변에서 벌어지는 환경을 먹고 자란다는 것이다. 우리 아이들에게 미래 무슨 꿈을 심어 줄 것인가에 대한 질문에 답해야 할 것은 우리 어른들의 몫이다. 그러기에 절제된 그리고 미래 희망이 담겨있는 지역 환경을 만드는 일은 필수적인 것이다.

지금 내가 말하고 있는 것이 우리의 미래가 가야할 방향과 경쟁력이 무엇으로 담아낼 수 있을지에 대하여 말하고 있는 것이다.

홍가 (홍콩 · 싱가포르가 추진하고 있는 국가발전 계획) 프로젝트가 그 꿈이었다. 한 도시의 성장발전에 필요한 최대의 요소는 인간이다. 사람들이 이목이 집중되고 특별자치도가 완성되지 못하면 그 꿈은 이룩될 수 없다. 영어학교에서 우리는 성공할 수 있다는 희망을 발견하기 시작했고 JDC나 제주특별자치도 관광면세점에서 특별한 제도가 적용될 수 있음도 발견할 수 있었다. 우리라고 해서 세계적인 영화가 탄생하지 말라는 법은 없다. 세계적인 국제 회의도시의 매력을 갖추지 말라는 법도 없다. 동북아 중심의 허브가 된다는 원대한 꿈은 이렇게 이룩될 수 있다고 나는 보고 있다.

북유럽에 가면 매일 밤마다 세계 최고의 유람선이 나라와 나라를 넘나들고 있고 수많은 관광객들은 추억을 만들어내고 있다. 우리라고 해서 주변국을 왕래하는 유람선을 띄우지 말라는 법이 어디 있는가. 우리나라는 세계적인 조선 기술의 왕국이다. 대형 서비스 업체와 협력해서 다른 나라에서 운영하는 크루즈 선박이 입항하는 것만 바라볼게 아니라 우리가 직접 운영하는 도전을 하지 말라는 법은 없다. 발전의 기회요소는 수없이 많이 있다.

세계적인 바다분수를 제주에서 보고 세계적인 오페라를 제주에서 보지 말라는 법은 없다. 모든 것이 우리가 무엇을 목표로 정하느냐에 달려 있다.

이러한 큼직한 꿈들을 이루어 나가려면 우리만의 힘과 자치권이 반드시 필요한 것임을 꼭 알아주었으면 한다. 상상해 보자, 어둡고 눅눅한 생각에 젖어있지 말고 희망찬 미래를 향해 거선의 기관과 같이 제주특별자치도 호를 띄워 보자는 것이다.

지도자를 선두로 하여 도민들이 뜨거운 열정과 헌신을 기반으로 힘차게 나아간다면 21세기 중에 최고의 환타스틱한 보물섬으로 우리를 장식할 수 있을 것이라 확신한다. 그래야 내가 이 땅에 태어났음이 자랑스럽고 같이 살고 있는 우리 모두가 너무 멋진 이웃이고 가족이 되면서 그렇게 행복한 삶의 보금자리로서 위치가 튼튼해 질 수 있는 것이다.

이제 더 이상 환경을 훼손시키지 않고 소중한 유산도 지키면서 우리는 모든 것을 이루어 낼 수 있다. 무한한 바다를 우리의 자원으로 만들어 나가는 지혜가 이제 필요한 것이다. 이것이 바로 우리의 무기이다.

뉴제주운동 공직자 실천 결의대회 (2007.2.6)

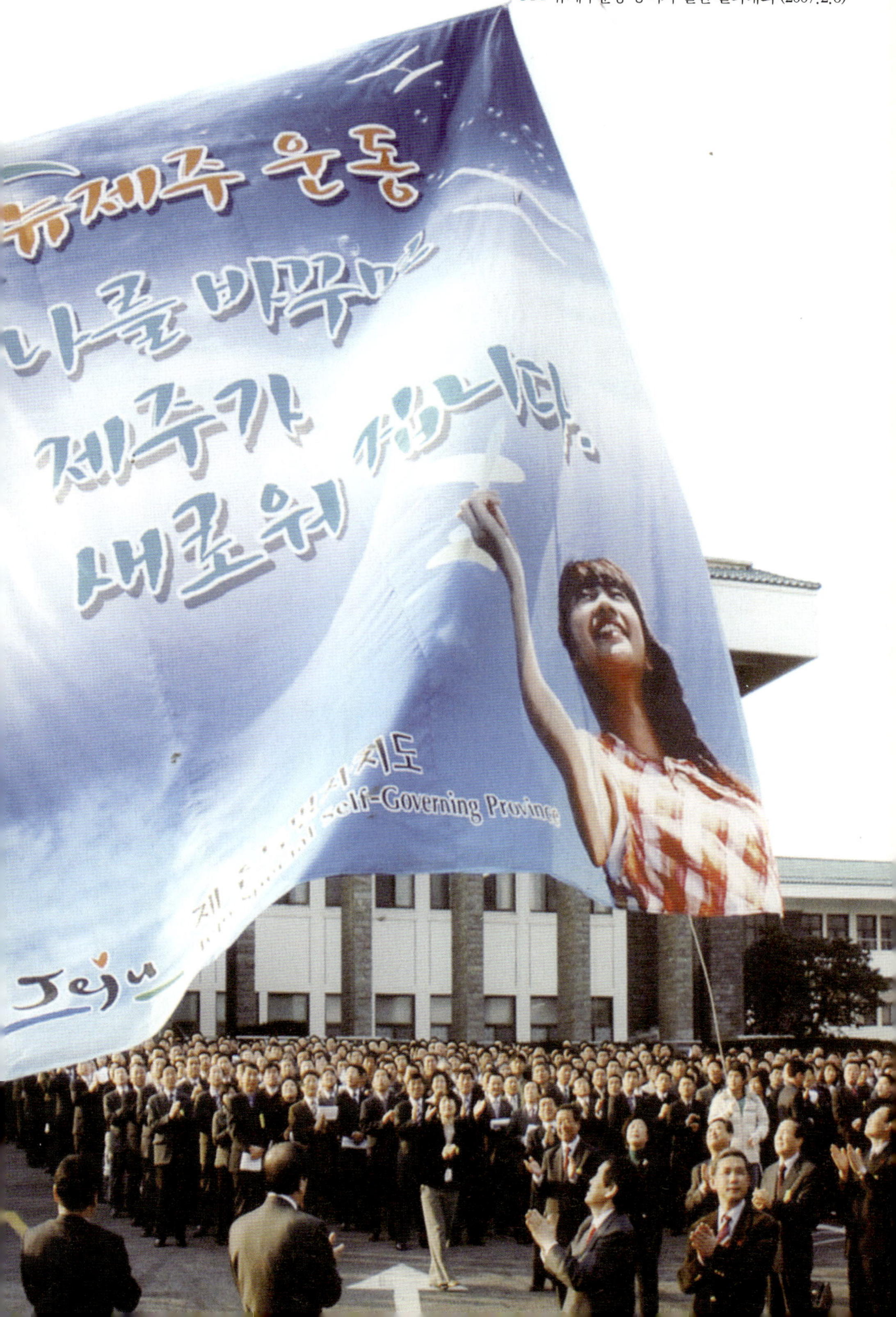

둘째, 동북아 허브로 가기 위한 로타리 기능을 위해서는 신공항 건설 프로젝트 실현이 시급하다.

"제주시에 있는 공항부지에 중문단지에 준하는 관광리조트 단지와 쇼핑몰이 들어서고 놀이시설이 건설된다. 제주 어느지역에 인천국제공항에 준하는 공항이 건설된다. 동남아 관광객 유치에 제주도가 중심이 된다. 신공항과 제주시, 서귀포시를 연결하는 전동열차가 운행된다." 내가 가상해 보는 모습이다.

5조원에서 7조원에 이르는 대형 프로젝트가 현실화되면 24시간 세계를 향해 뻗어갈 수 있는 인프라 기능이 완성된다. 공항 소음문제로 기피하고 있는 다른 지역과 달리 문제점에 따른 대책을 수립한 후 차별화하고 제주특별자치도가 직접 지분 참여를 하면서 번듯한 국제공항을 조성한다면 중국은 물론이고 동남아 국가들의 중간 기착지로서 유통의 중심지 기능을 활발히하게 해 낼 수 있을 것이다.

동남아 국가들이 자국의 환자들을 제주에서 치료하도록 제주가 동남아 국가들과 유대관계를 구축할 수 있다면 경제적 부가가치는 물론이고 아시아의 허브로 자리매김하는 중요한 도약이 될 것이다. 또 하나 중요한 문제는 우리 GRDP가 2012년 기준해도 11조원 정도이다. 물가상승률 등을 감안하더라도 괄목할만한 성장을 이루지 못하고 있다.

10년 이상을 전국대비 0.9%에 머물고 있는 통계치를 보면 우리가 제자리걸음을 하고 있는 것이 분명하다. 이에 대한 대책의 일환인 국책사업으로 5조~7조원이 투입되는 역내사업이 실현된다면 매년 건설 분야에서 5천억에서 1조원이라는 금융거래가 형성되고 이 금융현상이 순환을 거치면서 총 규모 20조원 이상의 시장거래를 만들 수 있다.

이렇게 되면 내수시장이 급격하게 상승하면서 지역경제 역량이 크게 활성화 될 수 있는 것이다. 여기에다 투자유치 현실과, 크고 작은 매력 상품을 판매하는 상승작용을 이룩한다면 국가 대비 2~3% 이상 크게 진척될 수 있다고 전망할 수 있다. 공항추진기획단이 특별 전략으로 숨가쁘게 달려오던 걸음을 주춤하면서 동남아권 신공항과 연계하며 기존 공항을 활용하는 방안 등 다른 차원의 방안이 강구됨에도 불구하고 문제점을 해결하는 지름길이 되지 못함을 아쉬워해 하고 있다.

지금 부터라도 내외 100만 도민이 총 궐기하여 정부 여당을 설득하고 특별자치도의 기초가 다져지는 기회를 모색해야 할 것이다. 리더들의 진심어린 헌신과 피나는 노력을 통해 이런 대형 프로젝트가 현실화되고 창조적이며 건설적인 미래를 향한 역동적인 소리가 들려야만 우리도 희망을 꿈 꿀 수 있을 것이다.

정치권에서는 전남—제주간 해저터널 건설에 대한 이야

기도 나온다. 이 또한 무조건적인 금기사항일 수는 없다. 영국의 TGV는 유럽 본토와 영국을 연결하는 중요한 교통수단이 되고 있다. 미래 지구촌 시대에 지방 세력권이 300~400만 이상의 인구가 필요할 때 결정적인 역할을 할 수 있다. 싱가포르의 면적은 우리보다 3배나 적다. 그러나 인구는 수십 배 많다. 독립적인 경제 발전 순환 사이클을 운용할 수 있는 힘이 있는 것이다. 우리는 현실을 냉철하게 바라 보아야 한다.

백화점 한 개도 운영 가능하게 만들 수 있는 경제적 능력이 없다. 가슴이 아파오지만 인정해야 할 것은 인정해야 한다는 것이다. 미래 지구촌 사회에서 국경이 무너지고 지방의 독립적 경쟁력이 요구될 때 이런 대형 프로젝트가 우리 미래를 이끄는 원동력이 될 수 있다. 단, 여러 대형 프로젝트 실현의 우선 순위에 있어 시급하게 필요한 것은 신공항 건설이며 그 후에 다양한 미래 발전 프로젝트를 장기적 사업으로 고려해 나가야 한다는 것이다.

한치 앞도 내다 볼 수 없는 미래가 우리에게 거침없이 다가오고 있다. 그러나 다가오는 미래를 준비하며 미래의 변화에 대응하려는 노력을 기울이지 않고 막연하게 변화에 편승하려 한다면 변화의 물결 속에서 살아 남을 수 없을 것이다. 인간은 한 평생을 살아가는 동안 수많은 위기를 겪고 그 위기 속에서 발전과 도약을 꿈꾼다. 어떤 이는 자신에게 닥쳐온 위기의 순간에 부단한 노력과 준비를 하고 어떤 이는 위기에 직면했을 때 불평만 늘어 놓고 있다면 둘 중 누구의 미래가 밝을 것인가. 이에 대한 답은 누구나 알고있다. 발전을 위해 자신을 부지런히 갈고 닦은 사람이 창끝과 같은 날카로움으로 경쟁에서의 승리를 지향할 수 있다.

겉으로는 가만히 있는 것처럼 보이지만 끊임없이 움직이고 있는 오리나 백조와 같이 우리 역시 치열한 준비와 도전이 반복되어야 함을 강조하여 말하고 싶다. 이런 미래 프로젝트를 정부에서 선뜻 내어 줄 리 만무하다. 권한 있는 이들을 어떻게 우리의 친구로 만들 것인가 하는 문제는 도민들에게 달려 있다.

셋째, 1차 산업에 대한 새로운 돌파구를 열어야 하겠다.

언제까지나 감귤과 밭작물 그리고 특작물의 생산에서 멈추어야 할 것인가. 일부 뜻있는 농가에서는 작목반을 구성하는 등의 미래 지향적인 일을 하고 있다. 보조금 없이는 농사지을 수 없다면 어떻게 될까. 전체 규모 2조원 미만의 우리 1차 산업이 하루속히 선진화의 길을 모색하지 못한다면 1차 산업의 미래는 없다.

북유럽이 낙농업과 유기 농업을 통해 발전을 일군 것과 같이 우리도 낙농업과 유기 농업으로 거듭나는 친환경 시대를 선도함으로써 FTA시대 특징화된 우리 만의 1차 산업 시대를 열어 갈 수 있다. 현재 식당에서는 중국산 김치가 지급되는 등 여러 나라의 수입산 재료들이 쏟아져 들어오고 있다. 이것을 물리적으로 규제하려고 하면 안 될 것이다. 만약 다른 나라의 재료들이 있음에도 불구하고 고객들이 제주산 재료 만을 찾는다면 우리에게는 굉장히 의미있는 발전이 될 수 있다.

앞서도 거론했지만 관광 상품에서, 서비스 산업에서 얻은 재원을 1차 산업의 선진화 사업에 투자하여 경쟁력 있는 멋진 사회를 열어낼 수 있다. 우리가 갖고 있는 인재개발원, 필요하면 전문학교와의 위탁교육을 통해 우리 농민들의 전문성을 크게 향상시키고 관련 자격증을 소유토록 할 수 있다.

●●● 한승수 총리께서 제주에 본사를 이전한 (주)다음에서 현황보고를 받다. (2008.4.3)

무료 교육이 이루어지도록 하고 환경농업에 대한 다양한 기술들도 보급해서 우리 제주의 꿈을 실현시킬 수 있다.

덴마크는 농업전문대학을 졸업하지 않고는 농업을 할 수 없다. 그리고 농지소유나 가축소유 등 모든 농업관계는 네트워크를 이루도록 규제하고 있다. 지금 한창 발전하고 있는 스마트시대를 기반으로 창조적 노력을 기울인다면 더 빠르게 눈부신 미래로의 꿈을 실현시킬 수 있다.

혹자는 농업을 문화예술과 접목해야 한다고 이야기 한다. 무한정 발전 가능한 이 분야에 새로운 투자가 이루어지고 생산 소비 유통이 철저한 분업화를 통해 안정된 생산, 안정된 유통 소비시장의 확보와 같은 다각적인 노력을 덧붙인다면 결국 FTA가 우리에게 새로운 기회로 다가 올 수 있을 것이다. 도민들의 의지가 어디에 있는가가 문제이다.

넷째, 민군복합형 관광미항이다.

이 문제는 국가차원에서 추진하는 사업이니 만큼 문제요소가 많고 제주발전에 큰 해를 입히지 않는다면 찬성해 주는 것이 옳다고 본다. 더욱이 단순한 국가 발전의 문제가 아닌 대한민국의 미래 안보를 담당할 전략적 요충지가 된다면 제주 도민들도 대한민국 국방의 의무를 수행해야 한다는 전제하에 찬성에 힘을 실어주는 것이 옳다. 그러나 한 공동체

노무현 대통령님 주재하에 제주지역혁신발전 5개년 계획안을 보고드리다. (2004.8.26)

의 지도자로서 반대의견을 충분히 듣고, 필요하다면 지속적인 설명과 더불어 충분한 발전가치를 심어 주어야 한다. 찬성하는 것이 지역발전과 국가를 위한 길이기도 하지만 반대하는 도민들의 심정 또한 자신의 지역에 대한 진심어린 사랑이 그 밑바탕에 깔려있음을 지도자는 명심해야 한다. 그들에게도 뼈를 깎는 고민이 있었을 것이다.

따라서 그분들이 그 동안 지역을 위해 헌신해왔던 열정들이 지역 발전으로 이어질 수 있도록 헌신적으로 노력해야 한다는 것이다. 즉 민군복합형 부두가 건설되면 다양한 장점으로 하여금 지역 발전을 도모할 수 있다는 확신을 심어

줄 수 있도록 해야 한다. 더불어 정부에서도 약속했던 주변 지역 발전 연관 사업들이 차질 없이 속히 지원되어야 할 것이다. 지방정부나 도의회 차원에서 이미 결정된 정책 사업에 대해 왈가불가하며 정치적으로 활용하기 보다는 정부의 실천적 행동으로 옮겨질 수 있도록 하는데 역량을 모으고 그 추진사업들이 주민들과 공유하는 쪽으로 더 많은 노력을 기울이는 일이 필요하다고 보는 것이다.

나는 이 지역 주민들의 아픔을 느끼고 그분들의 생각을 들으며 공유하기 위해 긴 시간은 아니었지만 해당 지역에 가서 같이 숙식을 하며 많은 이야기들을 들으려고 노력했다. 이 외에도 다양한 노력을 통해서 마을 내부의 갈등을 최소화하려고 했지만 지역 갈등해결에 크게 공헌하지 못했다는 점은 지금도 마음이 불편해지고 답답해지는 이유가 된다. 지금 말할 수 있는 것은 단 하나라도 이런 계기를 통해서 제주발전에 기여할 수 있는 연계성을 찾는데에 최선을 다했다는 점이다. 그리고 이 민군복합항을 발전적으로 활용할 수 있는 방안을 주도적으로 마련한다면 그 이상 바람직할 것이 없겠다는 생각을 한다.

그래서 제3섹터 방식으로 유람선을 띄우는 방안도 연구해야 한다. 초기에는 재정적 어려움에 봉착하겠지만 이를 뛰어 넘어 흑자 경영시대를 열어 나가며 새로운 영역으로의 발전 인프라를 구축하는 밑거름이 될 수 있도록 창조적 노력을 다해야 한다. 외부에서 찾아오는 유람선은 물론 우리만의 유람선도 특색있는 유람선으로 만들어 정기적으로 운영하는 방안도 새로운 관광 상품을 만들어 내는 출발점이 될 수 있을 것이다.

여기에 지역주민들의 참여와 일자리 제공 등을 통해서 그들의 애향하는 마음이 표현되도록 하는 방법도 필요하다. 세계의 많은 은퇴자들이 바라는 꿈의 여행이 제주를 오가는 유람선 여행이 되도록 만들 수 있다면 관광의 핵심 지역으로서 더욱 큰 발전을 이룰 것이며 세계적인 명소로 발돋움할 수 있을 것이다. 그것이 제주의 미래 지향점이다. 이를 위해서는 정부의 도움을 받는 것이 절실하기에 정부의 힘을 얻어 내는데도 도민의 하나된 노력을 기울여야 한다.

뿐만 아니라 세계적인 요트대회 같은 이벤트를 창설함으로써 해양 요트관련 사업들이 기반을 잡을 수 있을 것이다. 사실 아메리카컵 요트대회에서 창출되는 경제수요가 수 조원에 이른다는 이야기도 있다.

철저한 시장조사를 거치면서 미래 비전이 있는 유무형의 사업들을 구상해야 할 것이다. 과연 우리가 사면이 해양을 끼고 있는 환경요건을 우리 경제의 중심 가치로 활용하겠다는 노력에는 소극적이 아니었는가 하는 생각을 하면서 이제는 갈등을 에너지로 바꾸는 일에 초점을 맞춰야 한다. 지방정부 차원에서 주민갈등을 해결하는 중심에서 그분들과 아픔을 같이하며 그분들의 마음을 치유할 수 있는 대안을 찬·반 주민들과 함께 찾아 내는데 이제 머리를 맞대야 할 때가 되었다는 생각을 한다.

다섯째, 지방재정 한계 극복

우리는 3조원 범위 내의 지방 재정력을 갖고 있다. 국고 보조를 빼고 나면 자생력은 1조원 내외의 범위이기 때문에 자체적으로 사업하나 추진할 수 없는 열악한 환경에 있다. 한때 새로운 도정이 출범하면서 부채 위기가 도정을 위협할 것처럼 다루어진 때가 있었다.

하지만 나는 동의하지 않는다. 나는 오랜 시간을 일반직 공무원을 하며 지내왔다. 그리고 도민들의 적극적인 지지와 성원에 힘입어 제주시장과 제주도지사를 역임했다. 그 어느 때도 재정 파탄이 일어난 일은 없었다. 제주도립미술관. 웰컴 센터, 설문대 여성문화센터, 한라도서관, 서귀포종합문예회관 건립 등은 도시 인프라 시설 확장 등 국비를 뒷받침하는 대형 프로젝트에 지방비 부담이 가중됨으로써 오는 어려움이 컸다. 그러나 중앙단위 평가나 자체 검증에 있어서도 지탱 가능한 범위에서 채무 재원을 활용했음을 분명히 말해 두고 싶다.

혹자들은 이런 보도를 바탕으로 내가 제주도의 재정위기를 초래해 놓고 도망이나 친 것처럼 말하는 경우도 있었지만 직업공무원들의 전문적인 검증과 중앙 전문가들의 평가를 통해서 발전적이고 필요한 인프라를 확충하는데 집중했음을 당당히 언급하고자 한다.

물론 가만히 있으면 좋을 것이다. 재정 위기를 도래할 수 있다는 위험부담을 감수하면서 일할 필요가 어디 있겠는가. 편한 것이 편한 것이며 좋은 게 좋은 것이라고 하면 그만이다. 하지만 편하고 좋은 것만 추구한다면 제주에는 미래가 없다. 어떤 이로부터 혹평을 듣는 것이 두려워 눈에 보이는 공동체의 발전을 외면한다면 그것은 리더로서의 자격이 없다고 단호하게 말하고 싶다.

인천광역시가 부채로 문제가 있는 것처럼 보도되고 힘든 순간도 있었지만 국제 아시안게임 유치에 성공하고 녹색기금 문제가 정착 되는 날 그들은 위기가 성장의 에너지로 된다는 교훈을 얻을 것이 분명하다.

전국에 모든 지자체들이 발전을 위해 꿈틀대고 있다. 전남은 여수 엑스포를 거처 순천 정원박람회를 연달아 개최하고 있다. 엄청난 부채를 떠안고 있으면서도 세계적인 자동차 경주장을 건설하고 F1 그랑프리 대회를 개최하고 있다. 강원도

21세기 새로운 천년을 맞는 순간! 시내 중앙로타리에서 열린 밀레니엄축제에는 수만명의 시민들이 모여 순간을 축하하고 기념했다. (2000.1.1)

는 평창올림픽이 예정되어 있다. 광주에서는 유니버셜 대회가 치러진다. 대구에서는 세계 육상대회가 개최되었고, 충청권은 정부청사 이전을 통해 역동적인 발전을 태동시키고 있다. 경북은 과학벨트 등을 유치하려고하고 있고, 부산은 동남권 신공항을 유치해서 물류중심의 도시로 나아가려 하고 있다.

국제회의 유치에 있어서는 그 동안 다른 도시가 컨벤션 센터와 대형 호텔 등의 기반 인프라가 부족해서 우리가 앞서 왔다고 하지만 서서히 그 차이가 좁아지면서 우리가 더 이상 유리하다고 확단할 수 없는 것이 현실이다. 이렇듯 현재에 몇 가지 유리한 조건들이 있다고 해도 특별한 기술을 요하지 않은 이상 치열한 경쟁 선상에서 그것이 항상 유리할 수만은 없다.

따라서 쉼 없는 창조와 혁신이 필수적이다. 우리 제주 재정력의 한계를 무엇으로 극복할 수 있을까. 바로 경영행정, 창조행정에서 찾아야 한다고 생각한다. 투자유치를 활발하게 한다고 해도 당장은 투자기업 인센티브로 인해서 지방세 수입에 크게 기여할 수 없다. 물론 지방 고용력 상승을 초래할 수는 있을지 모르지만 직접적 재정능력을 상승시키는 데는 한계가 있다고 할 수 있다.

따라서 단기적으로 세외수입 증대와 국세의 지방세 전환 등의 긴급 처방을 통해 자립기반을 다져 놓아야 할 것이다. 그러면서 투자 기업들이 어느 정도 자생능력을 갖추게 되고 이를 통해 재정 세수가 상당부분 성장할 수 있도록 해야 한다.

이토록 우리 주변에는 창조적 아이디어만 있으면 얼마든지 세외수입을 증대할 수 있는 요소들이 산재해 있다. 이러한 다양한 요소들을 창조적으로 활용하여 도민 누구나 일할 수 있는 무대를 펼쳐 주면서 재정한계도 극복할 수 있는 길이 있다. 나는 돌이켜 보면 누구를 탓한 적이 없다. 현재의 주어진 위치에서 얼마나 열심히 하느냐 하는 문제가 있을 뿐이다.

투자를 위해서는 어느 정도 부채도 있어야 한다. 이것은 지극히 당연한 것이다. 미래에 투자하기 위한 부채가 두렵다면 제주도의 재정 자립도와 재정상황에도 더 이상 진전이 없을 것이다. 후세에게 재정 부채 만을 넘겨줘서도 안 되지만 발전 역량과 부채는 함께 넘겨줄 수도 있다고 생각한다. 재정의 한계를 넘어서려는 치열한 노력과 열정이 있다면 우리는 미래의 희망을 노래할 수 있다. 이런 곳에서 우리가 갈 길을 찾아 보아야 할 것이다.

여섯째, 비전이 있는 일자리 만들기

지금 우리는 연간 6천명이 넘는 대학생들이 사회로 진출하고 있다. 그리고 직장인들이 은퇴의 길을 걷고 있다. 지금은 100세 시대이다. 60세는 아직 젊은 층에 속한다고 볼 수 있다. 경로당에도 갈 수 없다. 후배들 중에 공무원 은퇴자들이 일할 곳을 찾는 이들이 많다. 제조업체나 대기업이 없는 제주에서는 공무원, 교사 등을 제외하면 평생을 안심하고 일할 수 있는 기반이 없다. 투자유치를 한 기업에 일부 취직하고 있으나 미래 비전이 없다고 하소연하고 있다. 어촌계, 축산업계, 농업 현장에는 젊은 인재들이 줄고 나이든 노인들이 증가하고 있다. 이런 것이 우리의 현실이다.

자녀를 둔 주민들은 매년 초가 되면 이력서를 들고 곁눈질을 하고 있다. 얼마나 안타까운 일인가. 작은 가게를 해 본다고 시골에서 평생 의지해 오던 작은 밭이 팔려나가서 나이든 부모까지 힘들어 진다. 매일같이 새로운 업체가 생성되고 사라지는 현상이 늘어 간다. 이제 도행정이 단순히 관리와 일반적인 서비스만을 행하는 것 이어서는 안된다.

그래서 창조행정이나 경영행정으로 영역을 넓혀야 한다. 기업 마인드로 재무장해서 다양한 일거리를 만들고 수익을 창출하면서 이를 통해 부진한 곳을 메꾸고 같이 발전시키는 적극적인 행정기능이 필요하다는 것이다.

세외수입 증가를 통해 1차 산업과 복지서비스에 투자를 강화해야 한다. 그 분야에는 고급 일손들이 투입될수록 좋은 곳이다. 결국 고령화를 극복하고 저출산 문제를 해결하여 행복한 삶을 실현시킬 수 있는 수단이 될 수 있다. 즉 일대일 복지며 1대 2~3 돌봄 복지시대를 열 수 있다면 그 보다

새해의 새 뜻을 염원하는 성산일출제의 축하 한마당 (2006.1.1)

인력활용에 도움이 되는 정책은 없을 것이다. 그래서 나는 내 · 외국인 모두가 자유롭게 이용할 수 있는 병원도 카지노도 우리가 우리 제주만의 특색 있는 옷을 입히고, 규정을 만들어 활용할 수 있어야 한다는 주장을 해 온 것이다.

세계자연유산, 지질공원, 생물권보전지역으로 공인만 받았다고 안주해서는 안된다. 이 자원들을 최고의 상태로 유지하기 위해서는 인력이 필요하다. 그리고 이것을 창조적으로 활용해서 질좋은 매력상품으로 만들어 내야 한다. 제주의 식물을 활용해서 프렌차이즈 사업을 만들어 낼 수도 있다. 지질을 활용한 다양한 다기도 만들 수 있고 토산품 생산도 가능하다. 무엇을 하고 무엇을 이루어 낼 것인가는 의지와 능력에 달려 있다.

우리가 힘을 모아야 할 일은 투자유치를 우선시해야 한다. 국내 대기업 투자유치, 대형 공항건설을 통해 일자리를 마련해야 한다는 것이다.

제주특별자치도가 5년이 넘으면 분명 우리는 미래의 희망을 이야기할 수 있을 것이라고 전망했지만 지금 나는 그 희망을 도민들이 볼 수 있는가 하는 점에서 죄송스러운 생각이 들 수밖에 없다. 지속 가능한 발전이란 우리가 갖고 있는 자연자원, 인문자원 모두가 지속성을 갖고 나아갈 때 실현되는 발전 정책이다. 몇 번이나 강조하지만 그래서 지금 제주특별자치도 완성을 위해 힘을 모아야 한다.

일곱째, 인재육성 프로젝트이다.

싱가포르, 그 작은 나라에는 세계 최고의 인재들이 모여 있다. 제주가 낳은 인재들은 고향 제주보다는 다른 지방에 가야만 자신의 능력을 발휘할 수 있는 것이 현실이다. 우리 제주는 학교 성적이 수위를 달리고 있다면 서울 스카이 대학을 꿈꾸고 있다. 반면 한국의 유능한 인재들은 미국이나 선진국에 나가기를 희망하고 있다. 모두가 그렇지는 않지만 경향이 그러하다는 말이다.

그렇게 되면 결국 대학도 병원도 각종 서비스도 최고일 수가 없다. 이것은 우리의 정주 능력상의 문제요, 인센티브를 제공할 수 있는 능력의 문제이다. 싱가포르란 나라는 돈을 많이 벌기 때문에 최고의 인재들을 초빙해서 대학의 강단이나 연구소에서 일할 수 있도록 적극 지원하고 있다. 독일의 프라이부르크는 환경 NGO 단체만 86개 이상이라고 한다. 결국 NGO에서 활동하는 세계적인 환경 전문가들이 다 모였다는 말이다. 우리는 최고의 환경수도를 만들겠다고 외치고 있지만 실현을 위한 실질적인 투자는 공허한 메아리로 그칠 뿐이다.

따라서 최고의 인재들이 제주발전연구원이나 사설 연구원에서 연구할 수 있도록 지원하고 제주대학 등 각 대학마다 최고의 인건비를 지불하면서 세계 석학을 초빙할 수 있다면 사람이 모여드는 도시로 진화할 수 있을 것이다.

부모들이 많은 돈을 투자하면서 자녀들을 서울로 보내지 않고도 양질의 교육을 받을 수 있다면, 그에 걸맞는 경쟁력을 제주의 대학들이 갖추게 될 것이다. 이렇게 되면 우리는 제주의 미래 도약을 이야기할 수 있을 것이다. 영어교육도시는 서울이나 미국으로 가려는 부모와 아이를 제주로 오게 만드는 기회가 되고 있다. 거쳐 가는 과정으로 그칠게 아니라 대학도 제주에서, 그리고 취업도 제주에서 할 수 있는 토대를 만들어 내는 것이야말로 우리가 해야 할 사업들이다.

현재의 성과를 눈으로 보면서도 불가능한 미래라고만 외친다면 급진적인 미래 발전을 이야기할 수는 없을 것이다. 초·중·고·대학은 물론 유학까지 할 수 있는 지원 시스템이 구축된다면 어떨까? 이러한 제주의 미래를 이야기하기 위해서는 그 기반으로 제주 사람들의 합심이 있어야 할 것이다.

우리가 중복 투표를 해서라도 세계 속에 제주를 각인 시키려는 열망을 이러한 일들에도 담아낼 수 있다면 멀지 않은 장래에 또 다른 미래 이야기를 우리 입으로 말 할 수 있을 것이다. 인재육성이 미래의 창조적 자원이 될 수 있다는 신념이 필요하다.

여덟번째, 지속가능한 발전이다.

하루가 지나면 무엇인가 하나씩 훼손되고 있다. 그냥 방치해도 안되고 수용할 수 없는 상태에서 무한정 사용할 수도 없다. 유네스코에서는 제주특별자치도를 세계자연유산으로 등재했다. 칠머리 영등굿을 무형문화 자원으로 등재했다. 세계지질공원 네트워크에 가입했다. 세계생물권보전지역으로 지정되기도 했다. 우리는 유네스코 3관왕을 달성했다고 축포를 터트리기도 하였다. 여기까지는 정말 열심히 했다.

그러나 앞으로는 상당부분 재원을 투자해야 하고 재산 가치를 규제하는 일이 많을 것이다. 국가의 도움을 받아 해당 지역을 매입하는 등의 보호조치를 비롯하여 다양한 사업에 막대한 재원투입을 지속적으로 해야 한다. 이렇게 되면 분명 열악한 지방재정에는 부담이 가중화 될 수 밖에 없다. 그러나 지속 가능한 발전을 위해서 끊임없이 그렇게 할 수 밖에 없다. 자연은 원형으로 유지되어야 한다. 어떤 경우에도 사람의 손길을 통해서 무엇이 이루어지기를 바라지 않는다.

시민단체들이 활발히 활동하고 있는 제주 특유의 곶자왈도 빠른 시일 내에 더 이상 훼손되지 않도록 해야 한다. 360여 개가 넘는 오름들도 특단의 보호조치가 필요하다. 쉬지 않고 바다로 흘러드는 오·폐수의 정화 장치도 더욱 발전시켜야 한다. 중산간 숨골 속으로 흘러드는 오·폐수도 걸러내야 할 것이다. 지하수로 흘러드는 오·폐수에 대한 모니터링도 강화해야 한다.

제주에 사람들이 얼마나 살면 지속 가능한 발전이 가능한가에 대한 연구 또한 반드시 필요하다. 무한정 뽑아 올리는 지하수의 지속성과 한계에 대한 연구와 모니터링도 완벽하

●●● 영어교육 도시조성 착공식에서 주역인 어린이들과 함께 커팅 버튼을 누르다. (2009.6.17)

게 이루어져야 한다. 천혜의 환경을 갖춘 세계적으로 아름다운 도시가 되기 위해서는 천연적인 제주특별자치도의 가치를 얼마나 보전할 수 있느냐가 우선시 되어야 할 것이다.

지금까지 수평적 도시 발전을 해왔다면 앞으로는 수직적이고 입체적인 발전으로 패턴을 전환시켜야 한다. 우리의 문화 원형을 발굴하고 보전시키는 일도 더욱 노력해야 한다. 이런 일들이 도민과 함께 지금 시작해야 할 일들이다. 그리고 우리의 손길을 기다리는 과제들이다. 우리는 이러한 과제들을 해결하고 미래를 잡을 수 있는 환경 마련에 최선을 다해야 한다. 천연 환경 모습을 닮아가야 하는 것이다.

아홉 번째, 감귤의 경쟁력은 천연의 과일이어야 한다.

우리 제주특별자치도의 감귤은 그동안 하늘이 주신 기온과 도민들의 개척 정신을 바탕으로 한 노력으로 시작되어 제주경제의 버팀목이 되어 왔다. 감귤 나무는 대학나무라 하여 자식들 공부를 시켜주는 고마운 나무였다. 또한 피나는 노력의 결실은 다양한 품종과 질적인 성장을 이룩하기도 했다. 물론 이러한 성공의 중심에는 국가의 보호정책도 한가닥 중요한 보호막 역할을 했던 것이 사실이다.

우리는 제주 경제에 공헌하던 바나나 농사가 무기력하게 무너지는 것을 보았다. 우리는 외국에서 수입된 기름을 이용하여 비닐 하우스 농사를 하고 있지만 열대 지방에서는 그냥 심어두기만 하면 크게 돈들이지 않고 주렁주렁 당도 높은 바나나를 생산하고 있다. 외국산 바나나는 생산 단가가 0% 이다. 그러니 어느 날 보호벽이 허물어지면 우리의 농산물은 경쟁력을 잃게 된다.

●●● 제주첨단기술단지 기공식 (2005.6.11)

FTA란 제도가 국제사회 속에서 얼마나 더 진화할 수 있을지 모른다. 지금보다 경제개념상의 국경이 무너지고 나면 세계는 하나의 시장을 형성하는 시대로 진입할 수도 있다. 그렇게 되면 결국 보호경제로 생명을 연장하겠다는 생각은 큰 착오일 수밖에 없다. 자국의 농산물을 보호해야하는 것은 옳은 일이다.

하지만 생각해보자. 우리도 개방하는 것이 있어야 상대로부터 얻을 수 있는 시장이 있는 것이다. 언제까지 국가의 보호를 청하기보다는 세계의 통합경제 속에서도 살아 남을 수 있는 경쟁력있는 농작물을 생산하는데 중앙정부와 지방정부의 역량을 모으는 것이 더욱 바람직한 일이다.

가까운 시일 내에 한 · 중 · 일 FTA가 협약될 것이라고 보아야 한다. 미국과의 FTA에서 오는 상실감을 우려했지만 그보다 더 큰 물결이 밀려 온다고 생각하면 된다. 우리는 지금도 조금만 과잉 생산되면 값을 제대로 받지 못하게 되고 많은 혼란이 일어난다. 공무원들이 나서서 감귤 구조 조정에 몸으로 때우던 것이 습성이 되었던 것이다. 당장에 눈앞에 벌어지는 현실을 막아 보려는 어쩔 수 없는 정책이었기 때문이다.

감귤 꽃을 따고 열매를 솎아내자고 설득하는 것이 제주도의 리더들이 할 수 있는 일이다. 생각해보면 얼마나 가슴이 답답한 일이겠는가 자문자답을 하는 경우가 많았다. 현실은 그렇다. 작은 농지 면적이지만 그래도 평생을 기울여 조성한 감귤농가가 어느 날 감귤가격의 하락으로 농가 부채를 갚지 못하고 그 부채의 가중으로 이어지면서 오는 어려움 등은 토종 경제의 절실한 해결과제로 다가올 수 밖에 없는 것이다.

또한 다른 지방의 배, 사과, 복숭아, 포도 등 유사 과일들도 종전과 달리 지속적인 품질개량과 종자 개량 등으로 진화를 거듭하고 있는 것이다. 뿐만 아니라 외국에서도 값싼 과일들이 다양하게 유입되고 계절에 관계없이 색다른 품종의 과일들이 소비자들에게 다가오고 있기 때문에 소수로 집중되던 소비현상도 다양하게 나누어지고 있는 것이 현실이다. 이에 맞추어 우리도 하우스 감귤이나 한라봉과 같은 새로운 상품을 내놓고 있지만 환경적 한계로 대량 생산의 한계를 지닐 수 밖에 없다. 특히 비닐하우스를 통한 생산 시스템은 에너지 생산 0%인 우리 현실에서는 생산 단가가 올라갈 수밖에 없다.

이러한 현실을 감안한 생산 시스템과 마케팅 전략이 세워져야 한다. 현재 당장 농가에 가서 우리 농사를 개혁해야 한다고 주장하면 배부른 소리한다고 야단맞을 것이 분명하다. 그러나 지방정부 차원에서 인센티브를 지급하면서 시스템을 근본적으로 개선해 나간다면 몇 년 후에는 개량의 시대를 맞이할 수 있다고 본다. 유기농을 넘어서 천연 생산물이 나올 수 있는 기초를 세워야 하는 것이다.

그래서 제주만의 맑은 공기와 물을 마시고 자란 농산물이나 축산물, 수산물 만이 갖는 특징있는 상품을 찾아내야 한다는 것이다. 꿈같은 이야기라고 도입단계에서는 많은 비판이 있을 수 있지만, 역경이 없는 개혁과 창조는 없다. 천연 자연의 생태를 갖고 있는 장점을 이용하여 혁신적 상품을 창조해 내는 것이 중요한 키워드가 될 수 있을 것이다. 사계절이 분명하고 한라산과 사면이 바다로 둘러싸여 있는 생태적 환경에서 자연적 순환기를 통해 육성되는 감귤의 새로운 중심 가치를 찾아내서 생산할 때 경쟁력이 생길 수 있다는 것이다.

그리고 다품종 소량 생산이란 큰 원칙하에 농업의 경쟁력을 발전시켜 나가는 것이 우리의 미래에 감귤 농업이 가야 할

●●● 김영환과학기술부장관께서 삼양동 농가를 방문하여 신품종개발에 관하여 의견을 듣다. (2001.6.2)

길이라고 본다. 당장의 문제에 있어서도 한 품종이 다수를 점하는 방식으로 가서는 한계가 있다. 설령 구조조정 작업을 하더라도 농가 또는 지역단위로 작목의 품종을 달리하는 연구가 필요한 것이다. 예컨데 천해향이 좋다고 모두가 그 상품의 개발에만 몰린다면 개발 효과는 크게 달라질 수 없다.

표선면에선 그 지역 풍토에 맞는 감귤 품종을 브랜드로 내걸고, 효돈은 효돈 마을에 맞는 품종으로 승부를 내자는 말이다. 즉, 상품마다 지역의 특색을 입힌 의미 있는 상품을 만들어 냈을 때 경쟁력이 생기는 것이다. 그렇게 했을 때 비록 수확량이 초과됐다 하더라도 소비 시장에서의 또 다른 효과를 창출해 낼 수 있을 것이다. 그리고 기존 감귤 농가에서도 현실에 머물지 말고 지속적인 발전 방안을 찾아내야 할 것이다.

이제는 사람처럼 농가 호적을 작성해서 농가마다 하고 있는 농사와 품종 그리고 소득 경향까지 관리하는 시대가 되어야 한다. 그래서 행정이 추구해야 할 방향은 그 농사에 대한 정확한 정보를 공유하고 농사의 발전을 위해 필요한 것을 확실히 뒷받침해야 바로 선진 농업시대가 될 수 있다는 것이다. 농가주의 교육과정, 농사면적, 가축수, 사용방법 등을 세세히 파악하고 경영과 IT기술과의 접목을 통해 고급 농업의 새시대를 열어냄으로써 어려운 현안을 해결하자는 것이다.

열 번째, 갈등을 통합으로

"「평화의 섬」을 유네스코에 등재하자" 그리고 이를 우리의 브랜드로 가치를 높이자. 그래서 도민 모두가 '평화'란 깃발속에 통합하자.

우리의 현재 모습에서 이보다 더 큰 문제는 없다. 작은 공동체 속에서 서로가 갈등하고 질시하는 상황이 지속된다면 아무리 훌륭한 비전이 있다고 하더라도 서로 토론과 반목의 시간 속에서 제주의 미래를 잃어 갈 수 밖에 없다. 제주특별자치도 이 제도가 선험적으로 우리에게 효과를 줄 수 있는 기회도 시간적 한계를 갖고 있다. 만일 그 시기를 놓치고 나면 이미 그 제도는 모두에게 일반화됨으로써 특별한 개념이 무너지고 마는 것이다.

사람들은 '내가 이것만 잘했더라면 이렇게 성공했을 것이다.'라고 자주 과거에 있었던 자신의 행동에 대해 후회하곤 한다. 그러나 사실 과거라는 시간은 이미 지나버렸고 다른 사람들이 자신이 생각해냈던 아이디어를 활용해 버렸다면 허공에 하는 말은 의미가 없을 것이다. 내가 죽음을 앞두고 그때 내가 이렇게 살았으면 어땠을까 하는 후회를 해도 이미 그 순간은 지나갔고 나는 죽음 앞에 와있을 뿐이다.

시간은 역행하지 않으며 주어진 현재 속에서 기회를 찾아낸 자만이 시간의 평등 속에서 남들과 다름을 창조해낼 수 있다. 민주사회에서 토론은 매우 중요하다. 그러나 어느 정도의 효율성을 가지고 있어야 한다. 지루한 토론만을 반복하다 보면 토론의 의미는 퇴색되고 무의미한 갈등과 분열과 증오만 남을 뿐이다.

정책에 대한 토론에 있어서도 그렇다. 사람마다의 생각이 다르기 때문에 완벽한 도출점을 찾아내는 것은 힘들다. 그렇기에 최선의 타협점을 찾아내어 정책을 추진 해야 한다. 많은 시간이 토론으로 인해 허비된다면 그 정책은 적기를 다 놓치고 효력이 다 떨어진 약이 되어버리는 우를 범할 수 있기 때문이다.

●●● 「제주세계 평화의 섬」 지정 축하연 (2005.1.28)

그러기에 사회 갈등을 치료하고 통합적 에너지를 만들어 내는 일이야 말로 우리 공동체에서 중요한 과제중의 하나이다. 늘 거론되는 4 · 3에 대한 국가 차원의 관심을 한 층 높여서 국가로 부터 피해 보상을 받고 소외받는 섬이라는 인식에서 탈피해야 할 것이다. 많은 사람들이 노력을 기울여서 평화의 섬으로 지정 받았고, 4 · 3공원의 성역화도 진행되고 있다. 따라서 아픔을 이겨내서 통합이 되려면 서로 상생하는 노력이 필요한 것이다.

국가 기념일 지정 등 국가 차원의 보상을 얻어내기 위해 줄기차게 노력한 결과 소기의 성과를 얻어냈다. 앞으로 이런 제도들을 조화롭게 잘 활용하면서 도민 상생의 길을 모색해야 한다. 특히 역사 속에서 우리끼리 편을 가르지 말고 서로 보듬어 안아서 미래를 열어야 한다는 의식 확산이 절실히 필요하다.

계층 간, 세대 간, 빈부 간 또는 각종 정책을 통한 갈등, 선거를 통한 갈등 등에 대한 도민적 관심을 집중해서 이들의 문제를 치유하고 미래 비전을 향해 통합하여 새 시대를 만들어 낸다면 그것이야 말로 우리 미래를 희망적으로 이끌 것이다. 이것이 진정한 갈등의 봉합이고, 통합의 시대이다

열 한번째, 제주경제의 버팀목 관광산업의 미래 준비

우리 제주관광은 60년대 시작되어 지금까지 쉬지 않고 진화를 계속해 오고 있다. 한 때는 관광산업의 위기론이 팽배하기도 했지만 관광 업계를 위시한 도민적 노력은 위기를 넘어 기회를 만들어 나가고 있다. 1983년에 1백만을 넘어선 제주관광 산업은 외형적인 측면 만을 볼 때 가파른 성장세를 이어가고 있다. 1988년 2백만, 1991년 3백만, 1996년 4백만을 돌파했다가 1998년 3백만으로 회귀하는 엄청난 위험에 봉착했던 때가 있다. 바로 이때가 국가적 위기인 IMF 사태 시점이다. 큰 파도를 극복하기 위한 치열한 노력이 시작된 시기였다.

사실 세계 섬문화축제가 적자만을 기록했다고 비판을 받았

지만 이 시점에서 개최됨으로써 제주의 새로운 도약을 향한 발걸음을 내딛었다고 나는 보고 있다. 그러면서 2000년대에 진입해서 또 다시 4백만으로 재진입하는 성과를 내기 시작했다. 그 후 5년 뒤인 2005년에 5백만을 달성했고, 또 4년 뒤인 2009년에 6백만을 넘어서기에 이르렀다. 2011년 7백만을 넘어서면서 이제 1천만 시대를 열어낼 수 있는 토대가 마련되었다.

도지사 재임시절 매년 관광 수치를 지켜보면서 느끼는 것은 매 순간마다 창조적 아이디어를 생각해내지 못하면 성장을 담보할 수 없다는 것이었다. 매월마다 공무원과 관광업계 모두가 한 자리에 모여 관광전략 보고회를 열고 무엇이 문제인지를 토론하고 개선하려는 피땀 어린 노력을 재임기간 내내 하였지만 모래성과 같은 현상은 숨바꼭질 하듯 반복된다는 것이다. 음식 값을 내리자고 해서 그렇게 하면 조금만 잠잠해지면 바로 또 원점으로 복귀하는 문제가 생기는 것이었다. 제주관광이 바가지 관광의 오명을 벗겨 내는데 무려 3년 이상이 걸렸다.

제대로 된 영수증을 주고 받는 문화를 실현시켜야 한다고 주장했지만 공허한 메아리만 울려퍼질 뿐인 순간들의 반복이었다. 인센티브 관광이라고 혹자는 비판을 일삼기도 했다. 그러나 그러한 노력들이 하나 둘씩 모여지고 저가 항공의 기반이 구축되면서 비싸다는 제주 관광은 그 이미지가 희미해졌고 관광객은 증가를 반복하는 계기가 되었다.

특히 한류 확장을 기반으로 한 · 중 가요제나 항공기 인센티브 정책 등으로 새로운 영역의 관광시장 개척이 추진되면서 중국의 거대시장을 일깨우기 시작했다. 희망적인 면도 있는 반면 일본시장은 정체를 시작하기도 하는 어려움이 있었다.

앞으로 이러한 추세는 장기간 지속될 것이 아닌가 하는 생각을 해 본다. 국가문제와 연결되면서 일본 시장은 좀처럼 더 확대되기가 쉽지 않을 것이다. 국내시장은 개별 관광이 확대되고 인터넷 정보망이 더욱 첨단화되면서 단체여행 보다는 개별 여행지 또는 골프와 같이 남들의 간섭을 받지 않으며 시간은 적게 들이며 심신의 휴식을 지향하는 관광지로 발전할 수 있는 여지가 많아지고 있다.

제주지역 소자본 여행사들은 이런 측면에서 지속적인 어려움을 겪지 않을까 하는 생각을 한다. 한 참 붐을 조성하였던 스포츠 관광지로서의 제주 위상도 여타 지역에 그 위상이 추월 당하게 되면 거품이 사라질 것으로 전망하고 있다. 결국 제주 관광객들이 제주 관광을 한 두 차례 경험하게 되면 현재의 자연경관 감상위주의 관광에 심각한 타격을 줄 수 밖에 없다.

따라서 민자 유치를 통해 인문 관광 상품의 고급화를 추진해야 할 뿐만 아니라 공공 인프라 역시 상당 수준 그 격조를 높이는 노력이 강구되어야 한다. 특히 휴양과 심신의 상처

제주관광의 투명성 확보를 위해 관련 기관단체와 협약식을 갖다. (2007.6.20)

를 치료해 줄 수 있는 관광의 메카로 거듭나기 위해서는 리조트의 다양성을 증가시키기 위해 노력해야 한다. 박물관 등이 설립되는 경우에 있어서도 같은 내용의 박물관 보다는 새로운 형태의 모습을 갖춘 박물관이 설립될 수 있도록 조정되어야 할 것이다.

앞서도 언급한 바와같이 이제는 양적 확대에만 치중하기 보다는 질적 수준을 높이고 수용력 측정을 통해 정확한 수용력을 제시하면서 관광산업의 안정성을 추구해야 할 때가 되었다는 것이다. 제주의 관광은 자연 경관을 무시해 버리면 그 미래를 보장할 수 없다.

따라서 자연 환경은 필수적으로 수용력에 있어서 한계를 지니고 있음을 간과해서는 안된다는 것이다. 다다익선, 많을수록 좋은 것은 아니다.

올레길 상품이 아무리 훌륭하다고 해도 수용 가능한 통계 없이 무분별하게 사람이 다니고 나면 그 지역에 서식하는 식생들은 하루가 다르게 파괴되고 말 것이다. 그 시들어가는 식생을 보는 관광객들은 곧 실망을 하고 다른 곳으로 이전하게 되고 결과적으로 얼마 안가서 제주의 환경은 세상에 어둡게 전파될 것이라는 사실을 명심해야 한다. 하와이는 6백~7백만 관광객 선에서 정체된 지 꽤 오래되었다고 한다.

하와이는 정체된 현재에서 보다 더 발전적인 관광객 유치를 위해서 창조적인 노력을 하고 있지 않다. 진정성을 가지고 사람들을 대하려는 노력만 지속될 뿐이다. 우리는 하와이와 차별화된 전략을 선택해야 한다. 투자유치를 보다 선별적으로 해야만 한다. 시간이 걸리더라도 고용창출, 제주문화, 자연환경 등 제반 사정을 고려하면서 장기적인 제주발전 모델을 디자인해 나가야 함을 강조하고 싶다.

지금까지 우리는 숨 가쁜 노력을 지속해 왔다. 제주발전계획을 추진하면서 뜨거운 논쟁도 쉼 없이 했다. 그러나 그러한 논쟁들이 결국 오늘 날의 제주라는 모습을 탄생시키는 산파 역할을 했음도 부인할 수 없다. 제주개발특별법, 제주

국제자유도시특별법, 제주특별자치도로 이어지는 그 길은 험로였다고 할 수 있지만 그러한 험로를 꿋꿋하게 걸어왔기에 오늘날 제주의 모습은 그래도 나름대로 미래를 지향하는 수많은 잠재적 역량이 존재한다고 생각한다.

관광산업 역시 양적 팽창에 심혈을 기울여 왔다. 그리고 내국인 중심 관광지로 그 위상을 높이는데 머물렀다는 느낌도 배제할 수 없다. 외국인 관광객은 중국과 일본인 중심 구도에서 빠져나오려면 시간과 노력이 더 투자되어야 할 것이다.

유럽인들은 여름 한 철을 휴양 기간으로 정하고 세계를 누비고 다니고 있다. 세계인들의 관심을 우리 제주로 끌어들이기 위해서는 우리의 자연적, 관광지적 가치가 그들에게 매력있게 다가가야 한다. 요트를 타거나 파도를 타거나 항공을 가르거나 카지노를 즐기거나 문화공연을 관람하는 일 등 제주에서 머물며 하고 싶은 일이 있어야 한다. 그들은 행복한 인생을 위한 대가로 돈을 쓰려고 한다. 그리고 인생에 한 번 밖에 없는 감동을 뇌리에 심기 위해 도전하는 사람들이다.

제주도는 그들을 끌어 들이는 입장에서 그들이 만족하며 감명 받을 수 있는 상품들을 제시할 수 있어야 한다. 그것이 바로 제주의 비전이 될 것이다. 가이드와 상품과 가격과 편안함 등이 고루 국제화되어야 함을 말하고 있다. 장기간 체류할 수 있는 서비스 인력 및 시설들이 수준 높게 마련되어야 한다는 말이다.

중국인 관광객이나 일본인 관광객들이 제주에서 하는 일이 많지 않다. 제주를 경유하여 부산, 서울에서 쇼핑을 하고 있다. 아세안 정상회의를 개최했던 아세안 정상국으로서의 시장성을 확장해야 한다. 러시아, 인도, 유럽으로 다양성을 확보해 나갔을 때 제주관광 산업은 국민 관광지에서 국제 관광지로 위상을 높여 나갈 수 있다고 본다.

특히 안내원의 전문성을 높여서 자체 안내원 자격을 부여해야 한다. 누구나 할 수 있는 직업이 아니라는 것이다. 정확한 지식이 없는 상태에서 관광객들에게 제주를 설명하게 할 수는 없다. 정확한 정보를 줄 수 있어야 한다. 이러한 노력을 총력적으로 다한다면 이 분야가 충분히 우리 제주를 넘어 국가 관광산업을 선도하는데 중요한 역할을 담당할 것이다.

① 진정성을 담아내야 한다.

- 제주에 오면 맑고 깨끗한 자연환경 속에서 상처를 치유할 수도 있지만 사람 향기 나고 우직할 만큼 정직한 사람들을 만날 수 있다.

② 차별화된 상품들이 고급화 되어야 한다.

- 어디서도 볼 수 없었던 사례나 사건들과 직면할 수 있다. 특별한 도전이 필요한 곳이라는 브랜드를 형성해야 한다.

③ 지구촌 어디서 오던 소통할 수 있어야 한다.

- 다양한 언어를 구사할 수 있는 가이드를 육성해야 한다. 가이드는 공공성을 크게 부각해야 하는 만큼 특별한 대안이 있어야 한다.

④ 지구촌 모든 사람들과 함께 공유 할 수 있는 문화 이벤트가 마련되어야 할 것이다.

- 누구나 함께 공유할 수 있는 이벤트를 구상하고 이를 통해 관광객으로 하여금 생애에 잊지 못할 추억이 될 수 있도록 해야 한다.

⑤ 자고, 먹고, 놀고, 보고, 배우는 일들이 체계적이고 손쉽게 접할 수 있도록 잘 정비되어야 할 것이다.

- 지속가능한 문화에 접속되어야 한다.

⑥ 첨단 스마트 시대에 걸 맞는 생산과 소비가 한 눈에 볼 수 있는 스마트 관광 마케팅에도 주력해야 할 것이다.

- 예를 들면 이와 같은 분야에 창조적 시각을 갖고 접근하고 노력을 했을 때 제주 관광의 미래는 밝아질 수 있다. 신공항이 마련되어 교통망이 세계 거점으로 나아갈 수 있고 시간 공간의 한계를 넘어서는 시스템이 뒷받침 된다면 더욱 좋을 것이다. 제주 전 산업의 활로를 여는 길잡이 산업으로서 도민행복의 버팀목이 될 수 있도록 계획적 진흥정책이 마련되어야 할 것이다.

●●●「제주 세계 평화의 섬」 지정 서명식 행사를 청와대에서 갖다.(2005.1.27)

●●● 중국 관광객 전세기 입국을 환영하다. (2004.12.17)

9. 우리를 둘러 싼 환경과 전망

우리를 둘러싸고 있는 국내 · 외 환경은 어떠한가, 잠시 주변 상황을 돌아볼 필요가 있다. 우리는 대한민국의 부속 도서로서 위치해 있고 그렇기에 나라가 힘들어지면 같이 어려움을 겪는 것이다. 그 단적인 사례로 IMF라는 사태가 벌어지자 눈 깜짝할 사이에 관광객 1백만 명이 줄어 들었다.

국고지원 재정이 대폭 감소되었다. 소상인들이 문을 닫아야 했다. 그 파장은 꼬리를 물 수 밖에 없다. 제주 관광의 80% 이상을 점유하는 국민 관광객들이 없으면 우리 모습이 어떠할까를 짐작해 보면 국가의 현실을 냉엄하게 지켜봐 가며 대응해야 한다.

우리나라는 산업화와 민주화가 성공하고 세계 10위권 경제대국으로 성장했다고 한다. 자원이 하나도 없으면서 세계를 발판으로 수출주도형 경제 구조로 성공가도를 달려 왔다. 최근 미국의 리먼브라더스 사태를 비롯해서 유럽과 미국이 경제 위기를 겪고 있지만 흔들림 없이 버티고 있는 것도 세계 선진국들이 눈을 부릅뜨고 지켜보고 있는 대목 중 하나이다. 이렇게 되기까지 다양한 인재육성 프로그램과 새로운 도전 정신이 크게 기여했다고 볼 수 있다. 삼성이 개발한 스마트폰이 세계 1위라는 위업을 달성했고 한국 기업들이 세계 100대 기업 속에 진입하는 것 또한 대단한 저력이다. 또한 정치적으로도 이제 유교적 관념을 뛰어 넘어 여성이 대통령이 되고 성장하는 기업의 CEO가 되고 모든 영역에서 제 목소리를 낼 수 있는 진보적 영역이 만들어 지고 있다.

날이 갈수록 투명성과 진정성이 핵심 이슈가 되고 있는 것도 사회가 건강하게 진화하고 있다는 좋은 징조이다. 사회문화적 측면에 있어서도 한류를 세계 속으로 진입시키고 있고 스포츠가 세계인의 잠을 못 자게 하는가 하면 영상드라마가 사람들의 대화 이슈가 되기도 한다. 우리의 음식문화가 세계인들의 주목을 받고 한복이 극찬을 받기도 한다.

싸이라는 가수 한 사람이 월드컵이나 올림픽과 같은 국제적인 행사 못지않게 세계를 주목하게 만들고 있다. 5천년 민족 역사의 혼이 살아 움직이는 느낌이다. 유럽 어느 시골 소년이 강남 스타일을 춤추고, 미국 어느 유명한 정치인이 김연아의 스케이팅에 감탄사를 보내는 파장을 일으킨 나라가 한국이다.

이러한 나라가 거대 국가 중국과 러시아, 미국의 중간에서 분단된 마지막 국가로서 오늘도 총대를 맞대고 일촉즉발 화약고에서 살고 있는 나라이다. 전쟁을 휴전 상태에 두고 있는 나라이다. 한국은 중국이나 미국과 같은 선진국들이 어느 날 압박을 가하면 모든 것이 중지되는 사태를 맞이할 수 있는 나라이다.

에너지를 100% 해외에 의존하고 있다. 각종 원자재를 해외에서 들여와야 한다. 경제 민주화가 되면서 외국 자본이 국내 시장을 잠식하고 있기도 하다. 심지어 공공 인프라까지 외국 기업이 참여하고 있다. 삼성이나 현대 등 대기업에 주식에 외국인 참여가 증가하고 있다. 지난날 IMF때 처럼 외국인들이 불안감을 느끼면서 자본을 일시적으로 빼내가면 휘청거릴 수 밖에 없는 현실을 갖고 있다. 중국이 관광객 송출을 중단하면 우리 외국인 관광객 절반 이상이 감소된다는 환경을 갖고 있다.

이런 환경 속에서 타협과 협상 보다는 극대한 대립을 더 선호하는 경향이 있다. 개인 이기주의에 편중된 사회 모순성도 상당부분 퍼져있는 것도 현실이다. 보수와 진보, 좌·우, 빈자와 부자, 약자와 강자라는 대립 구도가 극명하게 사회 현상으로 나타나기도 한다. 그리고 그런 개념성이 어디에 있는지 기준치도 모호한 형태가 문제이기도 하다. 또 한

편으로는 치열한 경쟁사회 속에서 젊은 사람들이 미래에 대한 불확실성에 고민하고 아파하고 있다. 그 어느 나라 못지않게 고령화가 가속도를 내면서 비효율성을 확대하는 추세가 강하기도 한게 특징이다.

출산문제가 사회의 병이 되던 시기에서 저출산 문제가 시급해진 것도 문제가 되는 나라이다. 나라사정이 좋아지면서 복지 이슈가 부각되고 나라 걱정은 잠시 뒤로 접어두는 행태도 나타나고 있다.

우리 제주특별자치도가 속한 대한민국은 이런 모습으로 가득 찬 현실을 갖고 있다. 미래가 있는 직장을 만들려고 젊은이들은 밤잠을 설치고 있다. 일찍 은퇴한 이들은 불확실한 복지 혜택으로 이혼 위기에 처하기도 한다. 돈이 없는 서민들은 각종 질병에 불안감을 떨치지 못하고 있다. 이런 것들은 단지 나라의 문제가 아니고 우리 개인의 문제이다.

그래서 행복하다고 말할 수 없는 현대적 불안한 삶을 살고 있는 것이 현실이다. 아들이 군대에 갔는데 매일 뉴스는 전쟁 이야기를 하고 있으니 부모님들은 아들이 눈에 어른거려 밤잠을 설치게 된다. 국민소득 2만불에 수 년 동안 묶여있다. 일본이 그랬던 것처럼 성장통을 겪어야 한다는 이야기도 있다. 서울 · 울산 지역은 4만 불, 제주 · 전남과 같은 지역은 2만 불 미만, 이처럼 지역별 불균형을 유지하고 있다.

못사는 지방마다 성장을 해야 한다고 아우성을 치고 있다. 다른 지방의 도시들은 인구가 1백만을 넘어선 도시들이다. 우리는 이제 겨우 60만에 도달되고 있고 백화점 하나도 운영할 수 없는 경제규모이다. 이처럼 국내 환경은 활화산처럼 들끓고 있다. 그럼 국내를 떠나서 내 · 외부의 환경을 주마간산 처럼 보자.

가까운 중국은 후진타오 시대를 넘어서 시진핑 시대를 열었다. 그러나 투명성, 진정성을 요구하는 사회 전체의 욕구를 어떻게 풀어낼지 주목되고 있다. 그리고 엄청난 경제발전 속도는 중국을 세계 초강국 반열에 올라서 미국과의 경쟁구도를 만들고 있다. 이러한 상황에서 국제사회에서 영향력을 확보하려는 미 · 중간의 치열한 싸움은 우리나라에 영향을 끼칠 수밖에 없다. 중국이 감기에 걸리면 우리는 폐렴을 앓아야 할 만큼 그 영향력이 크다고 할 수 있다. 일본 또한 대단한 변화를 이끌어 내려 하고 있다. 초고속 성장기를 거친 후 지난 20년간 깊은 침체기에 헤매던 그들은 저금리 정책으로 내부의 활성화를 꾀하는 한편 극우성향의 정치적 비전으로 통합을 서두르고 있다.

물론 표를 의식한 국내사정 속에서 들고 나온 깃발이라고 할 수 있지만 2차 대전의 전범이었던 그들이 뉘우치기는커녕 그 옛날의 모습을 동경하고 회귀하려는 모습을 하고 있어서 우리와는 갈등 국면을 빚어내고 있다. 국제사회의 제재가 없으면 어디까지 갈지 예측할 수 없는 것이 최근의 모습이다. 이성적인 생각을 해 온 많은 일본 사람들에게 독도는 자기들 땅이라고 교육하고 있는 모습 또한 처연하기 그지없다.

결국 이런 상황은 대한민국을 중심으로 중국, 북한, 일본, 러시아 중심으로 갈등과 이해가 엇갈리는 현실을 눈여겨봐야 할 것이다. 경쟁관계로 또는 적대 관계로 서로의 경계를 넘나드는 이들 국가 사이에서 우리나라는 나홀로 굳건하게 이런 위기를 넘겨야 하는 상황에 처해있다. 뿐만 아니라 세계 금융시장의 위기, 미국 영향력의 감소, 국가마다 자국의 국익 속에 충실하려는 약육강식의 생리가 숨 쉬고 있는 국제 환경이 오늘날 우리 주변을 둘러싸고 있다.

이런 환경 속에 최근 발생하는 기후변화의 대재앙, 해일, 지진, 원자력 등에 의한 대량 살상은 잠시도 우리를 편안하게 하지 않고 있다. 보스턴 폭발사고를 비롯한 현대 개량된 무기류는 언제 아까운 인명을 앗아갈지 알 수 없을 만큼 도처에 위험이 도사리고 있는 것도 사실이다.

긍정적으로 보면 미소가 보이지만 어두운 면을 보면 불확실한 블랙홀이 우리를 덮칠 것 같기도 하다. 예전에는 세계경제가 국가 단위로 존재했다. 그러나 현재 금융시장만큼은 하나로 이어져 있다. 영국 기업이나 개인이 한국기업에 투자하고 한국기업이 미국회사에 투자하고 있다. 주식이라는 편리한 경제적 도구를 이용해서 세계를 하나의 시장으로 묶어 놓고 있는 것이다. 따라서 우리는 혼자는 아무것도 할 수 없는 시대에 살고 있다.

관광시장이 1억 명이 된다고 전망하고 있다. 1차 산업의 시장 벽이 무너진다고 한다. 이제는 국내 상황 뿐만 아니라 세계 시장을 주시하면서 내 위치를 찾아야 하는 시대에서 경쟁해야 한다. 그렇게 하려면 첨단 정보시스템이 바로 우리의 생활 수단이 되어야 하고 남보다 이것을 먼저 활용할 수 있는 지식과 세상을 내다보는 지혜가 있어야 할 것이다. 국내 환경과 세계 환경 모두 불확실성이 만연된 현실에서 오직 창조적 사고를 요구하고 있다.

북한은 김정은 시대를 맞이하면서 핵과 경제병진 노선을 취하면서 호시탐탐 평화의 틀을 깨려한다. 이런 긴장관계는 국제적 투자자들을 자꾸만 주춤거리게 하는 요인으로 등장하고 있음 또한 지금의 현실이다.

우리는 만물의 진리를 보면서 배울 수 있는 것이 많다. 그토록 추운 겨울에 추위를 이겨낸 나무들이 꽃을 피울 때 그 향기가 맑고 그윽하다. 대부분 사람들도 크고 험난한 과정을 이겨 내면서 더 큰 인간으로 성장하는 경우가 많다. 우리나라는 지구상에서 마지막 남아 있는 분단국가이다. 하룻밤도 맘 편하게 잠들 수 없는 상황이다.

우리의 젊은이들을 전방에 보초를 세우고 잠들어야 하는 위기 속에 긴장감을 갖고 살고 있는 것이 오늘의 현실이다. 지구 생명의 진화를 보면 치열한 경쟁 속에서 죽지 않기 위해 살아 온 생명체들만이 진화되었다고 볼 수 있다. 먹이사슬 속에서 인류도 살아남기 위해 무기를 만들고 집단을 구성하고 공동체를 만들면서 집단 능력으로 적을 방어하면서 발전해 왔다고 볼 수 있다. 그러한 우주의 기본 원리에 근거해서 시련을 겪고 있는 한국인은 궁극적으로 진화할 수밖에 없으며 인류 사회에 공헌하는 나라로 위치를 다져갈 것이다. 최빈국에 있던 우리나라는 50년 만에 세계 10대 수출국의 기반을 닦고 거선의 기관처럼 미래를 향해 나아가고 있기 때문이다.

지금도 갖은 위험에 시달리고 있지만 이러한 긴장 촉진제들이 잠들려는 우리 민족의 평화의 혼을 흔들어 깨우며 동북아 평화를 향한 큰 깃발을 세워야 한다는 다짐을 갖게 한다. 왜냐하면 잠들지 않는 긴장감으로 하루하루를 살고 있기 때문에 우리 민족 DNA속에는 간절한 희망이 바로 평화라고 기억되고 있고 그를 얻어 내기 위해서는 힘을 갖고 대응해야 한다는 보편적 원리를 대안으로 삼아 굳건히 진화하기 때문이다.

따라서 후손들은 DNA속에 들어있는 조상들이 걱정했던 문제들을 해결하려고 부단히 노력한다.

일본이나 미국, 유럽 등 세계 선진국들이 실패했던 사례를 공부하면서 새로운 미래를 개척하려는 의지가 강할 수 밖에 없기 때문에 우리의 젊은이들은 무척 노력한다. 이러한 것들은 세상을 긍정적으로 보기 때문이라고 치부할 수도 있지만 한반도의 미래는 분명 희망찬 기운이 싹트면서 경쟁력 있는 민족이란 사실이 밝혀졌다. 이 세상에 살아 남을 수 있는 것은 경쟁력이 있어야 한다. 부정적인 기류를 긍정의 에너지로 전환시키는 능력이 탁월한 것이 우리 민족이다. 그래서 우리의 미래는 밝다고 전망한다.

제조업을 하는 사람들, 1차 산업을 하는 사람들, 관광 서비스업을 하는 사람들에게 미국과 중국의 바람이 몰려오고 있다. 광활한 대륙에서 엄청난 힘으로 몰려오는 이 바람을 어떻게 나의 에너지로 전환시킬 것이며 우리 스스로 어떻게 진화해야만 이런 위기에서 생존할 수 있는가를 먼저 깨달아야 한다.

어느 날 TV속에서 삼성 이건희 회장은 이런 말을 한다. '당분간 중국은 우리를 따라오지 못할 것'이라고…… 그러나 1년 후 중국은 이미 우리 기술력에 근접해 있었다. 누구도 예측할 수 없는 기술력 개발을 앞세워 다양한 분야에서 우리의 지위를 무너뜨리려 했다.

일본은 또한 이웃 한국을 무너뜨리기 위해서 갖은 방법을 동원할 것이다. 그러니 우리의 전망이 마냥 밝다고만 할 수 없는 것이 현실이다. 따라서 시시각각 변화하는 세계의 동향은 물론 국내사정을 정리해서 바라보아야 할 것이다. 지방화시대 종전에는 모든 것을 중앙정부가 알아서 해결해 주었다. 그러나 지금은 지방정부는 지방정부 나름의 최고를 위해서 두 팔 걷어 부치고 뛰고 있다. 결국은 하나가 뛰던 것을 17개 도시가 중앙정부와 팀이 되어서 같이 뛰고 있다. 그래서 갈등 원인이 더 생길 수도 있지만 이것을 잘 활용한다면 발전의 원동력이 될 수도 있다.

미래는 분명히 밝다. 어떤 노력과 어떤 열정이 결합될 것인가의 문제일 뿐이다. 정치, 경제, 사회, 문화, 복지 각 분야별로 좀 더 세밀하게 전망을 예측하는 지혜를 발휘해서 대응하는 노력이 우리 제주특별자치도에서는 필요하다. 이제 좀 더 깊은 사고와 통찰력으로 주변을 바라보고 미래를 개척하려는 도전이 필요한 시점이다.

이제 세계는 점차 하나의 네트워크를 형성하면서 경쟁하는 시대로 진화할 것이다. 산업구조 역시 복·융합적 생산과 소비시장을 형성할 것이며 지역별 특징적 생산 시스템 구축이 확장될 수밖에 없다. 선진국에서의 1차 산업의 효율성은 전 세계로 확산되어 질 것이고 결국 그렇게 되면 광활한 육지를 갖고 있는 지역에서는 축산이나 농업 생산을 해 나갈 것이고 농토 면적이 적은 지역에서는 첨단 공업 제조품을 만들어 내려고 노력할 것이다. 지금 우리는 온라인 시대에 살고 있다. SNS를 통해서 내가 갖고 있는 상품을 세계 어느 곳이든지 알릴 수 있는 시대가 된 것이다.

가장 좋은 예로 가수 싸이가 강남스타일을 'YOUTUBE'에 올리면서 세계가 들썩인 것이다. 종전과 같이 미국 시장이나 유럽 시장에 진출해서 미디어 등을 통해 홍보해야 했다면 그렇게 빠른 속도로 세계적인 열광을 이끌어 내지 못했을 것이다. 바로 이것이 오늘날 우리가 주목해야할 현실인 것이다.

제주의 자연유산을 동영상으로 촬영해서 'YOUTUBE'에 올리면 세계인들이 'YOUTUBE'를 통해 제주를 들여다 볼 수 있는 시대가 된 것이다. 그러기에 미국에 있는 사람이 아프리카 상품을 유럽이나 아시아에서 거래를 하고 금융 결재를 하는 것이 보편화 된 일상이다.

따라서 제주특별자치도가 살고 싶은 정주 지역으로 발전하면 세계적인 석학이나 부자들이 찾아오는 곳이 될 수 있다. 이제 사람들은 자신의 행복을 찾아서 세계 곳곳에서 거처하고 싶은 곳을 찾는 시대가 되었다. 해양도 그러하지만 지구촌 기후도 국경이 없다. 북극에 빙산이 녹으면서 바다 수면이 높아지고 바다와 인접한 지역에 살고 있는 사람들은 어떤 재난이 닥쳐올지 모른다.

대륙판의 움직임에 따라 닥쳐올 위난도 어떤 위기를 가져

올지 모르고 있다. 꿈틀 거리는 지진도 어느 날 어디에서 일어날지 모른다. 몇 년 전 일본에서 보았듯이 일순간에 도시 하나가 물속에 잠겼다. 2만여 명 이상이 참사를 당했다. 매일 같이 지구촌 곳곳에서 지진, 해일, 화산 폭발, 열사, 홍수 등으로 수천 명, 수만 명이 하루 아침에 참사를 당하는 일이 벌어지고 있다. 그것은 단순히 지금에 있었던 일은 아니고 먼 옛날부터 지속되고 있는 일이다. 어느 바다 속에서 그런 현상이 일어날지에 대해 답을 주고 있는 사람은 없다.

일본은 선진국이다. 그런데 사건이 터진다는 사실을 예측한 학자는 아무도 없었다. 그리고 엄청난 재앙이 몰려오자 그들도 우왕좌왕 했을 뿐이다. 그 상처는 지금도 지속되고 있다. 자연재해 뿐아니고 금융시장도 그렇다. 앞서 말했듯이, 지구촌 사회는 종전처럼 국가별로 위기가 닥치면 그 나라만의 문제로 그치는 것이 아니고 바로 세계 모든 나라에 영향을 주는 시대가 되고 있다는 것이다. 다른 지방에 문제가 생기면 우리 제주도로 오는 관광객이 급감하고 그렇게 되면 제주경제는 크게 흔들릴 수 밖에 없다. 단순히 다른 지역 문제일 수가 없다는 것이다.

지금도 세계는 하루가 다르게 결속되고 있다. 정보통신 혁명이 가속화 되면 될수록 세계가 하루 생활권으로 통합될 것이다. 이렇게 되면 내 것 만이 존재할 수는 없다. 국가와 인종, 시간과 공간 개념이 약화되는 세계는 변화의 속도를 따라가는 치열한 노력이 있어야만 한다. 그러면서도 희소해지는 천연적 가치나 진정성 등이 핵심으로 부각되는 시대가 될 수 있다고 본다.

일반화 되었던 상품들 보다는 세계인들은 색다르고 숨겨져 있던 다양한 상품들에 열광할 것이다. 따라서 세계에서 벌어지는 미래의 모습을 찾아보면서 우리의 정체성을 핵심으로 한 우리만의 아름다움이 무엇이고 지켜나갈 것이 무엇인가에 대하여 주목해야 한다.

일반적으로 공통성이 있는 상품, 정보통신기능, 교통기능, 화폐기능 등을 제외한 문화적 컬러가 있을 때 세계 속에서 자신의 위치를 바라볼 수 있을 것이다. 그래서 유네스코에서 무형문화유산, 유형문화유산, 자연유산을 등재하고 함께 지키자는 캠페인을 하고 있는 것이다. 따라서 우리에게는 소중한 공동체적 문화유산에 대한 관심도 더욱 필요한 시점이다.

"미래의 환경과 비전을 바라보는 이해를 높이기 위해 두 권의 책을 인용했다."

● 2013년의 전반적 전망 (김난도 교수의 트랜드 코리아에서 발췌)

늘 새해에는 우리의 삶이 전년보다 한층 윤택해지기를, 우리 사회에 보다 긍정적인 변화가 도래하기를 기원하게 된다. 이러한 희망과 기대는 장기화돼가는 경제 침제와 수많은 위기 상황 속에서도 한국 사회를 든든하게 지탱해 주는 힘으로 작용한다.

안타깝게도 현재 보이는 2013년의 객관적 지표들은 이러한 희망적인 소망과는 다소 거리가 있는 것 같다. 선거 직후 정부의 확장적 통화정책에 힘입어 경기지표가 순항 곡선을 그릴 수도 있겠지만, 대선을 치르는 동안 지연됐던 위기가 대선 후에 경기 악화를 초래할 가능성도 염두에 두어야 한다.

급속한 속도로 진전되고 있는 IT업계의 변화는 사람들에게 편의를 제공하기도 하지만 반대급부로 정보 보안에 대한 불안감도 그만큼 커져가고 있다. 각종 생활 스포츠가 인기를 얻고 참여형 여가가 증가하면서 놀 거리가 풍부해지겠지만 동시에 모든 것을 불사르고 하는 무모함도 우려되는 바이다. 한마디로 2013년은 희망과 불안이 공존하는 양가적인 해가 될 것으로 보인다. 2013년 트렌드 키워드를 본격적으로 살펴보기에 앞서 2013년의 대내외적 경제상황, 정책방향, IT 기술변화, 사회 문화적 동향을 전반적으로 조망해보고자 한다.

▶ 2013년 경제 전망

2013년 역시 경제가 그리 낙관적일 수 없다. 유럽과 미국의 불안요소가 해소되지 않은 상황에서 중국을 비롯한 경제 신흥국의 성장 속도가 점차 둔화돼 전 세계의 전반적인 경제 성장률은 3% 초반 대에 머물 것으로 보인다. 또 정세 불안으로 유가가 급등하고, 국가간 교역량도 둔화될 전망이다. 잦은 자연재해로 농산물 가격이 폭등하면서 국제 물가가 휘청거리고, 이로 인해 스태그플레이션이 발생할 가능성도 조심스레 제기된다.

경제 불황이 장기화되면서 해외의존도가 높은 한국 경제의 미래도 다소 어두울 전망이다. 수출의 더딘 회복세에 더해, 2012년 대선을 치르는 동안 지연된 위기와 강제적 경제 부양의 결과가 대선 후 전반적인 경제지표의 악화로 이어질 가능성이 크다. 기업들의 위축된 투자심리가 다시 회복되는 데에는 상당한 시간이 걸릴 것으로 보이며, 소비 측면에서도 주택시장 부진에 따른 가계부채의 부담이 가중되면서 민간 소비 증가율이 크게 개선되기는 어려울 전망이다.

2012년 경기 부진은 2013년에도 지속되면서 국제 투자기관들과 국내 연구소는 2013년 우리나라가 3%대 초반의 저성장세에 머물 것으로 예상하고 있다. 2013년의 성장률 전망치도 계속해서 수정되고 있는 상황이다. 지난 10월, 국제통화기금은 한국의 경제성장률을 4.0%에서 3.5%로 낮췄고, 한국개발연구원은 4.1%에서 3.4%로, 일본계 투자은행 노무라는 4.0%에서 3.0%로 하향 조정했다. LG경제연구원은 2013년 성장률을 3.3%로 전망했으나 연중 수정될 가능성이 크다.

2013년 국내 경제에 대한 부정적인 전망이 난무하는 가운데, 하나의 긍정적인 기대는 새로운 정부의 출범과 함께 국내 경제 상황이 지금보다는 나아질 수 있다는 '희망'에서 찾을 수 있다. 2013년 국내 경제의 성장세가 둔화될 것으로 예상되면서, 정부가 내놓은 2013년 경제정책은 적극적인 내수경기 부양과 해외 수출 확대에 초점을 맞추고 있다.

특히 2013년 국가 정책의 큰 방향으로, 내수 진작 차원에서 사회간접자본 투자 확대, 서비스산업 육성, 지역경제 활성화, 해외에서 다시 국내로 돌아오는 유턴U-turn 기업 지원 강화 등의 대책이 제안됨에 따라, 국내 건설투자와 설비투자가 소폭이나마 회복할 가능성이 점쳐진다.

또 실업률에서도 2012년 미약하게나마 나타났던 긍정적 신호가 2013년에도 이어질 전망이며, 경상수지 흑자 추세와 외국인 투자자금의 적극적 유입에 힘입어 원화가치도 지속적으로 상승할 것으로 보인다. 소비심리 개선을 위해 가계부채에 대한 국가의 적극적인 조정이 이루어지면서 주택경기 활성화 대책도 한층 힘을 받을 것으로 예측된다.

▶ 2013년 나라 살림

국회에 제출한 2013년의 예산안을 살펴보면, 2013년 정부 정책은 ①일자리 창출과 투자유인을 통한 경제 활성화, ②사회안전망 확충을 통한 민생 안정지원, ③재무건전성 확보를 위한 체질강화와 균형재정 기조 유지에 중점이 맞춰져 있음을 알 수 있다. 이를 위해 2013년 정부 예산은 경제회복을 위한 '활력 예산', 일자리 · 복지 · 안전 등 서민생활 지원을 위한 '든든 예산', 미래 성장 동력을 확충하고 경제 체질을 개선하기 위한 '튼튼 예산', 재정 군살을 뺀 '알뜰 예산'으로 편성됐다.

내수 경제 활성화를 위한 정부 정책은 '국내 및 해외의 신규투자 활성화'와 '지역경제 부양'에 초점을 두고 있다. 중소기업 정책금융을 8조 5,000억원으로 확대하고, 기업의 설비투자를 지원하는 펀드의 공급규모도 6,000억원에서 1조 2,000억원으로 증액할 예정이다. 외국인 투자지역을 12개 이상 신규 지정하는 등 해외 투자 유치를 위한 기반을 조성하는 데에도 약 1,600억원을 지원할 계획이다.

해외로 진출하는 기업을 대상으로 한 수출자금 지원이나 무역보험의 규모도 확대되고, 수출마케팅 지원이나 지식재산권 분쟁 상담 등 지식 차원의 지원도 신설될 예정이다. 지역경제 부양책도 내수 경제 활성화를 위한 중요한 전략 정책이다. 경제자유구역, 산업단지 진입도로 등 지역산업 기반 구축에 1조 2,000억원이 지원되고, 사회간접자본 투자 지원금은 기존 23조 1,000억원에서 23조 9,000억원으로 증액된다. 현 정부가 추진한 광역경제권 인프라 확충사업인 30대 선도 프로젝트 예산도 3조 8,000억원에서 4조 7,000억원으로 늘어난다.

서민생활을 지원하고 민생을 안정시키기 위해 '맞춤형 복지'와 '일자리 창출'도 강조될 전망이다. 재정 지원을 통해 직접적으로 일자리를 창출하고 저임금 근로자를 지원하는 정책의 규모도 확대 편성되었다.

학생들을 대상으로 한 국가장학금제도 예산안 역시 2조 5,000억원에서 2조 6,700억원으로 늘어났다. 한편, 2012년 3월부터 시행된 0세~2세 유아에 대한 전면 무상보육정책이 재정 고갈로 약 7개월 만에 사실상 중단됨에 따라, 2013년에는 영유아 교육지원에 대한 규모나 방침에 약간의 변화가 예상된다.

복지부는 '2013년도 보육지원체계 개편방안'에서 2013년 3월 만 0세~2세의 자녀를 둔 소득상위 30%의 보육료 부담은 늘리는 한편, 소득하위 70%는 월 10~20만원의 양육 보조금을 지원하는 방안을 제안한 바 있다.

취약한 경제 구조의 체질을 바꾸고, 지속가능한 성장기반을 구축하기 위한 정부의 의지도 엿보인다. 정부는 신성장동력 연구개발에 3조 5,000억원, R&D기술 사업화에 2조, 3000억원을 각각 지원하며, 녹색성장 투자에 21조 3,000억원을 각각 지원할 예정이다. K-팝 전용 공연장 신설 등 한류 확산을 위한 노력과 제약산업의 글로벌 경쟁력 강화를 위한 국제

제약기업 인수합병 펀드 조성안도 주목할 만하다. 국제 연구역량 강화를 위한 투자를 강조하는 한편, 취약부문의 체질을 강화하기 위한 섬유 · 디자인 · 금형 등의 뿌리 산업 지원책, 자유무역협정 보완책에 대한 지원 규모도 소폭 확대될 전망이다.

▶ 2013년 정치와 국제 정세

2013년 2월, 17대 대통령의 임기가 종료되고 18대 대통령이 취임한다. 새로 취임하는 대통령은 장기화 되어가는 세계적 경제 불황 속에서 한국 경제를 부양해야 하는 동시에, 교육개혁, 민생안정 등과 같은 국민들의 기본적인 요구도 충족시켜야 한다. 외교적으로 남북한 문제가 여전히 풀어야 할 과제로 남아 있고, 국제관계에서도 능동적인 리더쉽을 발휘해줄 것이 요구된다. 어떤 색채의 정권이 국가를 이끌어갈지에 관계없이, 무엇 하나 소홀히 할 수 없는 과제들이 산적해 있다.

국제정세도 불안하다. 2013년은 미국, 중국 등 여러 국가의 정부가 새로 출범하는 해다. 2012년 11월 대선을 치른 미국은 여전히 불확실성에 시달리고 있다. 미국의 재정 감축이 채택될지 여부가 아직 미지수인 가운데, 미 의회 예산국은 미국의 재정 감축이 일시에 시행될 경우 2013년 상반기 미국의 경제성장률이 마이너스로 급락할 것으로 전망하고 있다.

또 대선 이후에 발생할 정책 기조의 변화 가능성도 불안 요소의 하나다. 하지만 한 가지 분명한 것은 미국이 자국의 무역적자를 해소하기 위해 신흥국들에 대한 전반적인 무역장벽을 강화할 것이라는 점이다.

2013년 중국 역시 새 정부가 정식 출범한다. 차기 정권의 성격이 다른 국가에 비해 비교적 분명한 중국의 정책은 높아진 국제 위상에 걸맞게 자국민의 생활수준을 향상시키는데 초점을 맞출 것이다. 이미 중국 정부는 내수 성장과 소비부양을 통한 성장 · 분배 위주의 정책 기조를 발표한 바 있다.

이와 같은 국제 정세의 변화 속에서 국제간 공조를 긴밀하게 유지하기 위한 우리 정부의 노력은 더욱 치열해질 것이다. 일례로 2012년 10월 19일 한국은 유엔 안전보장이사회의 2013~14년도 비상임 이사국으로 선출됐다. 이는 1996~97년 임기의 비상임 이사국 선출에 이은 두 번째 유엔 안보리 진출이다. 2013년 부터 한국은 15개국으로 구성된 안보리의 일원으로 국제 평화와 안보 유지를 위한 활동에 주도적으로 참여하게 되며, 이는 향후 한반도 정세의 안정적 관리 측면에도 긍정적으로 작용할 것이다.

▶ 2013년 IT · 기술 전망

2013년 IT업계의 전반적인 발전 방향은 2012년의 흐름을 계승하되, 그 변화의 속도가 한층 더 가속화될 것이다. 정보통신산업진흥원이 발표한 〈2013년 IT 10대 이슈〉와 삼성 SDS의 〈2013년 9대 IT 메가트랜드〉, 글로벌 시장조사기관 가드너의 〈2013년 10대 전략기술〉 내용을 살펴 봄으로써, 2013년 소비자의 구매환경에 영향을 미칠 주요한 IT 기술의 발전방향을 예측해볼 수 있다.

IT 기술에서 가장 두드러질 추세는 역시 '모바일화'다. PC를 통한 인터넷 접속 대신 모바일 기기를 사용한 접속이 일상화되면서, 기업들이 소비자들에게 제품을 판매하고 커뮤니케이션 하는 많은 부분이 모바일로 옮겨갈 것이다. 이러한 과정에서 소비자를 위한 스마트폰형 응용프로그램앱 개발이 필수화될 뿐만 아니라, 나아가 사내 직원을 위한 앱을 개발하는 등 기업 앱스토어 시장 규모도 확대될 전망이다.

정부 역시 '2013년도 정부 부처별 정보화사업 계획'에서 'IT를 활용한 경제 · 사회 · 국민생활 분야의 대국민 서비스 지원 강화'를 운영 목표로 삼아 모바일 정부의 가속화를 예고했다. 소비자 · 기업 · 정부의 모바일화가 가속화돼는 가운데, 윈도우 8 운영체제가 발표되면 iOS, 안드로이드, 윈도우8 간의 모바일 운영체제 경쟁도 심화될 것으로 예상된다.

기기 간 통합과 스마트화가 확산되면서 '연결'과 '개방'도 2013년의 주요 변화방향이 될 것이다. 스마트 TV, 스마트 셋

톱박스, 스마트 카메라 등 다양한 전자제품 영역에 스마트 기능이 추가돼 소프트웨어와 하드웨어가 결합되는가 하면, LTE와 근거리 무선통신이 확산되면서 사물 간 연결을 강조하는 사물 인터넷도 발전할 것으로 보여, '연결' 기술이 그 어느 때보다도 강조될 전망이다. 기기 간 연결이 중요해질수록 정보를 하나의 기기에 저장하지 않고 퍼스널 클라우드에 저장하는 클라우드에 기반을 둔 개방형 웹서비스 움직임도 한층 더 탄력을 받을 것이다.

마지막으로 온라인을 떠다니는 다양한 소셜 데이터를 정보로 가공·분석하는 '전략적 빅 데이터 가공'이 주요 쟁점으로 거론될 것이다. 단순히 온라인상에서 오고가는 잡다한 정보를 수집하고 축적하는 것이 아니라, 이를 가공하고 분석해서 기업이 실제 사용할 수 있는 전략으로 재생산해낸다는 데 2013년 기술변화의 차별점이 있다. 또한 이러한 소셜 정보를 빅 데이터로 가공하는 과정에서 소비자들이 느끼게 될 지능형 지속위협과 같은 신종 보안 위협은 빅 데이터 분석 기술이 넘어야 할 중요한 과제가 될 것이다.

▶ 2013년 사회 문화

사회 문화적으로 2013년은 다소 조용한 한 해가 될 전망이다. 공교롭게도 세계 3대 축제인 월드컵·올림픽·엑스포가 모두 비껴간 해이기 때문이다. 이처럼 굵직한 국제 행사가 없는 해일수록 오히려 소규모 문화행사가 틈새시장에서 더욱 큰 파장을 일으킬 가능성이 높다. 큰 행사에 가려 보이지 않던 디테일한 노력이 오히려 빛을 발할 수 있기 때문이다.

대규모 국제 행사는 없지만 특정 주제를 중심으로 한 세계대회는 다양하게 준비되고 있다. 가장 먼저 개최되는 행사는 2013년 1월 29일 부터 2월 5일까지 열리는 '평창 동계 스페셜 올림픽 세계대회'다. 발달 지체 장애인 올림픽인 이 행사는 동 · 하계대회로 나눠 4년에 한 번씩 개최되는데, 올림픽, 패럴림픽장애인 올림픽과 더불어 국제올림픽위원회에서 인정하는 3대 올림픽 중 하나다.

2013년 8월 30일 부터 10일간 개최되는 '2013년 천안 국제 웰빙식품 엑스포'는 2009년 이미 한차례 성공적으로 개최됐던 행사로, 전시 · 국제학술 · 국제교육 · 이벤트 · 체험 등을 통해 웰빙식품을 소개하고 자연의 맛을 체험해볼 수 있는 기회를 제공할 예정이다. 2013년 9월로 예정된 경기도 남양주시의 '2013년 슬로푸드 국제대회'도 색다른 체험의 기회를 제공할 것으로 보인다. 이 대회는 아시아 · 오세아니아 지역에서 열리는 슬로푸드 국제대회로, 향후 이탈리아 살로네델 구스토, 프랑스 유로구스토와 함께 슬로푸드를 대표하는 국제 행사로 자리매김할 전망이다.

2013년 4월 20일 부터 10월 20일까지 6개월 동안 진행되는 2013 순천만 국제정원박람회는 '지구에서 가장 온전하게 보존된 세계 5대 연안습지'중 하나로 국제기구의 승인을 받은 순천만에서 열리는 박람회라 더욱 기대를 모으고 있다. 아름다운 생태환경을 체험할 수 있는 색다른 기회가 되어 국내외 많은 관광객의 눈길을 끌 것으로 보인다.

대중문화 영역에서는 2013년 1월 1일 디지털 방송시대가 본격적으로 개막됨에 따라 지형변화가 예상된다. 디지털 방송은 아날로그 방송과 달리 방송 편성표와 프로그램 정보, 재해 관련 속보, 문자 뉴스와 같은 각종 부가정보를 프로그램과 동시에 송출할 수 있다. 즉, 지능형 방송에 한 발 더 다가서는 것이다.

또한 영국을 비롯한 유럽과 일본 등 이미 방송의 디지털화가 완료된 국가를 상대로 다양한 프로그램 수출이 가능해져 방송제작 시장이 활기를 띌 것으로 보인다. 특히 K팝 가수가 출연하거나 K팝이 배경음악으로 쓰인 드라마는, 지상파 간접광고 허용에 따른 자체제작 활성화와 지상파의 종일방송 체제 등의 변화에 힘입어 향후 방송 산업 전체에 영향을 미치는 빅 콘텐츠로 부상할 전망이다.

글로벌 음악시장의 성장과 함께 국내 대중가요의 성장세도 두드러질 것으로 보인다. 콘서트 시장이 전체 음악시장의 52.5%를 차지하는 글로벌 음악시장과 달리, 국내 음악시장은 디지털 음원시장의 규모가 콘서트 시장을 약간 상회한다. 2013년에도 이러한 경향이 지속되어 음원 시장이 꾸준히 성장할 것으로 보이며, 향후 소비자 참여형 여가가 증가하는 트렌드에 편승해 국내 콘서트 시장 역시 글로벌 시장 규모 못지않게 성장할 것으로 전망된다.

역대 첫 700만 관중을 돌파한 프로야구 시장도 2013년 뜨겁게 달아오를 태세를 갖췄다. 특히 국내 아홉 번째 프로야구팀 NC 다이노스가 2013년 1군 리그에 진출하며 팀 간 대결 구도와 순위 싸움이 더욱 치열해질 전망이다.

야구 뿐만 아니라, 피겨와 체조도 '갈라쇼'를 통해 일반 대중들 사이에서 인지도를 높여 가고 있으며 BMXbicycle motocross와 같은 이색 스포츠를 즐기는 사람들도 점차 늘어나고 있다. 이와 같은 프로 스포츠의 인기에 힘입어, 사회인 야구 · 축구 · 마라톤 등 일반인이 참여하는 각종 아마추어 활동도 2013년 황금기를 맞이할 전망이다.

▶ 불안과 불확실성 속에서 희망을 기대하며

거시적 환경 변화는 소비자의 마음과 행동이 변화하는 가장 근본적인 원인으로 작용하지만, 때로는 전혀 예상하지 못했던 사소한 변수가 보편적인 고정관념 속의 예상과 추측을 빗나가게도 한다. 과연 세계 경제의 불안한 기운이 2013년 대한민국을 휘감을 것인지, 아니면 한국인 특유의 긍정성과 근면함으로 2013년 불확실성을 헤쳐 나갈 것인지 아직은 알 수 없다. 하지만 분명한 것은 한국 소비자들은 2013년의 무거운 분위기 속에서도 활력의 에너지를 발산할 것이라는 사실이다. 2013년, 정부 · 기업 · 소비자 모두의 분발이 기대된다.

▶ 2050년의 비전 Daniel Franklin의 메가체인지 2050 발췌

먼저, 저자들마다 약간의 차이는 있지만 모두들 미래를 예측하기 위해 과거를 돌이켜 보는 접근 방식을 취하고 있다. 이것은 변화의 성격과 규모를 명확하게 이해하고 변화를 이끌어 내는 모멘텀을 이해하는 데도 도움을 준다.

그러나 이런 방법은 난관에 부딪칠 수도 있다. 따라서 저자들의 공통적인 사고 과정은 단순히 과거에서 미래를 추정하려는 것에서 벗어나 경향성을 방해하는 요인을 고찰하는 것을 포함한다. 환경의 지속적인 파괴가 확실해 보임에도 매트 리들리Matt Ridley는 광범위한 생태 복원이 일어날 시기를 기대한다. 반면 올리버 모른Oliver Morton은 위험관리 방식으로 기후 변화에 대처하는 대안을 통해 근본적인 변화가 일어날 가능성을 타진한다.

근래 종교의 번영에도 불구하고, 앤서니 고트리브Anthony Gottlieb는 결국 개발도상국에서 종교의 영향력은 약해질 것이라고 주장한다. 샬롯 하워드Charlotte Howard는 유전학과 의료 서비스 제공 방법의 개선이 질병의 역학을 바꿀 것으로 예상한다. 바바라 벡Barbara Beck이 말했듯이 사회를 변화시키는 힘은 신흥 개발도상국에서의 급격한 변화, 교육과 여성의 기회 확대에서 부터 시작되어 더욱 커질 것이다. 에드워드 루카스Edward Lucas는 향후 40년 동안, 독재 국가의 민주주의가 발전하는 반면, 자유 국가에서는 오히려 퇴보할 것으로 예상한다.

경제 영역을 예측한 재니 민튼 베도스Zanny Minton Beddos는 선진국에서 나타는 극심한 빈부 격차가 앞으로 수십 년 동안 역행할 가능성이 있음을 보여준다. 폴 월리스Paul wallace는 현재 추세대로라면 미국은 증가하는 의료 비용과 연금 비용 때문에 개혁을 단행할 수밖에 없을 것으로 본다. 중국의 놀라운 성장률은 당연하게 여겨지지만, 사이먼 콕스Simon Cox는 2050년에는 그 연간 성장률이 2.5%로 떨어질 것으로 말한다.

일반적으로 아시아의 약진, 특히 중국의 부상은 이 책을 관통하는 주제 중 하나다. 아시아로 흐름이 옮겨가고 있으며, 이는 과거가 다시 되풀이 되는 것과 같다. 라자 케킥Laza Kekic에 따르면 2050년까지는, 아시아가 세계 경제의 절반 이상을 차지하게 될 것이다. 이것은 환경에서 군사력과 글로벌 경제의 무게 중심의 균형에 이르기까지 모든 영역에 영향을 미친다.

그러나 중국이 2050년까지 모든 것을 지배하게 될 것이라 생각하는 것은 오산이다. 로버트 레인 그린Robert Lane Greene은 문화에 대한 그의 글에서 중국어가 영어를 대신하여 세계 공용어가 되는 일은 일어나지 않을 것이라고 예측한다. 제프리 카Geoffrey Carr 또한 중국 과학자들이 세계를 이끌 것이라고는 생각하지 않는다. 적어도 자유로운 지적 활동이 가능한 환경이 조성될 만큼 중국의 정치 체제가 변화될 때까지는 말이다.

미래 예측 기관에서 제시하는 암울한 미래에 대한 예상과 달리 저자들은 진보가 계속될 것이라고 본다. 저자들이 장밋빛 안경을 통해 미래를 바라보기 때문이 아니다. 오히려 그 반대이다. 그들은 2050년 까지 90억 명으로 증가할 인류가 기후 변화를 관리하더라도 마실 물과 같은 제한된 자원에 대한 영역에서 엄청난 갈등에 직면할 거라고 예견한다.

매튜 사이먼즈Matthew Symonds는 그의 글에서 다양한 안보 위협에 대응하는 것에 대해 논의한다. 그러나 대부분의 예측들은 낙관적이다. 적어도 적절한 정책이 있다면 대부분의 영역에서 진보가 가능하다는 확신이 있다. 다시 말하자면, 2050년에는 사람들이 더 부유해지고, 더 건강하며, 더 연결되어 있고, 더 지속적이며, 더 생산성이 높고, 더 혁신적이고, 더 많은 교육을 받게 될 것이다. 반면 빈부의 격차나 남녀 차별은 더 완화되고, 수십억의 사람들에게 더 많은 기회가 제공될 것이다. 현재 인구의 절반이 도시에 살고 있지만, 2050년에는 인구의 70%가 도시에 살게 될 것이 확실하다.

세계 인구의 노령화가 진행되어 인류의 중간 나이는 지금의 29세에서 38세로 증가할 것이며, 지구상에서 증가할 23억 명의 인구 중 절반은 아프리카에서 거주할 것이다. 이러한 대부분의 변화는 뒤틀리는 듯한 대변동과 함께 올 것이다. 하지만 에이드리언 울드리지Adrian Wooldridge가 비즈니스의 미래를 숙고하면서 말했듯이 "창조적 파괴의 폭풍은 더 좋은 곳으로 우리를 인도하고 있다."

어떤 기술은 아직 상상도 할 수 없고 어떤 것들은 막 눈에 보이기 시작했지만, 신기술이 우리에게 도움이 될 것임은 틀림없다. 제조업은 '추가적'인 기술 개발을 통해 혁신되거나 3D 제작 시스템을 통해 스스로 자동차 부품을 생산하는 것이 가능해질 수도 있다. 의료 분야의 기적은 유전자에 직접 작용하는 약이나 냉장 보관이 필요 없는 백신, 또는 새로운 세포를 자라게 할 줄기세포를 통해 일어날 것이다.

생물학과 로봇 공학이 결합하여 마비된 다리를 회복하는 것이 가능해질 수도 있다. 실제와 가상 세계 간의 경계가 무너지면서 전세계에서 옥스퍼드나 케임브리지, 하버드의 사이버 대학에 접속할 수 있게 됨으로써 누구나 원하는 강좌를 들을 수 있다. SF소설에서 나온 이야기들도 2050년에는 현실이 될 수 있다. 멸종된 종을 부활시킬 수 있을 가능성이 크고, 팀 크로스가 말한 것처럼 외계 생명체의 발견 또한 꽤 가능성이 높은 일이다.

지금 언급한 것들은 기대해봄직한 가능성의 일부이다. 이 글들이 공통으로 지적하는 또 다른 사실이 있다. 이 책에는 종종 많은 이들이 깜짝 놀랄 만한 미래에 대한 통념과는 다른 생각들과 데이터로 넘쳐난다. 2050년 까지 프랑스의 인구는 독일보다 증가할 것이며 중국의 평균 연령은 미국이나 유럽보다 높아질 것이다. 또한, 증가세를 보이는 중동의 이슬람교도들은 인구 배당효과의 경제적 이점을 누리게 될 것이다. 4억 명의 인구를 지닌 나이지리아는 미국인을 숫자에서 능가할 것이고, 나이지리아는 지금의 브릭스BRICs, 브라질,러시아,인도,중국와 견줄만한 큰 신흥 시장 중 하나가 될 것이다.

전략적 차원에서 보자면, NATO는 2050년까지 국방연합으로 인해 해체될 것이며 무인 항공기가 유인 항공기의 임무 대부분을 대체할 것이다. 생물학은 나노사이언스와 정보 과학과의 협력을 통해 여러 과학 분야 중에서 가장 유망한 분야가 될 것이다. 세계는 필립 코건Philip Coggan이 설명한 시장 사이클을 하나 이상 목격할 것이다. 개인들이 유전자 지도를 갖는 것은 오늘날 혈액 검사를 하는 것만큼 일반적인 일이 될 수 있다.

전자 번역의 발전으로 외국어를 배우는 것은 지금의 서예만큼이나 쓸모없는 일이 될 것이다. 마틴 자일스Martin Giles는 사람들이 소셜 네트워크에 지속적으로 연결한 결과, 개인의 지성이 집단 지성에 의해 정기적으로 보완될 것이라 말한다. 사실, 케네스 쿠키어Kenneth Cukier는 모든 것에 칩이 들어있는 유비쿼터스 컴퓨팅이 앞으로 40년 간 사람들의 생활에 가장 큰 변화를 가져올 것이라고 본다. 거리를 무의미하게 만드는 통신이 있는 세상에서 어디에 있는지가 여전히 문제가 될까? 하지만 루드비히 지젤Ludwig Siegele은 생각 이상으로 장소의 중요성이 지속되리라고 말한다.

미래를 우울하게 전망할 이유는 없다. 앞으로 닥칠 많은 위험을 극복하고 메가체인지에 잘 적응한다면 2050년 세계가 그렇게 나쁜 것만은 아닐 것이다. 여러분이 확신을 가질 수 없다면, 예측과 진보에 대해 말하고 있는 마지막 장을 눈여겨 보라. 당신의 미래를 바꾸지는 못하더라도 당신의 생각을 변화시키기에 충분할 것이다.

●●● 2008 ASEM 재무장관회의가 제주에서 개최됐다. (2008.6.16)

10. 희망과 행복을 위한 생각들

로버트 프로스트의 '두 갈래 길'이란 시를 생각해 본다.

노란 숲 길에 두 갈래 길이 있었답니다.
나는 두 길을 다가지 못하는 것을
안타깝게 생각하면서
오랫동안 서서
한 길이 굽어 꺾어진 곳까지
바라다 볼 수 있는 곳까지
멀리 바라다 보았습니다.
그리고 똑같이 아름다운 다른 길을 택했습니다.
그 길에는 풀이 더 있고
사람이 걸은 자취가 있어
아마 더 걸어야 될 길이라고
나는 생각했던 것이지요
그 길을 걸음으로써
그 길도 거의 같아질 것이지만
그날 두 길에는 낙엽을 밟는 자취는 없었습니다.

아!
나는 다음 날을 위하여 한 길을 남겨 두었습니다.
길은 길에 연하여 끝없으므로
내가 다시 돌아올 것을 다짐하면서
훗날에 나는 어디선가
한 숨을 쉬며 이야기 할 것입니다.
숲 속에 두 갈래 길이 있었다고
나는
사람이 적게 간 길을 택했다고…
그리고 그것 때문에 모든 것이 달라졌다고…

세상을 살아오면서 어떻게 이 시처럼 우리네 인생에 꼭 들어맞는 시가 있는가 하는 생각을 한다. 어느 순간에도 선택을 하지 않으면 안 되는 삶을 살아온 것이다. 눈으로 훤히 보이는 길을 선택할 것인가 아니면 불확실한 처음 가는 길을 선택할 것인가 하는 선택의 딜레마에 앞서 한평생을 고민하며 지내는 것이다. 어느 쪽을 선택했을 때 보다 더 희망을 안겨주는 선택이 될 수 있을지는 아무도 모른다.

그러나 대부분 사람들은 남들이 밟아 두었던 길, 남들이 가고 있는 길을 함께 가는 쪽으로 선택하는 경우가 많다. 왜냐하면 많은 사람들이 가고 있는 길은 새로움에 대한 위험 부담이 적기 때문이다. 필사의 도전정신이 없어도 되기 때문이다. 한 인생에 있어서도 이와 같은 틀 속에서 삶을 살고 있다. 나는 어린 시절 군수가 되는 꿈을 꾸었고 그 길을 위해 혼신의 힘을 다 했기에 결국 이루어 냈다. 그 시절에는 그것이 절대적인 이상이었다. 그래서 그 길을 가기 시작했던 것이다. 그 후 그 길은 끝이 없이 이어졌고, 다시 돌아가서 다른 길을 갈 수는 없었다. 이제 돌이켜보면 그것은 그냥 길이었을 뿐이었고 그 선택으로 인해 주어진 나의 삶이 내가 살아야 할 가치가 아니었는가 하는 생각을 하게 된다. 내게 주어진 그 자리에서 무엇을 해야 할 것인가가 더 중요한 가치였던 것이다.

그 후에 시장, 도지사직을 거치면서 과연 이 공동체에서 살고 있는 그 많은 사람들에게 어떻게 희망과 꿈이 있는 삶, 행복해지는 삶을 안겨 드릴 수 있는가 하는 끊임없는 고민의 세월을 보냈다. 지도자로서 내게 쥐어진 방향키를 자칫 잘못 잡으면 많은 도민들과 제주의 희망이 사라져 버린다는 것을 가슴 깊이 알고 있었기에 식은땀 나는 절절한 고민을 할 수 밖에 없었다. 나의 잘못된 선택이 제주를 낭떠러지로 내몰 수 있음을 직시할 때마다 고독한 선택의 기로에서 고뇌하지 않을 수 없었다.

좋은 선택이라고 하더라도 그 길을 가다보면 온갖 어려움에 직면할 수밖에 없다. 좋은 길이라고 길만 있는 것이 아니라 강도 만나고, 산도 만나고, 가시숲길도 헤쳐 나가야 하기 때문이다. 하지만 결국 길을 가며 단순히 눈앞의 길 뿐 아니라 강도 보고 산도 보고 가시숲길도 거쳐보아야 세상의 아름다움에 감탄하게 되는 것은 세상의 이치였다.

공동체 구성원들은 앞이 보이지 않는 길을 바라보면서 왜 이런 길을 가야 하느냐고 아우성을 친다. 눈앞에 보이는 가시덤불에 대한 불평과 길 건너 보이는 산을 올라야 하는 힘든 여정, 깊은 강을 건너야 하는 위험성을 주장하면서 이제 중단해야 한다고 매일같이 야단을 친다.

그러나 나는 많은 사람들이 지나다닌 안전하고 평평한 길만을 간다면 처음 그 길을 찾아낸 사람들이 경험했던 어려움을 향한 도전과 그 끝에서 느꼈던 가슴 떨리는 뿌듯함을 느낄 수 없고 성취물을 얻을 수 없다는 것을 알기에 차마 그렇게 갈 수가 없는 것이다. 남들이 가지 않았던 길에 직면하여 새로운 길을 만들어 냄으로써 우리 만의 영역을 개척해 나가야 한다는 사명감으로 그렇게 힘든 길을 선택했던 것이다. 그리고 그렇게 만들어진 길이 우리에게 더 의미 있고 가치 있는 길임을 나는 너무도 절실하게 느낀다.

우리에게 특별자치도 제도는 생소한 길이다. 60년 동안 달려왔던 길을 버리고 힘들고 고난이 뻔히 보이는 이 길을 선택한 것은 모든 여건이 열악한 우리로서는 새로운 활로를 향해 도전할 수밖에 없는 길이라고 생각했다.

우리가 많은 시간과 노력을 들이고 헌신하며 특별자치도란 길을 만들어오니 세종특별자치시가 이를 뒤따르고 있다.

그 뿐만 아니다. 개별적인 발전수단은 우리가 하는 방법을 준용하는 지자체가 점차 확대되고 있다. 이제 우리는 숨 가쁘게 우리의 체질로 만들어야 한다. 더 이상 지체할만한 시간적 여유도 없다. 그리고 그 과정 속에서 창조적인 노력을 통해 발전 가능한 갖가지 수단을 찾아내야만 하는 것이다.

이순신 장군이 배 12척으로 왜군의 수 많은 배를 대파하며 백전백승할 수 있었던 지혜는 어디에 있었을까. 이는 그 시간에 울돌목에 물이 들고, 어느 장소에 자연적 지형이 어떻게 형성되어 있는지와 적군의 심리상태를 헤아릴 수 있었기에 그러한 전략전술이 성공할 수 있었을 것이다. 중국에 제갈공명이란 사람이 그 유명한 적변대전을 승리로 이끌 수 있었던 원인은 바로 그 시기에 동남풍이 분다는 사실을 관찰할 수 있었고 그러한 현상을 병법에 적용할 수 있었다는 것이다.

이러한 현명한 전략전술로 몇 배에 해당하는 적군을 물리칠 수 있었고 그런 승전 사례는 지금까지도 일컬어지고 있다. 위의 사례를 통한 교훈이 우리가 왜 이 시점에서 특별자치도란 제도가 완성되어야 하는지에 대한 대답이다. 현재의 시점에서 국내와 세계의 상황을 분석하여 이를 우리에게 유리한 방향으로 전환시킬 수 있는 힘이 특별자치도인 것이다.

그리고 우리 만의 몸에 맞는 조례를 제정해서 특별한 지방자치의 모형을 구축해야만 한다. 제도만 도입했다고 해서 가만히 있는 우리에게 특별한 인센티브가 주어질 것으로 착각해서는 결코 안 된다. 어느 날 가슴이 답답하고 목에 가시가 걸린 듯 느껴질 때가 있다. '우는 아이 젖 준다'는 말이 있다. 가만히 있으면 우리가 무엇이 필요한지 모른다. 예산을 달라, 인력을 달라 하는 것은 옛날 방식일 뿐이다.

이스라엘 사람들은 자녀 교육방식으로 고기를 낚는 방법만 알려주지 고기를 잡아다 주지는 않는다는 말이 있다. 아무리 귀여운 자식이라도 미래를 개척할 수 있는 방법에 눈을 뜨도록 해야지 미래를 갖다 주면 그 아이 만의 창조적인 미래는 더 이상 없으며 그 아이는 더 발전할 수 없는 것이다.

예산을 주면 쓸 줄은 안다. 그러나 그 세입원을 발굴하고 장기적으로 스스로 자립할 수 있는 길은 없다. 만일 우리 스스로 세원을 만들고 독립적으로 재정자립도가 울산이나 서울처럼 강해지면 당당하게 희망을 말할 수 있다.

그러나 만일 그러하지 못하고 중앙에 매달려 있으면 점차 투명하게 시스템적으로 재원을 배분하는 현실 속에서 얼마나 우리가 원하는 일들을 할 수 있을까. 점차 어려워 질 수밖에 없다. 전국적인 획일화 사업으로 배분되는 몫에 만족해야 한다. 우리는 인구도 재정도 전국 1% 수준에 머물고 있다. 국회의원도 3명이다. 유권자 수도 1% 수준에 머물고 있다. 특별한 자원도 없다. 제조업체도 없다. 미래에 먹고 살아야 할 먹을거리 개발이 필요한 것이다.

우리에게 내려주신 천혜의 아름다운 경관을 최대한 활용해야 한다. 중앙정부에 손 벌리는 삶에서 독립적인 생존권을 찾아내야 한다. 그런 방법은 누구보다도 우리가 더 잘 알고 있는 것이 아닌가. 세계경제는 국경이 무너지고 무한 경쟁사회로 진입했다. 지구촌이라는 하나의 공동체를 지향하면서 발전하고 있다. 국내외 도시들은 자기들만의 생존을 위해서 경쟁할 뿐 이웃 지자체의 어려움을 알아주지 않는다. 우리 제주를 자신들의 발전에 도구로 활용하려는 이들도 사방에서 호시탐탐 지켜보고 있다. 제주에서 특별한 일이 벌어지면 왜 제주만인가 하는 논의가 금방 이루어진다. 우리는 과연 무엇을 할 것인가. 어떻게 난관을 극복해야 할 것인가 함께 고민해야 한다.

나는 현직에 있을 때나 지금이나 이러한 문제를 놓고 심각한 고민을 해 본다. 그리고 모두가 했던 일이나 안전한 일을 특별하게 적용할 수가 없다. 강원도에서는 탄광촌을 살리기 위해 카지노를 도입했다. 도민들이 한 목소리가 되었기에 가능했던 것이다. 우리는 카지노를 도입한다는 아이디어를 제주발전 대책으로 내놓기만 해도 찬반으로 나뉘어 갈등하는 목소리가 더 드세니 가능성이 적어질 수밖에 없다. 도민의 공감대나 먼저 얻으라며 제주 발전의 방안을 함께 모색하지 않는다면 결국은 어떠한 제주발전 방안도 추진될 수 없다.

투자개방형 병원이나 카지노 제도가 잘못 운영되면 독이

될 수도 있다. 그러나 이것을 잘만 운영하면 인간적 가치를 훼손하지 않으면서 우리에게는 큰 성장 동력이 될 수도 있는 것을 분명히 말하고 싶다. 도민 모두가 한 마음이 되어 백방으로 노력해도 이루어진다고 확단할 수 없는 문제를 서로 반목하며 나누어져서 각자의 목소리를 내니 가능할 수가 없다.

최근 건설업계 경기가 50% 이상 하락하고 있다. 생각해 보면 지난 몇 년간 각종 아파트 건설 붐으로 건설 경기가 활성화 된 측면이 있었다. 육지 지방은 4대강 사업으로 건설 경기가 활성화 될 수밖에 없었다. 우리는 국책사업이 대규모로 추진할 수 있는 일거리가 없다. 그러니 신공항 건설 사업이 추진되어야 한다. 특별자치도 제도에서 우리가 할 수 있는 일들을 찾아 미래를 향해 끊임없이 도전해야 한다. 현실에 안주하며 도전하기를 기피한다면 우리에게 미래 희망은 없을 것이다.

첨단과학기술단지가 조성되었다. 여기에도 신기술 벤처, 신산업이 창출되어야 할 것이다. 이러한 선택의 길은 앞 사례에서 말하고 있듯이 남들이 다니지 않는 길일 수도 있다. 그러기에 험난한 길을 가야 하겠지만 어느 날 그 길을 잘 헤쳐 왔다고 자부심을 느낄 날이 올 것이다.

소통을 이야기 하는 사람들 중에는 자기 중심적으로 말하는 사람들이 있다. 내가 말하는 것을 전달할 때는 소통이라고 말하고, 다른 사람이 이야기하는 것은 일방적이라고 도외시 하는 것이다. 이 얼마나 우스운 일인가. 소통이란 쌍방향 소통을 대전제로 한다. 이 사람 이야기도 충분히 듣고, 내 이야기도 충분히 하면서 더 좋은 방법을 찾아내는 수단, 이것을 진정한 의미에서 소통이라고 할 수 있다. 맹자는 큰 일을 맡기기 위하여 하늘은 그 군자에게 시련을 이겨내도록 한다고 말했다.

제주특별자치도가 동북아의 거점 도시로 우뚝 서기 위해서는 많은 시련과 아픔을 이겨내야 한다. 부단한 도전과 응전의 역사를 생산적으로 반복해서 개척해 나가야만 하는 것이다. 많은 사업들에 있어서 당시에는 해서는 안 될 것처럼 많은 비난과 우려가 있었지만 지나고 보면 그러한 일들이 제주사회를 한 층 발전시키는 받침돌이 된 것이다. 제주도개발특별법이 그랬고 제주국제컨벤션센터가 그랬으며 삼다수가 그러했다. 제주국제자유도시가 그랬고 이제 제주특별자치도가 그럴 것이다.

가끔은 우리끼리 갈등하다 놓친 국책 사업들이 다른 지자체에서 성공하는 것을 보면서 아쉽기 그지없지만 그래도 이렇게 하나하나 영글어 가면서 발전의 길을 가고 있는 것이다. 나는 제주가 4면이 바다이면서 아쿠아리움 즉, 물고기 체험 관련 시설이 없음을 늘 안타깝게 여겨왔다. 그래서 일본이나 싱가포르 유럽 등에 갈 수 있는 기회가 있으면 꼭 현장을 방문해서 관찰하곤 했다. 그런 결과 민 · 관합작 사업으로 섭지코지에 '아쿠아플라리넷 제주'라는 시설을 건립할 수 있게 되었다.

이 사업을 추진하는 동안 관련 공무원들이며 많은 관계자들이 말 못할 고생을 감수했지만 그들에게서 온갖 의혹의 눈으로만 바라보는 현실에 가슴 아파했다는 말을 들으면서 씁쓸한 기분이 아닐 수 없었다.

우리는 무엇인가 안 된다는 벽을 의식해서 머뭇거리는 경우가 많다. 그게 아니면 내가 아닌 남에 대한 무조건적인 적대의식에서 나온 옳지 않은 경쟁 심리인 것인가.

이제부터라도 '할 수 있다'라는 긍정적인 자신감으로 도전의 기회를 더욱 많이 가져야 할 것이다. 이제 내가 걸어갈 수 있는 길이 있다면 그 길로의 헌신적인 도전을 통해 도민을 위한 삶으로 내 생애를 마무리해야 하겠다는 다짐을 하고 있다. 동남 아시아인들이 사람과 상품 · 금융할 것없이 제주를 거처 중국, 일본, 한국 본토로 진입하고 세계 사람들이 한 없이 평화롭게 즐길 수 있는 자랑스러운 우리 제주를 만들어야 한다는데 시선이 멈추고 있다.

싱가포르는 되는데 우리는 왜 안 되는가. 우리 만의 노력이 결실을 맺는다면 이러한 의문은 된다는 확신으로 바뀔 것이며 창조적 미래를 구현해 나가는 노력에 큰 동기 부여가 될 것이다.

길을 선도하는 지도자와 그 길을 함께 가주는 사람들이 있을 때 제주도는 발전을 거듭할 것임을 확신한다. 최소한 의식 있는 도민들이 하나의 목소리로 이 길을 선택하는 길에 동참하길 기원하면서 이 글을 맺는다.

●●● 제주특별자치도에 부여된 특별한 혜택인 내외국인 면세점이 제주컨벤션에 개점되다. (2009.3.30)

●●● 2010 시무식 (2010.1.4)

되돌아 본 삶의 여정

이 내용은 3년 전 제주특별자치도 지사를 퇴임하면서 나의 삶의 단면을 되돌아본 『제주사랑, 내 삶을 말하다』의 일부 내용을 인용한 것으로, 보는 시점이 다소 다를 수 있습니다.

● 일찍 겪은 객지생활이 '보약'

나는 1947년도에 초등학교에 입학했다. 어린 나이였지만 광복 직후의 혼란스러운 사회분위기를 느낄 수 있었다. 이듬해에 4·3사건이 일어났고, 2년 뒤에는 6·25가 터졌다. 얼마나 불안하고 어수선했던지, 지금도 초등학교 시절을 생각하면 가슴이 답답해 온다. 그 난리 통에 아버지를 잃었고, 어머니와 누나 둘, 그리고 나, 우리 네 식구는 가뜩이나 가난했던 살림 속에서 더욱 어려운 생활을 해야 했다.

하지만 그런 어려운 와중에서도 초등학교 6년 내내 단 하루도 결석을 하지 않고 학교에 다녔다. 학교에 가서 친구들을 만나고 함께 공부하는 시간이 유일한 낙이기도 했지만, 타고난 성실성 덕분이었던 것 같다.

초등학교를 졸업하고 둘째 큰아버지가 살고 있는 전라북

도 전주로 가서 중학교와 고등학교를 다녔다. 당시로서는 유학을 간 셈인데, 나로서는 태어나 처음으로 가족과 고향을 떠난 멀고 험한 길이었다. 그때 말로만 듣던 기차도 처음 타 보았는데, 어찌나 신기했던지 지금도 그 느낌이 생생하다.

객지생활은 외롭고 고단하기 짝이 없었다. 어머님과 고향에 대한 사무치는 그리움으로 밤잠을 설친 날이 하루 이틀이 아니었다. 그랬어도 도중에 포기하고 고향으로 가고 싶다는 생각은 해본 적이 없었다. '오로지 배움만이 살 길'이라고 굳게 믿고 있었고, 학업만 계속할 수 있다면 어떠한 어려움도 참고 이겨내야겠다는 굳은 각오로 외로움과 고단함을 극복할 수 있었다.

당시 내가 다녔던 학교에는 나처럼 다른 지방에서 온 학우들이 많았다. 객지생활에서 겪는 외로움을 공감대로 갖고 있어서였는지 유난히 친하게들 지냈다. 함께 공부하면서 저마다 알고 있는 지역정보와 지식들을 서로 교환하곤 했었는데, 나는 그때 세상이 참 넓고 다양하다는 걸 새롭게 배우고 피부로 느껴볼 수 있었다. 그때 만난 친구들과의 우정은 지금까지 유지되고 있다.

일찌감치 겪은 객지생활은 고생스럽긴 했지만 나를 일찍 철들게 하고 더욱 강하게 키워주었을 뿐만 아니라 우물 안 개구리의 눈을 벗어나게 해준 '보약'이 된 셈이다.

● 두 번의 좌절

고등학교 시절에는 수학이나 물리학 같은 이공계 계열을 선택해서 공부했다. 대학도 그런 쪽으로 희망했고, 이왕이면 우리나라에서 최고로 쳐주는 대학에 진학하고 싶어 열심히 공부했다. 그러나 뜻을 이룰 수 없어 난생 처음 '좌절'의 아픔을 맛보았다. 외아들이라는 상황과 어려운 가정형편으로 고등학교를 졸업하자 고향으로 돌아올 수밖에 없었던 것이다.

하지만 대학진학을 포기할 수는 없어서 제주대학교 법학과에 들어갔다. '물리학자'가 되겠다는 꿈을 '법조인'으로 바꾸고 그야말로 후회 없이 공부를 했다. 후회라고 한다면 그 당시 유행하던 다방이나 소주 집을 거의 구경을 하지 못해 '낭만적인 대학생 시절'을 누려보지 못한 것 뿐이다. 공부하느라고 놀러 다닐 시간이 없기도 했지만 찻값이며 소주값을 치를 용돈이 없었기도 했다.

여전히 가난했던 집안 형편은 내게 철저하게 절약과 검소로 똘똘 뭉친 생활을 하게 했다. 책 하나 사보기도 여의치 않았던 나는 학교 강의를 충실히 듣는 수 밖에 없었다. 덕분에 대학생활 동안에단 하루도 강의를 빼먹는 일이 없었으며 서브노트subnote를 철저히 했다. 내 노트는 친구들이 서로 빌려가고 싶어 했을 만큼 인기가 좋았다.

내 인생 두 번째의 좌절은 사법고시에 도전하면서 겪게 되었다. 1차 시험에 두 차례나 합격해 놓고도 어려운 가정형편으로 포기할 수밖에 없었던 것이다.

만약에 그 좌절을 극복하지 못하고 사법고시를 포기하면서 미래도 함께 포기했다면 지금의 내 인생은 어떻게 변했을까 종종 생각해 본다. 동시에 가정형편이 넉넉해서 아무 걱정 없이 공부를 해 사법고시에 합격하고 법조인의 길을 걸었더라면 지금의 나는 어떤 사람이 되어 있을까도 상상해 보곤 한다.

역사에 대한 정의를 흔히 '과거와의 대화'란 말로 함축시켜 표현하곤 한다. 과거가 '박제된 시간'으로 머물고 있는 게 아니라 현재와 미래를 규정짓는 '영속성'을 갖는다는 의미일 터이다. 개인사도 마찬가지다. 과거의 경험들은 오늘의 나를 있게 하기 위한 것이었고, 내일의 나를 내다보게 하는 것이 아닐 수 없다.

결국 내게 주어졌던 지난 날의 난관과 좌절은 오늘의 나를 만드는 원동력이 되었다. 그것들을 극복하면서 몸에 밴 인내심과 자신감, 성실함, 절약정신 등이 행정을 해나가는데 커다란 도움이 되고 있는 것이다.

● 말단 공무원으로 시작한 공직생활

법조인의 길을 포기한 나는 1964년 제주시청 재무과에 최말단지금의 9급 공무원으로 사회생활의 첫 발을 내디뎠다. 내가 처음 맡은 일은 가가호호 집을 방문하면서 세금을 받으러 다니는 것이었다. 당시로서는 고학력 수준인 대학 졸업생이 이렇게 세금이나 징수하러 다녀야 되나 하는 갈등이 일었다. 그러나 한편으로는 그 갈등과 번민이 나를 더욱 분발하게 하는 동기가 되었다. 공무원 내부에서도 소양고사를 통해 얼마든지 빠른 길을 달릴 수 있다는 걸 알고 그 길을 선택했던 것이다.

소양고사에서 우수한 성적을 얻고, 1967년 제주도 농무과로 발령됐다. 서무담당을 하면서 농무과 고유 업무인 지하수관정 업무와 농정업무를 터득해 갔다. 이어서 도 문화공보실로 발령을 받은 나는 비판사회의 인사들을 접촉하게 되는 경험을 쌓으면서 소양고사를 보아 내무부지금의 안전행정부로 발탁되었다.

내무부 첫 근무과인 주민과에서 대한민국 최초의 주민등록증 발급업무를 성공리에 완수했던 기억이 새롭다.

기획예산담당관실 근무시절에는 예산확보를 위해 국회로비에서 살다시피 했는데, 그때 국회의원들의 정부예산안 질문에 대한 답변 준비를 하면서 예산이 어떻게, 어떤 과정을 거쳐서 확보될 수 있는 것인가를 현장에서 직접 체험할 수 있었다.

말단공무원으로 시작해서 12년 만에 사무관이 되었다. 내무부 지방행정연수원을 거쳐, 내무부 본부의 민방위국 편성운영과에 근무하면서 우리나라 민방위 제도의 기틀을 다져놓은 일도 잊을 수 없다. 그 후 지방개발국에 근무하면서는 개발행정의 기법과 이론을 터득할 수 있었다.

● 스스로 만족할 때까지 열심히 일한다

1982년에 서기관이 되어 내무부 근무 10여년 만에 고향으로 왔다. 제주도 기획관으로 발령 받았는데 이 때 제주도 역사상 최초의 전국 규모 대회인 전국소년체육대회를 총괄 기획 조정하는 책임을 맡게 되었다. 당시 소년체전을 종합 진행하는 과정에서 수영장, 야구장, 애향운동장, 정구장 등 새로운 체육시설들을 대폭 늘려 오늘 날의 종합경기장을 탄생시켰다.

관광개발국장으로 근무할 때는 제주도 종합개발계획을 수립해 체계적인 제주개발의 기틀을 처음으로 마련해 놓았으며 제주 관광의 문제점을 체계적으로 파악하는 등 오늘 날 제주도의 2대 지주 산업인 관광에 대해 본격적으로 관심을 갖는 기회가 되었다.

나는 마흔 네 살이 되던 해인 1985년에 남제주군수가 되었다. 공직사회의 꽃이자 꿈인 군수 발령을 받게 된 것이다. 기뻠보다는 책임감과 걱정이 앞섰지만 의욕을 가지고 정열적으로 일했다. 그만큼 애정이 가고 기억에 남는 시기이기도 하다.

성산에 큰 산불이 나서 남군 공무원과 지역주민 뿐만 아니라 도의 전공무원까지 동원해 산불을 진화했던 일, 당시 모 재벌 개인소유이던 성산일출봉을 남군 소유로 전환했던 일, 성산일출봉 앞 초등학교를 이설했던 일, 성산읍에는 성산일출봉, 남원읍에는 큰엉개발, 표선면에는 표선민속촌, 안덕면에는 안덕조각공원, 대정읍에는 송악산 개발 등 1읍면 1관광지 개발사업을 추진했던 일 등이 특히 기억에 남는다.

대부분의 사업을 성공적으로 추진했고 지금도 보람으로 여기고 있는 남제주 군수 시절은 넘치는 젊음과 패기로 그 어느 때 보다 활력있는 군정을 이끌었다고 자부하고 있다.

1988년, 내무국장으로 발령을 받은 나는 실질적으로 도·시·군 전체 공직자의 어머니로서 끈끈한 정을 여러 공무원과 나눌 수 있었으며 어느 누구보다도 공직내부 살림살이에 정성을 쏟았다고 생각한다.

이 시절에 당시 한창 진행중인 탑동 매립으로 인한 제주지역사회 최대의 집단민원을 해결해야 하는 과제를 떠안아 이를 순조롭게 마무리를 지었던 일이 가장 기억이 남는다.

도의 모든 행정을 종합기획하고 예산편성을 총괄하는 기

획관리실장을 거쳐 1991년 제주시장으로 발령을 받은 나는 민선시기에 못지 않은 3년 7개월의 장수시장으로 책무를 원만히 수행해냈다.

탑동 매립문제와 건입동 주정공장문제 등 현안사업을 말끔히 해결했고, 수용능력이 다 된 노형동 쓰레기매립장 시대를 마감하고 지금의 봉개동 쓰레기 위생매립장 1공구를 완공했으며, 신제주~삼양간 연삼로를 개통해 도심의 교통을 외각으로 분산시켜 놓았다. 또한 삼양 · 일도 · 노형지구의 구획 정리와 택지개발, 공영개발 사업의 기틀을 마련했으며, 하수종말처리장 1단계 완공과 2단계 사업추진, 탑동해변공연장 시설, 주차장으로 변할 뻔했던 관덕정 일대를 사적지로 지정하는 등, 많은 일들을 의욕적으로 추진했다.

마침내 도의 행정부지사로 발령 받아 도지사를 보필하면서 제주도 행정을 총괄하게 되었고 제주도 행정부지사로서는 최초로 관리관까지 오르는 영광을 안았다. 나는 어떤 자리에 있든 스스로 만족할 때까지 열심히 배우고 부지런히 일했다.

9급 공무원 부터 시작하여 공직의 꽃이라 할 수 있는 1급 관리관까지 거치는 동안 여러 분야의 일들을 경험했고 다양한 사람들을 만났다. 덕분에 다방면에서 다양한 행정경험을 쌓을 수 있었고, 폭 넓은 행정지식을 얻을 수 있었다.

되돌아보면 어느 자리에서든 혼신의 열정으로 최선을 다해 일해 온 내 자신을 발견할 수 있어 자랑스럽게 생각하며 큰 보람으로 여기고 있다.

● 공직생활의 원칙

자치단체장의 능력은 따로 타고나는 게 아니라 길러지는 것이다. 나는 공직생활에 발을 들여 놓은 후 경영행정인이 되기 위해 끊임없이 노력했다. 내무부에 근무할 때 연세대학교 행정대학원 석사과정을 졸업했고, 바쁜 와중에서도 기회가 있을 때마다 여러 대학의 최고 경영행정에 관련된 과정을 이수했다. 그리고 학계 · 단체 등 관계 전문가들에게 적극적으로 자문을 구하고, 전문서적을 통한 지식습득으로 행정 전문가에게 부족하기 쉬운 이론을 보충해 왔다. 그러다 보니 자치단체장 임무수행에 필요한 전문성이 자연스럽게 배양됐다고 생각한다.

나는 현장 감각을 매우 중히 여겼다. 더불어 해당 지역은 물론이고 공무로 출장 갈 때에도 일부러 시간을 내어 선진지 현장을 견학하는 시간을 많이 가졌다. 현장에서 보고, 듣고, 느낀 사항을 일에 접목시켰던 것이다.

나는 공과 사가 분명한 사람을 좋아하고, 나 또한 그렇게 살아 왔다. 특히 공직생활을 하는 동안 어느 자리에 있든, 누구를 만나고 어떤 일을 하던 공과 사를 분명히 가리는 것을 원칙으로 삼아 왔다. 또 하나 내가 중히 여긴 공직생활의 원칙은 늘 귀와 마음을 열어 두어 되도록 많은 의견을 수렴하는 것이다.

"죽더라도 거짓이 없어라. 농담으로라도 거짓말을 말아라. 꿈에라도 성실을 잃었거든 통회하라"

내 삶의 지표로 삼고 있는 이 말은 내가 존경하는 인물인 도산 안창호 선생이 대성학교 학생과 후배 청년들에게 늘 가르치던 말이다.

도산 선생은 한말의 애국지사들 가운데 확고한 자기의 사상과 신념을 가지고 항일투쟁을 전개해 나갔던 유일한 인물이다. 나라를 잃은 슬픔과 분노에 감정적으로 일어나는 애국지사들은 많았지만 도산은 감정적인 대응 뿐 아니라 독립운동의 방법과 이론을 체계적으로 세워 꾸준히 실천하며 민족을 위한 비전을 제시한 지도자였다.

조직의 명수이기도 했던 도산 선생은 조직에 있어서 공公과 사私를 구분하지 못하는 것이 가장 치명적인 해악이라고 보았다. 바로 내가 조직의 리더로서 늘 염두에 두고 귀감으로 삼고 있는 말이다.

또 한 사람 내가 존경하는 인물은 대공황을 뉴딜정책으로 슬기롭게 극복해 경제를 부흥시키고 국민에게 희망을 안겨

준 미국의 제32대 루즈벨트 대통령이다.

매사에 공익을 우선했던 두 인물의 정신과 철학을 생각하며 내 공직생활의 좌표로 삼아 왔다.

● 민선시장에 출마해 차별화된 정책으로 승부

행정부지사 직을 마치고 난 후 대한적십자사 제주도지사 회장 일을 맡았다. 37년의 공직생활 속을 바쁘게 뛰어다니느라, 마음은 있었지만 내 몸으로 직접 실천해보지 못한 '봉사'에 대한 기회를 가져보고 싶었기 때문이다. 이를 계기로 어려운 계층에 더욱 많은 관심을 갖게 되었다.

대한적십자사와의 인연은 순수한 마음으로 실천하는 봉사가 얼마나 아름답고 보람된 것인가를 새삼 깨닫고 '진정한 봉사'의 의미를 다시 생각하게 된 매우 소중한 기간이었다.

내게 있어 '진정한 봉사'란 무엇인가? 나는 내가 지금까지 쌓아온 모든 경험과 능력을 총동원해 좀 더 많은 사람들을 위해 할 수 있는 일을 해야 한다고 생각하고 민선 시장 후보로 나섰다.

많은 행정경험과 학연, 혈연 등을 갖고 있는 현직 시장과 겨루게 되어 매우 힘들었다. 불행인지 다행인지 정당 공천 과정도 그렇고 선거에서도 그렇고 나는 전주에서 중·고등학교를 다녔기 때문에 특정학교나 지역적인 영향을 전혀 받지 않았다. 오로지 차별화된 정책으로 시민 속에 파고 들어가 열심히 뛸 수밖에 없었다. 시민들이 나의 자질과 능력을 믿고 지지해 준 것으로 알고 있다.

제3회 전국 동시 지방선거에서는 단독후보로 출마하게 되었는데 경쟁상대가 있을 때보다 오히려 더 힘들었다. 주위에서는 단독후보이기 때문에 가만히 있어도 당선되는데 왜 그렇게 뛰어다니느냐며 선거운동을 그냥 통과의례로 생각했고, 시민들 역시 별 관심을 갖지 않았기 때문이다. 그러나 나는 단독후보라는 인식을 갖지 않고, 모든 후보들과 똑같이 이른 새벽부터 밤늦은 시간까지 어디든지 찾아가서 인사하고 시민의 고견과 시정에 대한 소망들을 듣고 지지를 부탁하는 등 나름대로 최선을 다했다.

누가 "당신의 장점이 무엇인가"를 물으면, 밖으로는 온유하되 안으로는 강직한 외유내강의 성격이라고 대답한다. 지자체 단체장으로서는 공公과 사私를 분명히 구분하면서도, 매사에 합리적이고 적극적으로 행동하고 추진하려고 최선을 다했다.

● '인간과 자연이 함께 발전하는 국제도시'

나는 1998년 IMF 외환위기로 온 국민이 고통을 겪고 있던 암울한 시기에 취임했기 대문에 무엇보다 지역경제를 살리는 일이 시급했다.

지역 내 경제를 활성화시키기 위해 우선 소비성 예산인 경상비를 줄여 중소기업을 회생시키고 일자리를 창출하는데 대폭 지원했다. 이로 인해 행정자치부로 부터 중소기업육성시책 모범기관으로 선정되기도 했다.

지역경제를 최우선적으로 살리는 한편 세계화, 지식정보화 등 다변화 시대인 21세기를 준비하기 위해, '인간과 자연이 함께 발전하는 국제도시'라는 슬로건을 내걸었다. 이 슬로건에는 지구촌의 생태학적 측면까지 고려해 지역특성을 살린 생태도시를 밑그림으로 가장 살기 좋고 편안하면서도 독특한 테마도시를 만들고자 하는 내 도시경영의 철학이 담겨 있다. 21세기 역사에 남을 제주시의 설계도를 확고하게 제시하고 그 기반을 확실히 다지고 싶었던 것이다.

더불어 '시민과 함께 하는 시민중심의 행정', '지역경제를 최우선으로 하는 행정', '인간중심의 비전있는 도시개발', '문화예술진흥과 수준 높은 사회복지', '공 · 사는 분명히, 합리성을 존중하는 행정' 등 5대 시정방침을 설정하고, 지역경제 활력화로 IMF시대 극복, 개발제한구역 전면 해제와 새로운 도시기본계획 수립, 첨단도시 교통인프라 구축 및 사람우선의 교통문화 창출, 더불어 사는 생산적 복지 실현, 문화의 정체성 확보를 통한 문화관광 도시기반 구축, 지식정보도시 실현을 위한 정보화 인프라 구축, 인간과 자연이 함께 하는 친환경 생태도시 기반 구축 등의 노력을 기울였다.

● 역점사업과 제주시의 미래

민선 2기의 4년 동안 나는 시민들과 더불어 제주시를 그 어느 때보다 성장시키고 발전시켰다고 자부하고 있다. IMF 구제금융이라고 하는 암울한 경제위기 상황에서 출범했지만 30만 시민과 더불어 어려운 역경을 슬기롭게 극복하면서, 21세기의 꿈과 비전을 실현할 수 있는 굵직하고 알찬 사업들을 추진해낸 것이다.

4년 동안 추진한 역점사업은 크게 여덟 가지로 정리해 볼 수 있다.

첫째, 사람과 자연, 환경중시의 친환경적인 생태도시의 비전을 제시하고 이를 착실히 실천해 왔다.

새롭게 수립된 도시기본계획에 생태도시의 실천의지를 확실히 반영시켜 놓았고, 산지천 하류의 생태복원, ISO 14001 국제환경인증취득노르웨이 DNV사, 지방자치단체 국제환경협의회 가입, ᄒᆞᆫ디모앙 녹색비전 제주시 21협의회 창립, 제주시 환경백서 발간, 야생노루생태관찰원 조성, 친환경 생태아파트 조성 등 가시적인 성과를 거두어 제2회 아시아·태평양 시장 환경회의에서 감사패를 수상하기도 했다.

둘째, 탐라천년 역사의 정체성과 전통문화의 기반을 확립하는데 행정력을 모아 제주시를 전국 최고의 문화의 도시로 육성해 냈다.

300년 동안 우리 곁을 떠나 있었던 탐라순력도보물를 되찾아와 이를 기본 모티브로 한 제주사 재정립의 기회를 열었으며 시민들의 열화 같은 헌와운동에 힘입어 제주목 관아지를 복원하고 전국 최대의 선사시대 집단 주거지인 삼양동 선사유적지 복원 추진, 용연 야범축제, 탐라국 입춘굿놀이, 국제관악제, 한여름 밤의 해변축제 등 전통과 현대가 어우러진 독특한 지역문화예술 축제를 개최해 시민들에게 문화향유의 기회를 제공함은 물론이고 제주관광을 한 차원 높여 놓았다. 이렇듯 심혈을 기울여 펼친 문화정책이 높게 평가받아 문화관광부로 부터 '전국에서 가장 살기 좋은 최우수 문화도시'로 3년 연속 선정되기도 했다.

셋째, 21세기 지식 · 정보화의 시대를 선도하는 정보화의 도시로 성장시켜 놓았다.

전국 최초로 정보화 추진전담기구인 '정보화지원사업단'을 설치해 시민중심의 다양한 정보화사업을 추진하고, 지역 경쟁력을 강화시키기 위해 지원을 아끼지 않았다.

첨단지식 정보육성 인프라 확충을 위해 제주 소프트웨어 지원센터 설치, 정보통신교육원 제주분원 유치, 제주시 열린정보센터 건립, (재)제주지식산업진흥원 설립, 멀티미디어 기술지원센터를 유치했는가 하면, 고부가가치 첨단 IT산업 활성화를 위해 제주대 등 3개 대학과 관학 협력체계를 구축하여 지원하기도 했다.

또한, 상하수도 지하시설물 전산화사업, 새주소 부여사업, 지능형 교통시스템ITS 구축 등 과학적인 도시 관리를 위한 정보화 프로젝트 사업을 전개해 지속가능한 도시평가결과 '정보화 부문 전국 최우수 도시'로 선정되기도 했다.

넷째, 시민의 삶의 질 향상을 위한 시책들을 착실하게 전개했다.

제주시의 예산구조를 기본부터 조정해 경상적 경비를 34.7%에서 25.9%로 크게 낮추고 사회복지비(9.8% → 15.6%)와 투자사업비(59.1%→67.85%)를 대폭 확대했다.

대대적인 도시개발사업을 추진해 연동 · 노형 · 외도 · 삼양 일대의 구획 정리와 택지개발로 주택보급률(87.7% · 91.9%)을 크게 향상시켰고, 도로 포장율(99.8%)과 하수처리율(95.2%)도 대폭 향상시켜 놓았다.

다섯째, 전국 최초로 개발제한구역을 완전히 해제하고, 2021년도를 목표로 하는 새로운 도시기본계획의 수립으로 21세기 제주시 발전의 미래상인 '생태도시, 경쟁력 있는 도시, 삶의 질이 높은 도시'의 기본 틀을 확고히 구축했다.

여섯째, 제주시의 예산규모를 비약적으로 성장시켜 지역 현안 해결과 지역경제 활성화에 크게 기여했다.

1998년 2,724억 원에 불과하던 제주시 예산이 2002년도는 1,283억 원이나 증가한 4,007억 원으로 급성장했다.

이는 당시 738억 원에 불과하던 중앙지원금도비 포함 규모를 1,856억 원으로 251%나 크게 확충했기 때문이다.

일곱째, 과감한 내부 혁신을 하고 행정서비스의 질을 한껏 높였다.

공직 내부의 구조조정을 통해 작지만 더 생산적인 조직으로 탈바꿈했고 (2,072명 →1,586명 △486명 1국 8과) →(연간 72억 원 절감효과) 명도암 유스호스텔, 제주민속관광타운, 위생처리장 등 일부 조직을 과감하게 민간에 위탁해 조직의 슬림Slim화를 도모했다.

고품질의 정책수립을 위해 21세기 제주시발전위원회, 여성정책자문위원회, 청소년시정참여위원회를 구성 · 운영하고 민간인으로 공무원 친절 평가단을 구성해 친절을 최고의 덕목으로 삼는 공직 분위기를 조성했다.

여덟째, '재해 없는 도시'의 기반을 확고히 구축했다.

해마다 여름철이면 물난리를 겪던 남수각 일대 380미터를 국 · 도비 169억 원을 투입해 정비했고, 30여 년 만에 산지천을 자연이 살아 숨 쉬는 경관형 하천으로 탈바꿈시켜 놓았다.

또한, 광령천 수해 상습지 등 모두 92개소의 상습 침수지역을 말끔히 정비해 '재해 없는 도시'의 발전을 이룩하게 되었다.

그리고 제주시가 앞으로 확실한 국제경쟁력을 갖춘 세계 유수의 도시로 성장 발전해 나갈 수 있도록 국제자유도시 선도프로젝트의 조기 완성 등에 총력을 기울였다.

● 새로운 도시기본계획 수립으로 미래기반을 다진다

제주시 도시계획 면적이 63%가 30년 가까이 개발제한구역으로 묶여 있었다. '개발제한구역 전면 해제'는 나의 선거공약 가운데 하나였다. 1998년 6월부터 중앙정부에 전면해제를 위한 건의와 절충청와대, 건교부, 각 중앙정당 등 15회을 시작했다.

1999년 7월 22일 중앙정부에서 발표한 개발제한구역 제도 개선 방안에서 제주시가 개발제한구역 전면해제 대상도시에 포함되었다.

이즈음 제주는 안팎으로 큰 변화를 맞고 있었다. 도 차원에서 제주국제 자유도시 개발이 추진되는 등 내부여건의 변화는 물론, 세계화 · 개방화 · 정보화 · 친환경적 인식변화 등 달라진 주변여건을 대응하기 위한 새로운 도시계획 수립이 필요한 시점이었다. 달라진 여건을 반영해 새 천년의 비전이 담긴 미래지향적이며 친환경적인 도시기본계획을 수립하고 싶었다.

나는 꿈의 미래도시, 희망의 도시, 지구에서 환경적으로 가장 올바르게 사는 도시로 부르는 브라질의 '꾸리찌바' 같은 도시를 꿈꾸었다.

이에 제주시의 미래상을 '청정자원을 보호하고 자연친화적인 개발을 유도하는 생태도시, 국제기능 확충, 관광 · 휴양기능을 강화하고 신산업기능을 도입하는 경쟁력 있는 도시, 문화기능 강화와 복지시설 확충을 통한 삶의 질이 높은 도시'로 정하고 2021년을 목표로 구체적인 청사진을 그렸다.

가장 먼저 해야 할 일은 '생태도시'의 기반이 될 자연환경을 확보해두는 것이었다. 생태도시로의 면모를 갖추기 위해서는 늘어나는 계획인구에 따라 공원면적도 수요에 대응하는 것이 필요했다.

생태도시의 꿈을 이루기 위해서는 1인당 공원면적이 25m^2가 필요했다. 그러나 당시 도시계획법 국토 이용에 관한 법률은 1인당 공원면적을 6평m^2로 규정하고 있었다.

나는 도시계획학회 등 전문가들에게 자문을 구하고 도시계획법 관계자들을 부지런히 설득했다.

결국 목표년도인 2021년의 인구 1999년 말 현재 274,371명를 41만 명으로 설정하고, 1999년 말 현재의 1인당 공원면적을 2021년까지 유지하는 것을 목표로 오름과 시가지 주변의 우량수림을 중심으로 한 7개 지역을 공원으로 지정하고, 개발제한구역에서 해제되는 지역 가운데 주요 조망시점 등을 중심으로 경관 보전이 필요한 주요도로변에 난개발을 방지하고 자연환경을 보호하기 위해 시설녹지와 경관지구를 지정하는 계획을 포함한 도시기본계획(안)을 2000년 9월 1일 확정해 발표했다.

그런데 참으로 난감한 일이 발생했다. 지정된 구역의 토지주들이 각 공원 별로 공원철폐대책위원회를 구성해 동별 설명회와 공청회를 개최하지 못하도록 조직적인 방해작업을 시작한 것이다. 나는 공원철폐대책위원회의 대표들과 수차례 만나 공원과 시설녹지에 편입된 토지주의 의견을 경청하는 한편 공원과 시설녹지를 지정할 수밖에 없는 이유와 앞으로 진행될 도시기본계획 승인절차 등을 설명하면서 토지주들을 이해시키고 설득하기 시작했다.

공청회 때 타당성이 있는 의견을 반영해 수정 · 보완하겠다는 약속을 지켰기 때문에 나의 설명과 약속은 설득력을 가질 수 있었고, 결국 토지주들의 반대와 갈등을 풀 수 있었다.

이러한 과정을 거친 제주시 도시기본계획은 2001년 3월 26일 건설교통부장관의 승인을 받았으며 생태도시로 발전할 수 있는 기반을 마련하게 되었다.

● 정체성을 찾아라

우리나라 대부분의 도시들이 1970년대 개발바람에 밀려

제 색깔을 잃어가고 있다. 제주시도 마찬가지였다. 나는 하루빨리 '제주다운 도시'를 만들고 싶었다. 그래서 가장 애정을 가지고 추진했던 사업이 문화재 복원, CI개발 등 정체성 찾기 관련 사업들이다.

1998년 12월, 개인이 소장하고 있던 탐라순력도보물652-6호를 3억 원을 주고 사오고, 미지정된 문화재들을 지정하는 등 제주문화재 찾기에 주력하는 한편 향토사학가, 문화재 위원 등 전문가들의 지속적인 자문과 고증을 통해 문화재 보존과 원형복원 사업을 추진했다.

문화재 복원사업 가운데 가장 심혈을 기울인 것은 제주목 관아지 복원사업이다.

발굴을 시작한지 12년 만에 준공된 제주목 관아지 1단계 복원사업에는 국비 114억 6400만 원, 지방비 60억 4200만 원 등 모두 175억 600만 원이 투입됐는데, 시민과 관광객 등 1만 3000명이 기와 4만 5000여장을 기증해 복원사업을 더욱 뜻 깊게 해주었다.

조선시대 제주목사의 집무실이었던 홍화각弘化閣을 비롯해 집정실인 연희각延曦閣, 연회장으로 쓰였던 우연당友連堂, 귤림당橘林堂 등의 관청건물과 부대시설이 완공된 1단계 복원사업에 이어 추가로 사업비 34억원을 들여 인근 사유지를 사들이고 누각인 망경루望京樓 등의 건물을 복원할 방침을 세웠다.

또한, 기원전후 탐라국 형성기의 사회상을 밝히는 국내 최대 규모의 마을 유적으로 평가되고 있는 삼양동 선사유적지를 비롯해 제주향교, 오현단, 귤림서원 등의 복원사업을 추진했다.

21세기 제주시를 상징하는 CI개발 사업에도 많은 신경을 썼다.

새롭게 탄생시킨 제주시의 심벌과 캐릭터는 제주시의 미래와 꿈을 상징하고 있을 뿐만 아니라 제주시민의 사랑과 정서가 충분히 담겨 있다고 자부한다. 길거리 시민투표를 통해 제주시민들의 의견을 수렴하는 것은 물론 재경도민 의견까지 수렴하는 등, 개발과정에 제주시민들의 적극적인 참여가 이루어졌기 때문이다.

● 시민문화와 지역공동체 의식 함양

제주시는 지방자치단체 가운데 처음으로 '시민박물관대학'을 만들어 운영했다. 시민들의 호응이 대단했다. 1년 수료과정에 120명 정원인데 500~600명이 몰려들 만큼 인기를 끌었다. 시민박물관대학 운영을 계기로 그린대학, 환경대학, 시민자치대학 등을 만들어 운영했고, 남녀노소 전 시민을 대상으로 생활체육교실도 운영했다.

그런가 하면 관내 19개 동에 저마다 주민자치센터 공간을 마련하고 교양강좌, 컴퓨터, 스포츠댄스, 종이접기 등 다양한 문화프로그램을 운영해 시민들에게 문화 향상의 기회를 제공했다.

또한, 68개 자치마을별로 1특화 사업을 추진했다. 주민들은 생태 아파트를 조성하는가 하면 체납액 없는 마을 육성, 한 줄로 주차하기 운동 등 시민참여운동을 전개해 자치역량을 키우고 지역공동체 의식을 함양해 갔다.

● 전국 최초로 복개하천을 복원하다

제주시 도심 속을 가로질러 흐르는 '산지천'은 예로부터 제주시민의 삶의 역사를 간직한 아름답고 정겨운 하천이었지만, 1970년대 개발주도의 시대흐름을 타고 주상복합의 복개 건축물이 들어서게 되면서 옛 모습을 덮어 버리고 말았다. 14개 동의 복개건축물에는 286세대의 건물주158명와 세입자239명가 입주해 한때 활기를 띠었고 제주시의 주요상권으로 떠오르는 듯 했다.

그러나 자연의 순리를 거역한 결과는 곧바로 나타났다. 제주시 고유의 친수 환경 문화가 사라지고, 하천 생태계가 파괴됐으며, 웬만한 비에도 일어나지 않던 홍수가 빈번해져 침수피해가 생기기 일쑤였고, 도심지의 가장 골치 아픈 오염지대로 변해 갔다. 게다가 복개건물이 낡아지는 바람에 1990년대 들어서면서 붕괴위험이 계속 제기되었다. 마침내

1995년 8월 24일 전국에서 최초로 이곳 지상건물을 재난관리법 제35조의 규정에 의한 경계구역으로 설정하고 입주자 등의 퇴거를 공식 명령했고 모든 건물의 사용을 중지시켰다.

이 과정에서 건물 세입자, 소유주들과 시당국의 갈등이 만만치 않게 빚어졌다. 건물 소유주들과 세입자들은 1993년부터 보수 · 보강방안과 적정한 보상 등을 요구하며 시청에 천막을 치고 농성을 벌였다. 1997년 5월까지 검거 농성과 시위가 끊이지 않았고 일부 세입자들은 법정 소송을 벌이며 좀처럼 해결 기미가 보이지 않았다.

주민과의 합의 형성은 우여곡절을 겪으며 진행되었고, 결국 시의 철거안이 받아들여졌다. 복개 건축물의 철거를 지지하는 시민들의 여론과 산지천 특위구성 운영하는 등 제주시의회의 지원 속에 1998년 6월 철거작업이 완전히 마무리되었다. 보상과 철거에는 176억 원이라는 막대한 예산이 투입 됐다.

나는 1998년 9월 산지천 복원방향에 대해 시민의견을 공모했다. 내 머리 속에는 이미 옛 모습을 되살린 자연형 생태하천이 그려져 있었고 시민들 또한 그것을 바랄 것이라고 믿고 있었지만, 시민들의 의견을 확실하게 확인하고 싶었던 것이다.

69건의 공모 의견 가운데 자연형 하천으로 복원하자는 의견이 52건, 또다시 하천을 복개해 주차장으로 이용하자는 의견이 17건이었다.

각계 전문가문화재, 조경, 환경와 지역주민으로 구성된 23명의 자문위원회 회의 결과 도심 속 자연형 생태하천으로 복원하자는 제주시민 다수의 의견을 받아들이기로 결정했다.

시민들의 관심과 기대 속에 2000년 6월부터 동문교에서 바다 쪽에 이르는 474m 길이에 21~36m 폭의 산지천 복원사업이 본격적으로 추진되었고 드디어 산지천은 옛 모습으로 탈바꿈되기 시작했다. 우리나라에서 처음으로 복개하천 복원사업이 시작된 것이다.

시민의 힘으로 사업을 이끌기 위해 시민 아이디어 공모 등의 절차를 거치는 과정이 더 보태져 산지천 복원사업에는 모두 6년이라는 세월과 제주시 재정으로는 그야말로 엄청난 돈인 365억원이라는 막대한 사업비가 투입되었다.

산지천은 앞날을 내다보지 못하고 자연을 거스른 잘못된 복개사업으로 인한 부작용이 얼마나 큰 것인가를 생태계 파괴, 문화 단절, 침수 피해, 극심한 오염, 해당 지역주민들과의 갈등, 막대한 예산 투입 등의 벅찬 과제를 통해 뼈저리게 깨닫게 해주었다.

산지천 복원사업은 2002년 6월에 마무리되었다.

1년 내내 맑은 물이 흐르도록 하천 바닥에 자갈을 깔고 수

중 둑을 설치해 하천 상류에서 솟는 원천수와 바닷물이 원활하게 교차하도록 했다. 하천 주변에는 녹나무와 꽝꽝나무 등 64종 1,300여 그루의 나무와 털머위 등 4만 여 그루의 화초류를 심었다. 하천의 호안은 천혜의 제주 자연석을 이용해 쌓아서 최대한으로 옛 모습을 살렸고, 경사면에는 인동초와 송악덩굴 등이 자라도록 해 자연미를 한껏 살렸다.

하천 서쪽변 도시계획도로 15m 구간은 지역주민들과 협의 끝에 소방차량이 드나들 수 있는 규모의 4미터 너비로 보행자 전용도로를 만들고, 수변공원과 산책로를 만들었으며, 광장에 음악분수도 만들었다.

옛 모습을 재현한 돌다리인 홍예교와 나무만으로 만든 산지교, 광제교로 운치를 살렸으며 옛 정취를 느끼게 하는 빨래터와 목욕탕 자리도 복원했다.

30년 동안 썩은 하천이라는 오명을 썼던 산지천은 은어, 숭어 등 물고기가 헤엄쳐 다니고 텃새들이 찾아오는 자연공원으로 되살아났다.

산지천 복원은 시민들의 적극적인 관심과 참여가 없었으면 불가능했을 사업이다. 제주 시민들의 뜨거운 환경사랑을 새삼 확인할 수 있었던 기념식 날의 감동은 영원히 잊지 못할 것이다.

산지천 복원사업은 제2회 지방자치단체 개혁박람회 우수사례로 선정되어 전국 지자체들이 복개하천 복원사업을 배우기 위해 찾아오기도 했다.

또한 미국 덴버시에서 열린 '세계시장회의'에서 까지 사례발표를 한 기억은 잊을 수가 없다.

● 정보시장情報市長

중앙의 행정자치부, 정보통신부, 문화관광부, 중소기업청 등 정보관련 기관의 직원은 나를 '정보시장情報市長'이라고 불렀다. IT에 대한 개념 인식도 별로 없을 때부터 "정보, 정보" 하면서 그 기관들을 하도 많이 드나들고, 추진했던 정보화 관련 사업 수도 만만치 않았기 때문이다.

나는 전국 최초로 제주시에 정보화 추진 전담 기구인 '정보화지원사업단단장 4급'을 설치했다. 기구를 하나 만드려면 행정자치부의 승인을 받아야 하는데, 그것은 '하늘의 별따기'라고 표현할 만큼 어려운 일이다. 내무부 근무 시절 쌓아놓은 인적 자원을 총동원하기도 했지만 지위고하를 막론하고 담당자를 직접 찾아가 설명하고 설득해 가며 나는 행정자치부를 친정집 드나들 듯 드나들어 결국 그 승인을 받아냈다.

정보화지원 사업단을 설치한 후 '시장실에서 주방까지', '제주 실리콘밸리 조성'이라는 슬로건을 내걸고 정보화 사업 추진에 박차를 가했다.

첨단지식과 정보육성 인프라 확충을 위해 제주 소프트웨

어 지원센터를 설치하고 정보통신교육원 제주분원을 유치했으며 제주시 벤처기업지원센터를 건립했다.

그 외 상하수도 지하시설물 전산화 사업, 새주소 부여사업, 지능형 교통시스템ITS 구축 등 도시정보화 사업으로 행정업무를 혁신해 나갔다.

결국 지속가능한 도시대상 정보화 부문 전국 최우수 도시로 선정됨으로써 제주시는 정부, 언론, 학계, 시민단체 등으로부터 전국 자치단체 가운데 정보화가 가장 앞서 있다는 평가를 받았다.

● 오후 세 시의 데이트

나는 시장실 문을 항상 열어 놓았다. 공개적이고 투명한 시정임을 강조하는 상징적인 표현이기도 하지만 누구든지 시장을 만나 의견을 나눌 수 있도록 하기 위해서였다.

실제로 특별한 일이 없는 한 매일 오후 세 시에는 시장실에서 한 시간 정도 시민과 만나 여러 가지 이야기를 나누곤 했었다.

이야기를 나누고 있다고는 하지만 나는 사실 말을 하기보다는 많이 듣는 편이었다. 시장실에 직접 찾아오는 시민들에게도 그랬고 현장에 나가 만나는 시민들에게도 그랬다.

시민들의 사정은 시민과 직접 대화해 보아야 피부로 느낄 수 있다. 그래서 나는 시간이 날 때마다 시민들 속을 파고들어 이야기를 들었는데, 내가 가장 즐겨하는 방법은 결혼, 장례 등 경조사를 치르는 집을 찾아보는 것이었다. 경조사를 치르는 집에는 친척과 마을 사람들이 모여 있기 마련이라 방문이 자연스럽고 편한 만큼 진솔한 이야기들이 많이 오가기 때문이다.

주민들 속에서 귀와 마음을 열어두고 있으면 시정에 접목시킬 수 있는 정말 유익한 정보와 아이디어들을 많이 얻을 수 있다. 그런 나를 두고 '표'를 의식한 행동이 아니냐고 오해를 하는 사람들도 있는 모양이지만 신경 쓰지 않았다. 나는 공과 사가 분명한 사람이라고 자부하고 있기 때문이다.

나는 업무 수행에서도 그랬지만 어떤 인간관계에서도 공과 사를 분명히 구분해 대해 왔다. 사실 쉬운 일은 아니다. 제주도는 특히 제주사람이면 모두가 '궨당친척관계를 일컫는 제주말'이라고 할 만큼 지연, 혈연 관계가 남다른 지역이기 때문이다. 그러나 특별히 관리해야 할 만큼 학연, 혈연, 지연 등 사적인 인맥관계가 업무수행에 관여되는 일은 없었다.

공적인 일 앞에서는 고집스럽고 냉정하기 짝이 없는 내 처신 때문에 물론 섭섭해 하는 사람도 적지 않았다. 그것을 풀기 위해서는 '공인 김태환'과 '인간 김태환'이 다를 수 밖에 없음을 진심으로 전달하는 수 밖에 없다. 덕분에 사적인 관계에서는 편안하고 소탈하다는 말을 많이 들었다.

● 정책과 행정 아이디어 창출을 위해 전문가 집단을 최대한 활용

지방정부의 정책과 행정 아이디어를 창출하고 전문성이 뒷받침된 정책을 개발하기 위해서 대학교 연구기관의 전문가 집단의 역할이 매우 중요하다고 생각하고 최대한 활용했다.

학계, 시민단체 등 관련분야 전문가로 21세기 제주시발전위원회, 재경정책자문회, 여성정책자문위원회, 관광정책자문교수단 등을 구성해 시정시책에 대한 자문을 받는 등 전문가 집단의 전문지식을 적극적으로 수렴해 행정에 접목해 나갔다. 특히 전문지식을 필요로 하는 전산, 교통, 관광분야 등에 대해서는 대학교수나 관련분야 전문가들을 아예 계약직 공무원으로 확보해 활용했다.

● 집행부와 의회는 마차의 두 수레바퀴

집행부와 의회는 마차의 두 수레바퀴처럼 대등한 위치에서 서로 협력하며 시민의 삶의 질 향상을 위해 함께 노력해야 한다. 의회의 고유기능인 집행부의 견제와 감시, 균형의 원칙은 지켜져야 하되 지역의 발전과 이익을 추구하는 공동운명체로서 서로 협력하는 관계여야 하는 것이다.

지방자치가 실시된 이후 새로운 도시기본계획수립, 산지천 복원, 제주목 관아지 복원, 지능형 교통시스템ITS 사업 등 시정 역점사업을 추진하기 위해 시의회와 공동으로 노력했다.

시책이나 사업을 추진함에 있어 그 내용을 의원들에게 사전에 충분히 전달하고 이해와 협조를 구했기 때문에 의회의 반대로 추진하지 못한 사례는 없었다.

● '보고 싶고, 살고 싶고, 자랑하고 싶은 도시'로

제주시는 '전국 최고의 문화 도시, 전국 최고의 정보화 도시, 전국에서 장애인이 가장 살기 좋은 도시'로 선정되는 등 민선 2기 동안 자랑할 만한 시정운영의 성과를 충분히 거두었다. 그 성과를 바탕으로 출발한 민선 3기의 시정운영방향은 변화와 개혁, 세계화의 시대인 21세기를 맞아 '사랑 받는 세계인의 도시'로 목표를 정하고 이를 실현하기 위해 열정을 바치기도 했다.

● 자치단체장에게 요구되는 능력과 자질

흔히들 리더의 자질로서 통찰력, 추진력, 분석력, 집단통합력, 카리스마, 엄정함, 포용력, 정치적 감각, 판단력, 진취성, 설득력, 대화 능력, 성실성, 표현력 등 수많은 요소를 얘기한다.

미래 예측력, 공公과 사私를 분명히 구별하는 것, 투명함과 결단력, 추진력, 자신이 한 일에 대해서는 끝까지 책임을 질 줄 아는 자세 또한 단체장에게 꼭 필요한 자질이 아닐 수 없다.

한 자치단체의 리더로서 그 모든 걸 다 지닐 수 있다면 더 이상 바랄 게 없겠지만, 단체장이 반드시 지녀야 할 요소는 시민과의 약속을 정직하고 성실한 자세로 철저히 이행하는 일이라고 생각하고 약속을 지키기 위해 최선을 다했다.

● 도지사 출마를 선언하다

2004년 당시 제주도지사가 중도하차하는 일이 생겼다.

나는 2004년 5월 3일 기자 간담회를 통해 "중단 없는 도정과 도민의 대화합을 위해 6 · 5 도지사선거에 출마하겠다"는 공식입장을 밝혔다. 그동안 쌓아온 행정경력과 대중앙 절충력을 통해 제주발전에 혼신의 힘을 기울이고 싶어 도지사 출마를 선언한 것이다.

2004년 5월 6일 제주시장직을 사임하면서 "그동안 도민께서 보내주신 따뜻한 성원만으로도 이제 모든 기득권을 버리고 백의종군하는데 결코 문제가 될 수 없을 것이라 판단한다."고 언급하였고, 제주시 공무원들에게는 "무엇이 시민을 위하고 공직자로서 사명을 다하는 것인가를 분명히 인식하고 있는 만큼 일부의 우려를 말끔히 해소해 줄 것"을 믿는다며 "공직의 직분을 성실히 수행해 줄 것"을 당부하였다.

● 제주 번영을 위한 원동력 창출

제34대 제주도지사가 된 나는 하나된 힘으로 당당한 제주를 열어 나가고 싶었다. 지난 10여 년의 세월에 얽혔던 도민 갈등을 해소하고 미래 제주의 번영을 위한 원동력을 창출시키고 싶었다.

치열한 시대, 세계적인 도시들과의 국제경쟁에서 이기려면 100만 도민의 통합된 힘이 필요했다. 그 힘으로 변화와 개혁의 시대정신으로 세계로 뻗어가는 당당한 제주시대를 열어나가고 싶었다.

제주 사회는 대통합을 요구하고 있었다. 지연과 혈연, 학연과 계층에 따른 갈등이 지속되어선 안 되었다.

나는 첫 과제로 공무원의 논공행상을 없앨 것을 약속했다. 공무원의 공정한 인사야말로 대통합을 향한 첫 걸음이라고 믿었기 때문이다.

그리고 무엇보다 지역경제 살리기에 역점을 두고자 했다. 민생을 최우선으로 하여 지역경제 활성화와 1차 산업 회생, 특별자치도 추진과 관광산업 육성 등 현안해결에 주력하는 한편 국제자유도시의 실현을 성공적으로 마무리하여 중국과 동남아는 물론 선진국과 어깨를 견줄 수 있는 경쟁력 있는 제주를 만들기 위해 노력해야 했다.

나의 가장 중요한 책무는 도민의 삶과 질을 향상시켜나가는 것이기 때문에 다음과 같은 일을 해나가겠다고 약속했다.

첫째, 관광과 감귤농업을 고도화시키는 동시에 7000종의 풍부한 생물자원과 청정환경 아래 IT · BT등의 미래지식산업을 육성함으로써 GRDP 10조원의 경제규모 기틀을 마련하여 고용을 창출할 수 있도록 경제구조를 바꾸어 나가겠다.

둘째, 2011년 도민소득 1인당 2만 불 시대를 열고 세계 최상의 관광휴양지를 만들어나가며, 7대 선도프로젝트를 중심으로 국제자유도시를 추진하겠다.

셋째, 제주의 여건에 부합되는 특화된 지방자치와 지방행정체제를 구축하여 동북아의 허브지역으로 힘차게 도약시켜 제주의 특성을 살린 특별자치지역으로 발전시키겠다.

넷째, 수눌음 정신을 사회복지에 접목시켜 제주공동운영체를 결속하고 소외계층의 자립적 생산 활동에 참여할 수 있는 여건을 조성하는 등, 수눌음 정신이 살아 있는 제주 복지사회를 만들어 나가겠다.

다섯째, 탐라 천년의 역사가 깃든 전통문화예술의 창조적 계승으로, 전통과 현대가 조화를 이루는 문화예술을 진흥시켜 나가겠다.

● 아픈 역사를 지닌 제주, 세계평화의 섬으로 다시 태어나다

'평화의 섬 제주' 구상은 1997년 12월 김대중 대통령후보가

"제주도를 '세계 평화의 섬'으로 지정해 외국인 관광객들이 마음 놓고 왕래할 수 있는 여건을 조성하겠다"고 공약한 것이 시발점이 됐다고 볼 수 있다. 왜냐하면 제주를 평화의 섬으로 만들어야 한다는 움직임들은 그전부터 도내·외 학계 등에서 있어왔지만 김대중 후보가 제15대 대통령으로 당선되면서 제주를 평화의 섬으로 지정해야 한다는 노력들이 가시화됐기 때문이다.

특히 미하일 고르바초프 구소련 대통령, 빌 클린턴 전 미국 대통령, 장쩌민 전 중국 주석, 하시모토 류타로 전 일본 총리 등이 현직 국가수반으로 제주를 잇달아 방문하고 제주에서 정상회담을 개최함으로써 평화의 섬 지정을 바라는 도민들의 열망이 고조됐다.

아울러 제주도는 제주국제자유도시 추진과 맞물려 제주국제자유도시 특별법에 평화의 섬으로 지정할 수 있는 근거조항을 마련한 데 이어 2002 제주평화포럼을 개최하였고, '세계 정상의 집'이 명칭을 바꿔 '제주 밀레니엄관' 건립을 추진하게 되었다.

그 후 노무현 대통령 후보가 제주를 세계 평화의 섬으로 조기 지정하고 남북평화센터 설립, 제주평화포럼의 정례적 개최, 국제평화 및 국제기구 유치 등을 공약함으로써 평화의 섬 제주 지정 전망을 밝게 했다.

마침내 2005년 1월 27일 국가로부터 '세계 평화의 섬'으로 지정되었다. 나는 세계평화의 섬 범도민추진협의회 구성 등 추진체계를 구축하고, 제주평화연구원 설립, 제주국제평화센터 개관, 4·3공원 조성, 평화헌장 제정 선포, 평화 아카데미 운영 등 다양한 평화 실천사업을 추진해 나갔으며, 대내적으로 도민의 평화 마인드 제고와 대외적으로 세계평화의 섬 이미지 홍보에 주력하였다.

앞으로 제주도는 지금까지 추진해 온 평화사업 성과에 대해 분석·보완 발전시켜 나가는 한편 평화의 섬 위상을 높여 나가기 위하여 평화 관련 국제기구를 제주에 설립될 수 있도록 노력해야 할 것이다. 또한 중장기적인 제주평화비전 및 평화산업 로드맵을 구축하고 평화 관련 각종 회의를 유치하여 평화의 섬 제주가 평화담론의 장으로 역할을 다할 수 있도록 대책을 강구해 나가야 할 것이다.

● 특별자치제 시행에 앞서 행정구조 개편은 필수요건

1985년 특정지역 종합개발계획 수립 이후 행정구조 개편의 필요성이 제기된 이래 도내·외적으로 주요현안으로 지속적인 논란이 있었다. 도민 모두가 안정된 가운데 지역·계층간 도민 대통합으로 하나된 제주를 만들어 나가고, 도민 의견을 아우르고 포용하여 도정의 리더십을 발휘하기 위해 행정체제 개편이 필수요건이라고 판단했다. 또한 특별자치제를 도입하기에 앞서 제주사회 미래를 혁신적으로 이끌어갈 최적의 행정체제를 구축하는 것이 필요한 시점이었다.

이처럼 지속적으로 논의와 필요성이 제기된 행정구조 개편은 2002년 12월 행정구조개편관련 조례 제정, '제주도행정개혁추진위원회'를 구성하여 개편 추진이 본격화되었고, 이후 연구용역으로 현행유지안(점진적 대안)과 단일광역자치안(혁신적 대안) 2개안으로 구분하여 2005년 7월 27일 주민투표를 실시한 결과, 투표율 36.7%(혁신안 57%, 점진안 43%)로 단일광역자치안(혁신안)이 확정되었다.

이에 앞서 2003년 2월 12일 지역토론회에서 "제주도가 먼저 분권 또는 자치권에 강한 의욕을 보인다면 제주도를 분권의 시범도, 지방자치의 시범도로 구상한다"는 대통령의 말씀이 있었다.

주민투표를 실시해 단일 광역자치안이 확정된 이후 2005년 8월 23일 전국지방언론사 편집국장 간담회에서는 굉장히 수준 높은 자치도, 일종의 연방주에 가까운 자치도를 만든다는 것이 대통령의 구상임을 밝힌 바 있었다.

이렇듯 특별자치제에 걸맞은 행정체제 개편은 이상적 분권모델의 구체화를 위해 지식정보사회와 세계화 추세에 효과적으로 대응할 수 있는 방안이었고, 사회 · 경제 · 문화적 특수성을 살린 선도 지역으로 나아가기 위해 내부적으로 역량을 결집시켜 나가는데 가장 적합한 대안이었으며, 반드시 선행 해결되어야 할 과제였다.

● 지방행정사에 큰 획을 그은 행정체제 개편

도제 실시 60여 년 만에 처음 시행된 시 · 군 통합 등 행정구조 개편으로 인하여 주민불편이 다소 있었지만 시행착오를 최소화하면서 이양된 각종 권한과 제도들을 우리 실정에 맞게 접목시켜나갔다. 나는 특별자치도가 어느 한 부분을 고치거나 부품 한두 개 정도를 바꾸는 작업이 아니라고 생각하고, 국제자유도시를 완성해 나가는 것이 특별자치 성패의 관건이라고 생각했다.

특별자치 행정의 원칙은 분명하다. 효율성 · 능률성 · 경제성, 이 세 가지 원칙에 입각해서 가동되어야 한다. 이를 토대로 주민의 불편을 최소화하는 창의적인 고객만족형 생활행정을 적극적으로 펼쳐야 나가야 하는 것이다.

그리고 지역간 불균형과 소외를 해소하는 데에도 큰 뜻이 있다. 광역도시계획과 혁신도시사업, 각종 개발 프로젝트들의 발전방향을 미래지향적으로 제시해서 우리 제주가 균형있게 발전하고 도시나 농어촌이 다함께 살기 좋은 상생의 공간으로 탈바꿈하게 하려는 것이 특별자치의 출발점이 된 것이다.

나는 제주가 오랫동안 말은 무성했지만 이렇다 할 성과를 내지 못했던 일들에 대하여 근본적인 해결책을 찾아가는 과정에 있다고 보았다. 어느 정도 미래가 그려지기도 하고 희망이 보이기도 했다. 그래서 제주특별자치도의 행정이 제주의 밑그림을 다시 그리고 역사를 다시 쓴다는 자부심으로 역할을 다해준다면 도민도 함께 하고, 결과적으로 특별자치도가 성공할 수 있을 것이라 믿는다.

● 정부 차원의 제주 4 · 3 공식사과

제주 4 · 3 학살 피해자 가족과 시민단체에서 줄곧 진상규명과 명예회복을 요구했지만 역대 정부는 이를 무시했고 오히려 금기시했었다.

1998년 11월 23일 김대중 대통령이 CNN과의 인터뷰에서 "제주 4 · 3은 억울하게 죽은 사람들이 많으니 진실을 밝혀 누명을 벗겨줘야 한다."는 발언이 있었다.

1999년 12월 국회에서 '제주 4 · 3 사건 진상규명 및 희생자 명예회복을 위한 특별법'이 통과되었고, 2000년 1월 제정 공포되면서 정부 차원의 진상조사에 착수하게 되었다. 2003년 10월 31일 노무현 대통령이 '국가권력에 의해 대규모 희생'이 이뤄졌음을 인정하고 제주도민에게 공식 사과를 하였다.

그러나 나는 이것만으로는 부족하다고 생각했다. 그래서 대통령이 4·3 위령제에 참석해 줄 것을 유족회와 함께 거듭 간청했더니 마침내 받아 들여졌다. 드디어 2006년 노무현 대통령은 국가원수로는 처음으로 4·3 위령제에 참석했다. 당시 추도사에서 노무현 대통령은 역사는 있는 그대로 밝히고 정리해야 한다며 특히 국가권력에 의해 저질러진 잘못은 반드시 정리하고 넘어가야 한다고 강조했다. 대통령이 4·3 위령제에 직접 참석한 것은 처음이지만, 4·3 사건에 대한 공식사과는 두 번째였다. 이렇듯 노무현 대통령은 제주에 대해 각별한 애정을 나타냈다.

이에 앞서 2003년 노무현 대통령은 제주 4·3 사건과 관련해 국정을 책임지고 있는 대통령으로서 과거 국가권력의 잘못에 대해 유족과 제주도민들에게 진심으로 사과와 위로의 말씀을 드린다고 밝혔고, 정부 차원의 사과에 이어 희생자들의 신속한 명예회복과 4·3 평화공원의 조성 등 4·3 사건 진상규명위원회의 건의사항이 조속히 이뤄질 수 있도록 정부가 적극 지원하겠다고 약속했다.

나는 과거 사건의 진상을 밝히고 억울한 희생자들의 명예를 회복하는 것이 비단 희생자와 유족만을 위한 일만은 아니라고 생각한다. 4·3 사건에 대한 정부의 사과는 대한민국의 건국에 기여한 분들의 충정을 소중히 여기는 동시에, 역사의 진실을 밝혀 지난 날의 과오를 반성하고 진정한 화해를 이루며 밝은 미래를 기약하는 계기라고 본다.

● 민선 4기 도지사선거와 무소속 출마

2006년 5월 도지사 선거에 재도전했다. 당시 나의 열린우리당 입당과 영입설을 두고 한동안 지방정가가 들끓었다.

나는 "나의 정치적 입장에 대한 논란이 많다는 것을 알고 있지만 그동안 수차례 밝혀왔듯이, 나는 현재 무소속이며 그 입장을 앞으로도 견지해 나갈 것이다. 아울러 특정정당의 정치 일정이 제대로 이루어지지 못하는 것이 마치 나와 관련되는 것으로 일부의 오해가 있는 것에 대해 유감스럽게 생각하며 상대 후보에게도 유감의 뜻을 밝힌다. 나는 특정정당에서 기본적인 정치일정을 본인과 무관하게 계획대로 추진해주길 바라고 5·31 선거가 모두의 축제가 되기를 바란다. 나와 관련된 더 이상의 정치적 해석은 바람직하지 않고, 여러 차례 밝힌 바 있듯이 이번 선거를 무소속으로 임할 것이다."라는 요지가 담긴 '5·31 선거에 임하는 정치적 입장'을 밝혔다. 그리고 무소속으로 출마해 당선됐다.

기쁨보다는 부담감이 더 컸던 게 솔직한 심정이다. '특별자치도'라는 엄중한 책무의 첫 페이지를 넘기는 자리였기 때문이다. 그러나 자신 있었다. 나를 믿고 손 들어준 제주도민의 사랑과 성원이 큰 힘이 돼주었기 때문이다.

● 제1대 제주특별자치도 지사가 되다

2006년 7월 1일 제1대 제주특별자치도 지사로 취임했다.

이로써 새롭게 태어나는 제주특별자치도를 순항시켜야 하는 영광스럽고도 무거운 책무를 맡게 되었다. 나는 제주특별자치도정의 막중한 책임을 느끼고 이 중차대한 사명을 피와 땀으로 완수해 나갈 것을 제주도민 앞에 굳게 약속했다.

약육강식의 냉엄한 현실은 지금도 사방에서 포위해 들어오고 있다. 1차 산업 뿐만 아니라 관광과 서비스 모든 분야에서 우리는 세계 유수의 기업, 도시들과 치열하게 경쟁을 벌여 나갈 수밖에 없다. 또한 급변하는 한반도 정세에 탄력적으로 대응하며, 평화의 섬 제주의 위상을 높여야 하는 중요한 사명을 안고 있다.

제주는 '대한민국 1%'라는 수식어가 말해 주듯이, 재정 규모, 문화 인프라, 교육 환경, 인구 수 등에서 규모의 경제를 실현하는데 그동안 어려움을 겪어 왔다. 이러한 한계를 극복하지 않고서는 결코 우리의 새로운 미래를 말할 수가 없다.

지금 우리 앞에는 두 갈래의 길이 있다. 하나는 폐쇄와 퇴보의 길이요, 다른 하나는 혁신과 번영의 길이다. 그렇다면 우리가 선택하고 함께 가야 할 길은 분명하다. 우리 모두가

'死則生 사즉생', '生則死 생즉사'의 노력을 기울여 나간다면 반드시 혁신과 번영의 길이 열린다고 믿고 있다.

나는 취임사를 통해 험난한 가시밭길 너머에 행복한 제주의 미래가 있다면 가장 먼저 그 길을 밟아서 전진하겠으며, 앞으로 다음의 열 가지 대원칙으로 제주특별자치도를 흔들림 없이 이끌어 나갈 것을 다짐했다.

첫째, 제주특별자치도와 국제자유도시의 성공적 추진을 위해 모든 현안을 도민과의 대화를 통해 풀어 가겠다.

둘째, 기업하기 좋은 제주, 잘 사는 선진 제주를 실현하기 위해 산업구조를 재편하고 경제 체질을 튼튼하게 만들겠다.

셋째, 개방화 시대를 맞아 제주 1차 산업의 경쟁력 강화를 최우선 정책으로 삼겠다.

넷째, 관광객 1천만 시대를 앞당기고 제주 관광 재도약을 위해 글로벌 관광 중심지로 구축해 나가겠다.

다섯째, 제주 환경의 보존과 함께 지역의 지속가능한 발전을 위해 생명, 평화, 생태가 어우러진 세계적인 에코-아일랜드를 조성해 나가겠다. 또한 선진 환경 거버넌스와 제주환경자원에 대한 친환경 경영시스템을 구축하여 지하수의 체계적인 관리를 비롯해서 전통과 환경이 조화를 이루는 제주형 창조도시를 건설하겠다.

여섯째, 탐라 역사를 창조적으로 계승하고 제주의 문화예술을 진흥시켜 나가겠다.

일곱째, 4·3의 완전한 해결과 세계평화의 섬 정착을 위해 실천적인 정책을 펼쳐 나가겠다.

여덟째, 사회적 약자를 배려하고 더불어 함께하는 수눌음 복지공동체를 구현하겠다.

아홉째, 변화와 개혁의 열린 행정을 통해 무한 책임의 행정을 펼쳐 나가겠다.

열 번째 원칙으로는 도내외 제주도민의 주저 없는 참여를 요구했다. 제주특별자치도는 100만 내외 도민 모두의 것이기 때문이다.

제주는 불가능하고 신기루처럼 멀게 느껴지는 것을 현실로 이루면서 여기까지 왔고, 앞으로도 무한한 자긍심과 자신감을 갖고 모두의 힘을 모아 제주특별자치도를 완성하는데 주저 없이 참여해야 한다고 믿었기 때문이다. 위대한 제주도민의 힘으로 세계의 중심, 제주 특별자치도를 열어나가야 했고 그럴 수 있다고 믿기 때문이다.

그리고 마지막으로 나의 모든 역량을 쏟아 부어 제주 발전을 위해 분골쇄신粉骨碎身 할 것을 엄숙한 마음으로 굳게 다짐했다.

● 특별자치도의 힘찬 도약을 위해

2006년 제주특별자치도가 탄생한 해였다면, 2007년은 제주특별자치도의 힘찬 도약을 위한 실질적인 원년이라고 할 수 있다.

나는 2007년의 벽두에서 특별자치제 완성의 기틀을 보다 완벽하게 다지기 위해 흔들림 없이 정진, 가시적 성과 거양을 위해 도민의 역량을 총 결집시켜 도정의 각 분야에 혼신의 노력을 다할 각오를 다졌다.

우선, 기존의 비합리적인 태도와 의식을 선진화하여 새로운 제주시대의 창조를 위한 '뉴제주 운동'을 강력하게 추진할 계획을 세웠다. 뉴제주 운동은 1970년대 국가경제 발전에 결정적인 역할을 했던 '새마을 운동'과 같은 자발적 개혁운동이다. 도민화합운동, 창조인운동, 자립공동체운동, 세계시민운동의 4대 운동을 대대적으로 전개하여 특별자치도와 국제자유도시 위상에 걸 맞는 시민의식을 정착시켜 나가기로 했다.

특별법 2단계 핵심제도 개선은 짧게는 5년 내에 틀을 갖출 수 있겠지만 완성까지는 50년 아니면 100년 이상 걸리는 장기적인 미래 비전이다. 조급하게 성과를 바라는 도민사회를 이해시키면서 도정과 도민이 하나가 된 강력한 힘으로 중앙정부를 설득해 나가야 했다.

원스톱 서비스 등 투자유치 전략 강화와 신 3무 프로젝트의 추진으로 관광개발을 활성화시키는 등 세계수준의 국제자유도시를 건설해 나가기로 했다.

그리고 지역경제 살리기, 글로벌 관광 · 스포츠 허브 구축, 1차 산업 경쟁력 강화, 물 산업화 종합계획 지하수 공수화개념 도입 등, 환경헌장 제정 등 환경보전, 균형발전 · 광역도시 건설, 제주형 사회복지 구현, 제주유산의 세계화, 4 · 3의 문제해결과

평화 · 번영의 섬 구축 등의 분야에 중점을 두어 추진해나가기로 했다.

또한, 제주지역 해군기지 건설, 감귤류 한 · 미 FTA협상품목 제외, 유네스코 세계자연유산 등재 등 도정의 현안 사항 해결에 역점을 두기로 했다.

도정과 도민이 저마다의 역할에 충실하면 특별자치제의 장점이 극대화되어 평화와 번영이 어우러지는 풍요로운 세계일류 국제자유도시가 실현될 것이다.

● FTA 위기, 기회로 승화시켜라

나는 감귤을 제주의 생명작물로 여기고 있다. 그리고 이를 반드시 지켜야 한다고 생각한다. 감귤이 개방될 경우 향후 10년간 2조 원에 달하는 피해를 입을 것으로 파악됐기 때문에 그동안 가능한 방법을 모두 동원해서 제주감귤을 사수하는데 최선을 다해왔다.

2007년 한 · 미 FTA 협상이 개시된 직후, 전국 광역자치단체 중에서는 제일 먼저 한 · 미 FTA 대응 감귤특별대책위원회를 구성해서 감귤이 쌀과 동등한 입장에서 보호될 수 있도록 정부와 미국 양측에 적극 전달했다. 쌀, 쇠고기의 경우 정부차원에서 보호하고 있으나, 감귤은 제주에서만 생산되기 때문에 우리가 나서지 않으면 안 되었다.

2006년 4차 제주협상 때부터 협상장을 방문했는데, 제주감귤에 대한 관심을 높인다는 긍정적 요소도 있었지만, 반대로 국가적 차원의 협상을 하는 한미 양측 협상단의 입장에서 본다면 그리 환영받기 어려운 부분도 있었다.

그러나 내겐 절박한 제주실정이 먼저였다. 외교상 결례라 해도 어쩔 수 없었고, 서울에서 개최되는 8차 협상 때에도 협상장을 방문해 우리의 뜻이 묻히지 않도록 강력히 알려나갈 수밖에 없었다.

사실 한 · 미 FTA 협상에 이어 EU, 일본, 중국과의 FTA 협상이 더욱 큰 파고로 다가오고 있다. 한 · 미 FTA 협상타결이 피할 수 없는 위기라면 도민 모두가 한마음 되어 위기를 극복하고 이 위기를 기회로 만드는 지혜가 필요하다. 협상내용을 자세히 도민들에게 설명하고 도민의 역량과 지혜를 결집시켜 이 위기를 전화위복의 기회로 승화시켜 나가도록 노력을 다해야 한다.

그리고 이와 별도로, 제주감귤의 경쟁력 확보를 위해 고품질 감귤을 생산유통하고 친환경농업 육성, 녹차산업을 비롯한 기능성 웰빙 소득작목 육성으로 농업분야를 다각화시켜 제주농업을 안정화시키는 정책을 이어 나가야 한다.

FTA 이후 제주경제의 생존전략은 제주지역 전통산업의 고도화를 도모하면서 제주형 제조업의 유치, 관광 · 의료 ·

교육 · 첨단산업 등 신성장산업의 육성 등을 통해 산업구조를 개편, 미래에 대비해야만 한다. 단기적으로는 청정 1차 산업과 관광산업 등 기존산업의 경쟁력 강화와 연관 산업의 시너지 효과를 증대시키는 정책 추진이 필요했다.

나는 1차 산업을 인위적으로 축소 조정하는 것이 아니라, 고용창출 효과가 높은 산업을 중심으로 제주형 제조업 유치 확대, 서비스업 등의 경쟁력 강화를 통한 2, 3차 산업의 비중을 확대시켜 나가려는 것으로 도의 산업구조 개편 방향을 잡았다. 인력구조 개편도 산업구조 개편 방향에 맞추어 전략적으로 추진해 나가기로 했다.

● 제주 화산섬, 대한민국 최초로 세계자연유산에 등재!

2007년 6월 27일, '제주 화산섬과 용암동굴'이 유네스코 세계자연유산 등재가 만장일치로 확정되었다. 나는 당시 모 방송국 인터뷰에서 "정말로 어렵게 성사를 시켰다. 그리고 회담장 분위기도 대단히 어려웠다. 회원국들이 만장일치로 우리 제주도의 자연유산 등재를 확정해줘서 기쁨을 감추지 못하겠다"는 말로 벅찬 마음을 전했다.

사실 당시 현지 회담장의 분위기는 엄숙했고, 처음부터 끝까지 긴장감이 감돌았다. 학자와 전문가들이 정말로 진지하게 검토하는 어려운 회의였고, 객관적으로 공정하게 모든 것이 운영되고 결정이 되는 회의였기 때문이다.

그간 도민의 성원에 힘입어 제주의 아름다운 자연이 자연유산으로 유네스코에 등재되는 영광을 안은 것이다. 이는 전적으로 제주가 갖고 있는 아름다운 자연, 그리고 도민이 가꾸고 보전한 결과라고 생각한다.

2년여 동안 도민들이 얼마나 바라고 성원했던가. 150만 명에 달하는 도내외 국민들이 힘을 합쳐 서명을 했기 때문에 영광이 있었다. 대한민국에서 처음이다. 우리나라는 아름다운 금수강산이 있지만 제주도가 처음이다.

나는 제주의 이런 노력이 대한민국의 자존심을 지키는 성과를 가져온 것으로 본다. 또한 범정부차원에서 문화재청장과 이수성 전 총리, 외통부의 노력에 힘 입은 바가 크다. 이를 계기로 제주도민이 또 한 번 힘을 뭉쳐서 제2의 도약을 이루는 원동력으로 삼기를 희망했다.

앞으로의 과제도 많다. 우리가 어떻게 잘 관리하고 대내외에 알려서 시너지효과를 거두느냐가 중요하다. 외국 사례도 벤치마킹하고 전문가 의견도 자문 받아 종합계획을 수립해서 연차적으로 추진해야 한다. 무엇보다도 중요한 것은 세계로 나가는 길이기 때문에 세계에 알려야 되고 특히 그 지역주민의 소득, 그리고 도민의 소득과 연결이 돼야 하기 때문에 이런 점에도 초점을 맞춰 노력해야 한다.

세계자연유산 등재는 흔히 자연환경의 노벨상으로 불린다. 작지만 강한 100만 제주인의 저력이 있었기에 어려운 관문들을 하나하나 헤쳐 나갈 수가 있었다. 앞으로 제주화산섬과 용암동굴을 비롯하여 제주의 아름다운 자연을 보존하고 가꾸어 나감과 동시에, 제주의 소중한 자산으로 발전시켜 나가는 데 온 힘을 쏟아야 한다. 우리 제주에 세계인의 이목이 집중된 만큼, 이를 기회로 삼아 국제자유도시로 나아가는 하나의 문을 힘차게 열어 나가야 한다.

● 가장 늦게 지정됐어도 가장 먼저 출발한 혁신도시

2007년 9월 12일 서귀포 혁신도시 예정지에서 제주가 전국 최초로 기공식이 열렸다. 당시 노무현 대통령이 참석해 "제주혁신도시는 반드시 성공할 것이다. 세계적인 관광도시로, 그리고 교육과 국제교류 중심도시로 우뚝 서게 될 것이다. 더욱이 이곳 서귀포는 앞으로는 태평양, 뒤로는 한라산이 자리 잡은 천혜의 환경을 갖추고 있다. 누구나 한 번 오면 또 오고 싶고, 그리고 계속 머무르고 싶은 곳이다. 또한 2013년까지 12개 학교, 9천 명 규모의 영어교육도시도 조성될 것이다. 지금까지 몇 군데에서 만들어 왔던 영어 마을과는 전혀 다른 개념의 교육도시를 건설할 것이다"며 제주특별자치도 발전에 대한 강한 의지를 보였다.

제주혁신도시 기공식은 '바람'을 주제로 열렸다. 삼다도의 바람과 참여정부에서 시작된 혁신의 바람이 응집돼 제주로 향하고 미래로 향해 흐르기를 소망하는 의미를 담은 것이다.

당시 제주혁신도시 기공식은 다른 지역보다 뒤늦게 혁신도시 개발예정지구로 지정했음에도 불구하고 가장 빠르게 환경 · 교통 · 재해 영향평가를 협의하고 개발 · 실시계획을 수립하는 등 공사착공을 위한 모든 절차를 짧은 기간에 마침으로써 타 시 · 도의 부러움을 샀고, 이는 제주가 특별자치도이기 때문에 가능한 것으로 생각한다.

나는 제주 혁신도시가 산남지역의 발전거점 도시로써 제주의 독특한 자연 환경을 바탕으로 살기 좋은 명품도시로 새롭게 태어날 것으로 기대한다. 2020년 제주 서귀포 혁신도시가 완성되면 이전공공기관과 관련 기업, 연구기관과의 연계서비스가 강화돼 국내 뿐만 아니라 세계적으로 경쟁력을 갖춘 일류 첨단도시로 우뚝 설 것이라고 기대한다.

● 태풍 '나리'의 피해를 복구하며 제주의 저력과 의지를 보다

지금껏 우리가 알고 있는 태풍의 대명사는 지난 1959년 발생한 '사라호'였다. 하지만 앞으로는 '나리'가 태풍의 대명사로 회자될 것이다.

태풍 나리는 기존의 통계를 무색케 하는 살인적인 폭우를 동반했다. 응급 복구만으로 치유하기에는 수마水魔가 남긴 상처가 너무나 컸다.

나는 태풍 나리가 할퀴고 간 자리, 그 모든 것을 자연의 탓으로만 돌리지 않았다. 주민대피 예 · 경보 방송시설의 불안정, 피해신고 폭주시 119 상황실의 상황처리 한계와 같은 문제점 노출 등, 기본적인 것부터 하나하나 짚고 넘어가야한다고 생각했다. 그래서 리사무소 등에 설치되어 있는 자동경보방송 시설을 하천주변까지 확대 설치하고, 정전시에도 방송이 가능하도록 기능을 보완하였다.

특히 하천 교량에 위험경보시스템을 설치하여 경계수위 도달 시에는 인근주민의 사전대피는 물론, 교통통제까지 가능하도록 위험지역 통제 시스템을 개선하였다.

최근 지구온난화로 인한 강우현상이 과거와 크게 다른 양상을 보이고 있다. 따라서 강우빈도를 100년 이상으로 설정하여 이에 맞는 통수단면 확보 등 하천정비 기본계획을 개선하고, 저류시설의 확대에 대한 합리적인 방안을 마련하며, 하천 직강화直江化를 최소화하여 원래 물길이 최대한 유지하도록 해야만 한다.

이러한 노력을 통해 재해로 부터 안전한 제주의 명성을 반드시 되찾아야 한다. 태풍 '나리'가 남긴 피해는 엄청났지만,

이를 극복하려는 도민들의 의지 또한 그 어느 때보다 치열했다. 연인원 15만 명에 이르는 인력이 응급 복구 작업에 참여하였고, 5,900여 대의 각종 중장비가 투입되었다. 제주도민의 아픔을 함께 나누려는 국민적 성원도 뜨거웠다. 국내·외의 각계각층에서 160억원이 넘는 수재의연금과 격려 메시지가 연일 이어졌다.

스위스의 사상가 칼 힐티는 "고난 속에서 비로소 우리는 자기 자신을 알게 된다"고 했다. 나는 복구현장에서 새로운 희망을 키워가는 도민들을 보면서, 우리 제주의 무한한 저력과 의지를 다시 한 번 확인할 수 있었다.

● 특별자치도는 변화와 도전의 과정

어느 국가, 지역의 역사를 보더라도 저절로 잘 살게 된 곳은 없다. 변화하고 도전하는 곳만이, 그리고 그 어려운 과정을 힘을 모아 슬기롭게 극복한 지역만이 성공해서 역사의 모범으로 기록된다.

돌이켜 볼 때 제주에 찬란한 역사가 있었다고 말할 수는 없다. 특별자치도 출범을 계기로 제주가 한반도 끝의 작은 섬이 아니라 세계적으로도 주목 받는 경쟁력 있는 경제·사회 공동체로 발전하기 위한 변화와 도전을 시작했다. 많은 분들이 특별자치도를 단기적, 단선적 과정으로 보고, 어느 순간 완성되는 개념으로 보지만, 냉정히 보면 이제 막 도전과 변화를 시작한 단계라는 표현이 맞을 것이다.

잘 살고 못 살게 되는 것, 더 나아가 역사의 주인공이 되는 것이 어느 한 시점의 노력으로 만들어지는 경우는 없다. 끊임없이 도전하고 변화하는 과정이 축적되었을 때 가능한 것임을 우리 누구나 다 잘 알고 있다. 그럼에도 불구하고 현재 우리는 너무 단기적으로 결과를 기대하고 있다고 생각한다. 중요한 것은 너무 조급해 하지는 않고, 과감하게 시작한 변화를 계속해서 이어가고 더욱 확대해 나가는 것이라고 생각한다.

● 이명박 대통령의 제주 방문

2008년 6월 16일. 이명박 대통령이 제주를 방문했다. 나는 두 가지 관점에서 큰 의미를 읽어낼 수 있었다.

하나는 특별자치도에 대한 지속적인 지원 의지를 확인할 수 있었고, 또 하나는 제주의 미래가능성과 우리의 노력을 높이 평가하면서 주요 현안들에 대하여 관심과 적극적인 지원을 약속해 주었다는 것이다. 그로 인해 신공항 건설에 대한 정부차원의 근본적인 방안을 마련하는 일을 시작할 수 있었고, 영어교육도시사업 등 불확실한 상황들을 극복할 수 있는 소중한 기회가 되었다.

이 대통령은 제주 발전을 위한 미래의 정책방향도 제시해 주었다. 관광산업의 경우 10~20년 후의 소득수준 4만~5만 불 에 따라 달라질 관광 패턴을 미리 예측해서 지금부터 치밀한 전략을 수립해 달라고 주문했다. 특히 미래 전략사업으로서 컨벤션산업과 레저 스포츠 산업 육성의 필요성 등을 강조하면서, 제주는 천혜의 조건을 가지고 있기 때문에 경쟁력과 가능성이 충분하다고 했다. 의료특구와 관련해서 제주에 특화된 진료 과목을 개발하고, 이에 걸맞은 의료기관 유치 추진도 제안해 주었다.

나는 대통령이 제시한 전반적인 사항에 대한 후속조치 계획을 수립하여 추진했다. 특히 신공항 건설과 영어교육도시 조성의 경우 적극적인 대정부 절충을 위해 가시적인 성과를 거둘 수 있도록 노력하고, 미래 관광 발전전략과 의료특구의 성공적인 추진을 위해 착실하게 준비해 나갔다.

● 과감한 변화, 당당한 도전, 새로운 미래가 열린다.

독일의 저명한 물리학자이자, 환경학자인 바이츠체커는 "새로운 세기는 저마다 고유한 얼굴을 가진다"고 했다. 21세기가 가지고 있는 얼굴은 바로 '세계화'라고 생각한다. 세계화 시대를 맞아 모든 국가와 도시가 생존을 위해 몸부림치고 있다.

우리 제주는 이러한 개방과 경쟁의 시대를 맞아, 안정이 아닌 과감한 변화를 선택하였다. 지난 2002년 '제주국제자유도시특별법' 제정을 계기로, 세계화를 내면 깊숙이 끌어들이고, 2006년에는 더욱 강력한 추진수단을 갖추기 위하여 고도의 자치권을 갖는 특별자치도로 새롭게 거듭났다. 이를 통해 우리나라 지방자치의 새로운 지평을 열고, 경쟁과 희망의 역사를 다시 써 내려가고 있다.

제주의 미래비전은 명확하다. 특별자치도의 성공적인 추진을 통해 초일류 국제자유도시를 완성하는 것이다. 이를 위해 우리 제주는 지난 2년 동안 각고의 노력을 기울여왔다. 그리고 여러 가지 성과를 창출하면서 꿈을 하나하나 현실로 바꾸어 나가고 있다.

특별자치도 출범 이후 지금까지 세 차례에 걸쳐 이루어진 제도개선은 경쟁력 있는 국제자유도시를 건설하기 위한 초석이 되고 있다. 특히 3단계 제도개선에서는 '특별자치도다운 특별자치도'를 추진하는데 꼭 필요한 내용들이 담겨 있다.

우선 권한 이양 방식이 달라졌다. 과거 사안별로 하나씩 이양 받던 방식에서 탈피하여 모든 권한을 일괄하여 이양 받는 길이 열렸다. 관광진흥법을 비롯한 '관광3법'을 한꺼번에 이양 받은 것이 대표적인 사례이다.

또한 국제학교와 영리법인 병원의 설립 허용 등 제주가 교육과 의료 분야의 규제를 대폭적으로 완화하기 위한 노력을 진행 중에 있다. 그러나 아무리 좋은 제도를 갖추어도 그에 상응하는 내부적 역량이 뒷받침되지 않으면 결코 성공할 수 없다는 것이 나의 생각이다.

그래서 사회개혁을 도모하기 위한 뉴제주운동과 지역경제의 근본적 변화를 위한 신경제혁명을 통해 자치역량을 강화해 나갔다. 그 일환으로 추진되고 있는 관광업체의 자발적 가격 인하는 중앙언론의 집중적인 조명을 받기도 했다.

가장 눈에 띄는 성과는 투자유치 분야이다. 특별자치도가 출범한 2006년 이후 2년 동안 착공되거나 공사가 진행 중인 사업은 총 11개, 2조 6771억 원 규모이다. 이는 출범 직전 2년에 비해 사업체수는 220%, 투자액수는 350%나 증가한 수치다.

초등학교 4개, 중학교 5개, 고교 3개 등 총 12개의 국제학교가 들어서게 될 영어교육도시 조성사업을 비롯해, 신화역사공원, 의료특구 및 헬스케어타운 조성 등 대규모 사업 추진도 순조롭게 진행되고 있다.

하지만 풀어야 할 과제도 많이 남아있다. 특별자치도 추진에 따른 성과에 대하여 정작 도민들이 느끼는 체감지수가 낮다는 것이 가장 큰 문제이다. 투자유치와 관광객의 증가, 교육과 의료 등 4+1 핵심산업의 진전에도 불구하고 도민에게 직접 돌아가는 경제적 효과가 아직 미흡하기 때문이라고 생각한다.

제도적으로는 '특별자치도다운 특별자치도' 실현을 위해 연방주 수준의 법적지위 확보를 포함한 형평성 논리를 극복할 수 있는 방안을 모색하고, 내부적인 역량을 강화하기 위한 노력에 박차를 가해야 한다. 이러한 과제를 해결하기 위해서 도정을 일대 쇄신하고, 더욱 강력한 행정시스템을 갖추어 나갈 계획을 세웠다.

단일화된 행정체계의 효율성을 극대화하기 위해서 도 · 행정 시 · 읍 · 면 · 동 간의 역할을 명확하게 정립하고, 제주다운 것이 세계적인 자랑거리가 될 수 있는 정책들도 하나하나 만들어 나갔다.

아울러 도민들이 피부로 느낄 수 있는 질적인 성과를 창출해 내는데 전력을 기울였다. 도민들이 가장 많이 이용하는 민원서비스의 면모를 일신하는 등 특별자치도의 각종 제도들을 생활 가까이에서 접할 수 있도록 했다. 특히 고유가와 곡물가격 상승 등 인플레이션의 확장으로 어려움을 겪고 있는 서민경제를 안정시키는데 모든 행정력을 집중해 나갔다.

과거 제주는 바람과 여자, 돌이 많은 삼다의 섬으로 유명하다. 나는 우리 제주를 일자리와 관광객, 그리고 도민소득이 많은 '新삼다의 섬'으로 만들고 싶다. 그리고 이를 실현할 수 있는 절호의 기회를 맞이하고 있다고 생각하고 있다.

우리 제주는 과거 몇 차례의 좋은 기회를 놓친 뼈아픈 경험이 있다. 다시는 그러한 우를 범하는 일이 없도록 비장하고 결연한 의지와 각오를 가지고 모든 현안들을 해결해 나가기 위해 노력했다. 그리고 임기 내에 도민이 만족하는 수준의 성과를 창출할 수 있도록 혼신의 노력을 기울여 나갔다.

● 새로운 각오와 다짐으로 '제주 재창조의 해' 추진

2009년을 시작하면서, 언론 · 신년 인사회 등에서 가장 많이 등장하는 단어는 예년과 달리 "위기, 역경, 도전, 극복, 책임" 등이었다. 그만큼 도민들은 새해의 상황이 녹록치 않다고 느끼고 있었다.

나는 도정의 책임과 역할이 그 어느 때보다도 막중하다고 생각했다. 새로운 각오와 다짐으로 힘을 합쳐 우리에게 주어진 도전들을 헤쳐 나가야 했다.

제주 경제의 핵심은 투자, 관광, 1차 산업 그리고 공공 투자 확대다. 건전한 소비 진작과 중소기업 등의 자금난 해소도 중요한 과제다. 정책 하나, 사업 하나를 추진할 때도 제주 경제의 영향을 분석하는 마인드가 무엇보다 중요했다.

다음은 도민이 체감하는 성과를 보여주는 행정을 실천하는 것이었다.

작은 민원부터 투자유치까지 도민과 투자자가 만족하고 감동하도록 행정의 효율성과 신뢰성을 획기적으로 제고해야만 했다. 소수의 공무원에 의존하지 않고 조직이 체계적으로 움직이는 시스템을 더욱 강화해야 했다. 모든 정책들은 단기에 가능한 성과와 중장기에 나타나는 성과를 분석해서 전략적으로 접근하고 반드시 결과를 만들어 내는 것이 중요했다.

서로 신뢰하고 배려하는 제주사회 분위기를 만드는 노력도 강화해야 했다.

'투자하기 좋은 제주'는 '무리한 요구 없는 제주 만들기'에서 그 실마리를 찾고, 경제적 이유로 소외받는 계층이 없도록 따뜻한 복지행정을 펼치면서 각종 위해요소로 부터 도민과 관광객의 안전이 보장될 수 있도록 예방행정을 강화해야 했다.

특히 도민의 참된 봉사자로서의 공직자상을 어떻게 확립할 것인지에 대하여 진지한 성찰이 필요했다.

중국의 하夏나라의 시조인 우禹임금은 어려운 시대에 처한 공직자의 자세로 '일궤십기一饋十起' 곧 "진정한 관리는 밥 한 그릇을 다 비우기 전에도 어려움을 호소하는 백성이 찾아오면 열 번 자리를 박차고 일어난다"는 말을 남긴 바 있다. 어느 시대나 공직자라면 명심해야할 말이 아닐 수 없다.

제주 재창조는 경제, 행정, 사회의 재창조의 노력과 더불어 가치 및 정신의 재창조가 바탕이 되어야 소기의 성과를 달성할 수 있다. 제주의 정신과 가치 재창조에 앞서, 공직자들이 도민을 진정으로 받들고 도민의 어려움을 열 번 스무 번이라도 경청하고 해결하려는 노력이 무엇보다 필요하다.

● 한 · 아세안 특별정상회의, 성공리에 마무리하다

2009년 6월 2일, 도민 모두가 역량을 결집하고 정성을 다하여 준비해 온 한 · 아세안 특별정상회의를 성공적으로 마쳤다. 단 한 건의 흠집도 찾아볼 수 없을 만큼 철저한 준비를 했다는 것이 참가했던 많은 분들의 평가였다.

이명박 대통령도 제주에서 개최된 특별정상회의를 마무리하면서 제주 도민이 힘을 모아준 덕분에 한 · 아세안 특별정상회의를 성공적으로 개최할 수 있었다고 강조하고, 이번 국제행사를 통해 세계적 명승지가 될 기회를 얻었다면서 제주의 발전을 정부도 적극 지원하겠다고 약속했다.

서울, 부산 등 만만치 않은 경쟁을 뚫고 유치했지만 막상 5개월을 앞두고 만족할 만한 준비를 할 수 있을까, 우려와 걱정이 매우 컸었다. 그러나 이 모든 우려와 걱정은 한낮 기우에 그치고 그야말로 축제적인 분위기 속에서 정상회의를 치를 수 있었던 것은 100만 내외 도민 모두가 숨은 공로자라고 생각한다.

어떤 분은 자원봉사자로, 어떤 도민은 꽃 심는 현장에서, 시가지에서 기초질서를 바로 잡는 일에서 부터 담배꽁초 하나를 줍는 일까지 특히 버스 정류소의 먼지를 제거하는 궂은 일까지 마다않고 나섰다.

이번 정상회의는 제주특별자치도의 국제회의 개최능력을 국내 · 외에 보여줄 수 있는 계기가 되었고, 5억 7천만 아세한 잠재시장에 투자유치, 관광을 비롯한 각종 교류협력을 바탕으로 신 아세안 국가외교정책에 제주가 교두보 역할을 할 수 있는 국가 전략적 요충지로 거듭 부각되는 계기가 되었다.

● 못내 아쉬운 해군기지 문제

나는 강정동 주민과 장소나 형식에 구애받지 않고 대화를 해왔다. 직접 강정마을에서 20여 일 동안 살면서 반대하는 주민들을 많이 만나고 도민통합의 묘를 살리려고 노력을 하였다.

모든 것을 처음부터 다시 시작하자는 상황이기 때문에 평행선을 넘기 어려운 것이 사실이었다.

민군복합항 사업이 우리 도와 강정주민, 제주도민만 관련된 일이라면 원점으로 돌리는 것은 아무 일도 아니라고 생각한다. 그러나 이게 국가안보 사업이고 제주이익과 연결 짓고 추진되기 때문에 그럴 수 없었다. 그렇다면 최대의 이익을 가져다 줄 수 있도록 해나가겠다는 방침을 세우고 있었다.

지금도 강정주민들께는 대단히 죄송한 심정이다. 찬반을 떠나 모두에게 위로의 마음을 전하고 싶다. 이 사업은 2007년 참여정부 때 확정되었고, MB정부에서도 확고하게 추진되는 국가안보 사업임을 거듭 이해해 주길 바랄 뿐이다.

나는 시켜만 준다면 명예 강정마을회장이 돼서라도 끝까지 강정마을의 정체성 보존과 화합, 지역이익을 최대한 보장하는데 온몸으로 뛰고 싶다.

특별자치도 출범도 그렇고, 민군복합항도 그렇고 전례가 없는 실험적 제도와 정책 사업들이다.

우리가 새로운 도전과 선택을 하다보면 갈등 역시 불가피한 요소다. 그래서 의견충돌이 자주 빚어지고 그 결과 주민소환 같은 사태도 벌어져 많은 분들에게 안타까움을 남겼던 게 못내 아쉽다.

● 주민 소환 투표와 교훈

국가 정책과 추진과정상의 업무를 주민소환의 명분으로 삼는다는 자체에 나는 동의할 수 없다. 지금까지 도민의 이익을 위해 도정을 이끌어왔고 법률이 정하는 절차도 충실히 이행했다. 많은 도민들이 민군복합형 관광미항 필요성에 공감하고 있으며 대통령도 국가적으로 꼭 필요한 사업임을 강조하며 도민들의 이해를 구했던 사안이다.

이명박 대통령은 서울 삼성동 코엑스에서 열린 '제2회 지역투자 박람회'에서 "국책사업을 집행하는데 대해 도지사를 주민소환하는 것은 바람직한 것은 아니라고 생각한다. (제주도지사가) 오늘 참석을 못했는데 그 일주민소환로 못 왔다면 매우 안타까운 일이다"고 말한 바 있다.

주민소환운동을 지지하는 분들과 강정마을 주민들의 뜻

을 되새겨 봤다. 본의 아니게 마음을 아프게 한 일도 있겠지만 서명기간 중에 대화의 장을 열어 뒀으나 부족한 점이 많았고 반대 주민들이 대상지 변경가능성을 대화의 조건으로 해서 서로 다가서는데 한계가 있었다.

나는 법구경에 나온 글귀를 인용하여 "단지 비난만 받는 사람이나 또 칭찬만 받는 사람은 과거에도 없고 미래나 현재에도 없다. 어떠한 결정이 있어 '예'와 '아니요'는 반드시 공존하며, 신중한 결정이었기에 '아니요'의 목소리에 고개를 숙이는 것이 옳다고 인정할 수 없다"며 주민소환투표 운동을 정면 돌파하겠다는 의지를 밝히기도 했다.

어쨌든 주민소환 투표 발의에 따라 8월 6일부터 26일까지 직무정지에 들어갔다. 오전 9시 청사 내 각 실과를 순회하며 도청 공무원들과 작별 인사를 나눴다. 10시의 기자회견을 마쳤다. 직무정지 기간 동안은 지사 신분이 아니라 '김태환 주민소환 대상자'의 신분이어서 관용차도 이용할 수 없었다. 이 때문에 나는 수행원 없이 홀로 우산과 서류가방을 들고 택시를 이용해 도청 청사를 쓸쓸히 떠났다.

나는 '김태환 주민소환 투표대상자' 신분으로 조용히 제주 서부지역 민생투어에 나섰다. 대도민 민생탐방, 소통실천 대장정은 도정의 책임자로서가 아닌 자연인 김태환으로서 하는 것이어서 어느 때보다 보람 있는 시간을 안겨 주었다.

주민소환투표가 투표율이 11%에 그친 것은 주민소환 청구가 명분과 실리가 없었다는 것을 도민에게 심판받은 것이라고 생각한다.

해군기지는 국가안보에 꼭 필요한 시설이다. 주민여론 수렴 등 필요한 절차를 거쳐 입지를 선정했다. 해군기지는 제주도 발전에 크게 기여할 것이라고 생각한다. 권력 남용도 아니다. 무능, 독선으로 비칠 문제도 아니다.

이후 나는 주민소환 청구 부결로 업무에 복귀했다. 8월 28일 임시 직원회의를 마친 뒤 서울로 향했다. 홀가분한 기분이 아니었다. '신종 인플루엔자 감염 확산', '4단계 제도개선', '내년 국비예산 확보' 현안사항이 밀려 있었다. 한 수준 높은 특별자치도로 가기 위한 홍역으로 생각했지만 곳곳에서 상처가 많이 생겼다. 마음이 편할 수 없었다. 도정을 이끌면서 하나씩 풀어가고 싶었다.

나는 주민소환 결과를 "제주의 미래를 위해 흔들림 없이 전진하라"는 요청이고 "겸허한 자세로 소통과 화합에 나서라"는 엄중한 주문으로 받아 들였다. 그래서 도정운영 방향을 도민화합과 사회통합, 그리고 민군복합형 관광미항해군기지의 합리적 해결에 최선을 다하는 것으로 정했다.

주민소환은 나뿐만 아니라 제주도 입장에서도 불행한 일이었다. 한편으로는 앞을 보고 전력질주하던 나에게 되돌아 보는 성찰의 기회가 되었다. 당시 자연인으로 돌아가 많은 사람들은 만나고 어려운 삶의 현장에서 다양한 이야기를 들을 수 있었다.

주민소환 투표에 참여한 11%의 유권자들의 뜻도 소중히 여기고 있다. 무엇보다 왜 그런 주장을 하는지, 궁극적으로 무엇을 요구하는지를 헤아려 제주도정의 정책결정 과정에서 더욱더 고민을 하는 계기가 되었다.

● 새로운 10년의 출발선에 서서

2010년은 2000년대 두 번째 10년이 시작되는 해이고, 국제자유도시 6년, 특별자치 4년으로 이어지는 해다.

지난 10년은 제주현대사에 새로운 지형을 그린 시기였다. 우리 스스로 많은 운명을 개척하며, 변방이던 제주를 세계가 주목하는 곳으로 만들어왔다.

세계자연유산 등재, 관광객 652만 돌파, 한·아세안 정상회의 개최, 8조 9천억 원의 투자유치, 세계자연보전총회 유치, 그밖에도 영어교육도시 같은 엄청난 국책사업들을 착공하는 결실을 맺어왔다. 반면 새로운 질서와 가치를 만들어가는 과정에서 적지 않은 진통도 겪었다.

새로운 10년의 출발선은 또 다른 경쟁의 시작이기도 하다. 우리는 그저 단순한 경제 발전과 국제자유도시 완성이 목표가 아니라는 것을 인식하고, 녹색성장과 인간중심의 제주형 창조도시를 통하여 독보적인 국제자유도시를 지향점으로 삼고 있다.

2010년은 도민 대통합의 원칙을 기본으로 제주의 가치 발굴과 더욱 확실한 미래의 개척을 위해 비전을 하나하나 실현해 나가기로 했다.

우선 경제적으로 6% 경제성장 목표를 세웠다. 경기회복의 기운이 서민생활에서 체감할 수 있도록 최선을 다해야 했다.

투자유치 20억불, 투자실현 20억불, 기업유치 20개 목표도 세웠다.

영어교육도시, 헬스케어타운의 조성으로 교육과 의료의 새로운 비전을 열고, 세계자연보전총회 준비, 친환경 에너지 사업, 스마트그리드 등 녹색 기술 선도지역 육성, 그리고 세계환경수도 조성 10개년 계획의 실천을 통하여 제주를 저탄소 녹색성장 모범도시로 만들어가기로 했다.

또한 관광객 670만, 관광조수입 3조 원 시대를 열어 1천만 문화관광시대의 초석을 다질 계획을 세웠다. 그리고 관광객 전용 카지노, 신공항 건설의 확실한 매듭과 녹색관광상품의 개발을 비롯한 제주의 세계명품화에 더욱 박차를 가해 나가기로 했다.

● 제주 미래의 기틀을 다진 지난 4년을 생각하면서

특별자치도가 출범하고 지난 4년은 새롭고 효율적인 행정체제를 다져나가고, 미증유의 경제위기 속에서도 제주의 미래를 위한 기틀을 마련해 나감으로써 도민의 복리 향상을 위한 도정의 역량을 다한 시기였다. 그동안 노력한 결과, 투자유치 활성화, 관광객 600만 조기 달성, 세계자연유산 등재, 영어교육도시 조성, 한 · 아세안 정상회의 개최, 세계자연보전총회WCC 유치 등 상당한 성과를 이룰 수 있었다.

지난 4년 동안 한 일들을 정리해 보았다.

▶ 관광산업 활성화를 위한 획기적 기반 마련

제주의 여건에 맞는 자율적 관광정책 수립 · 운영, 고비용과 불친절 해소를 위한 다각적인 노력을 전개함과 아울러, 제주에 대한 이미지 개선과 브랜드 가치 향상을 통해 제주관광의 경쟁력을 지속적으로 향상시키고 관광객 600만 시대를 조기에 달성하였다.

2009년도 관광객 600만 명 시대를 1개월 앞당겨 목표 달성하였고, 관광객 증가, 객단가 상승 등으로 2009년 관광 조수입이 2004년 대비 68.4% 신장하였으며, 여행객 만족도(4.06점/5점), 방문하고 싶은 여행지(34%)에서 저마다 1위를 차지하였다. 관광분야 3개 법률 일괄이양을 통해 도내 관광 산업 자율성 확보, 제주형 관광산업 육성 기반을 구축하였다.

제주 역사 이래 최초로 11개국 정상 및 CEO, 내 · 외신기자 등 7천여 명이 참석하는 한 · 아세안 특별정상회의를 성공적으로 개최하여 생산증대(556억 원), 부가가치(269억 원), 고용유발(614명) 등의 효과를 보았다.

한라산, 성산 일출봉, 거문오름 용암동굴계를 국내 최초로 유네스코 세계 자연유산에 등재해 제주의 브랜드 가치를 향상시켰다.

전국 최초로 도전역이 국제회의도시로 지정되어 2006년 이후 국제회의 개최가 대폭 증가했다. 회의산업을 고부가가치 전략산업으로 육성함으로써 2009년 137건의 국제회의를 개최하여 세계 국제회의 개최도시 중 아시아 10위권 안으로 진입하였다.

제주 국제컨벤션센터 내에 제주관광공사 내국인면세점을 설치 · 운영하여 쇼핑관광 여건을 강화하고 도전역 면세지역화를 위한 시발점을 마련하였다.

독특한 해양문화를 접목한 테마형 해양과학관을 2012년까지 건립할 예정으로 해양문화 · 관광도시로 육성하기 위한 기반을 마련하였다.

▶ 민간투자 활성화 및 수도권 기업이전 촉진

제주투자진흥지구, 개발사업시행승인 제도개선 등을 통해 투자사업에 대한 행 · 재정적 지원을 강화함으로써 국 ·

내외 투자유치의 활성화를 도모하였다. 2006년 이후 투자유치가 2배 증가하였으며, 2년 연속 Twin-Twenty 20억불 투자유치, 20억불 투자실현을 달성하였다.

특별자치도 출범 이후 구축된 제도적 기반을 바탕으로 내·외국인 투자를 확대했다. 4년 만에 투자유치액은 2만 5,582억원으로 2배 상승하고, 2년 연속 '20억불 투자유치', '20억불 투자실현'을 달성하였다. 특히, 2006년 이후 외국인 투자가 실현되어 8개 기업 2만 7,058억원에 이르고 있다.

관광개발사업 시행승인 기간을 2006년 이전 23개월에서 2009년 8개월로 획기적으로 단축하고 조기 투자실현을 유도하였다.

(주)다음, (주)EMLSI, 키멘스전자(주) 등 수도권 기업의 본사가 제주로 이전하여 천혜의 자연환경과 자원을 기업 브랜드와 연계하는 효과가 나타났다.

▶ 동북아 교육중심의 제주 영어교육도시 조성

동북아 교육허브로 발전하기 위해 국책사업으로 제주 영어교육도시를 조성하고 교육 관련 규제를 대폭 완화함으로써, 해외 명문 사립학교를 유치하는 등 성공적인 교육산업 발전 기반을 마련하였다.

2012년 이후 국제학교 9개교(사립), 해외 유명대학·대학원 유치 등을 통해 상주인구가 2만3천명 규모로 조성될 것이고 지역경제 활성화에 많은 도움이 될 것이다.

▶ 의료 특례제도 활성화 및 정착기반 구축

취약한 의료 인프라를 보완하고, 도민 · 외국인에게 고품격 의료 서비스를 제공하기 위해 특화된 의료 특례제도를 마련하였다.

전국 최초 도외 의료인 비전속진료 시행을 통해 유명의료인이 도내 병원서귀포의료원 외 2에서 진료하는 것을 허용함으로써 타 지역 진료에 따른 불편을 해소하고 경제적 · 시간적인 부담을 경감하였다.

▶ 제주 발전을 선도할 환경정책 모델 제시

천혜의 자연환경을 최상의 제주 경쟁력의 원천으로 활용하여, 세계환경수도 조성과 신재생 에너지 개발 등 저탄소 녹색성장 산업을 집중 육성해 나가고 있다.

생물권보전지역, 세계자연유산, 람사르습지 등 세계적으로 환경가치가 인정되었고, 기후변화대응 시범도, 환경교육 시범도, 탄소중립도시로 지정되었다. 앞으로 제주는 환경자원과 환경의식이 결합된 세계환경수도로 조성(2019년 목표)될 것이다.

2013년까지 2,395억 원이 투입되는 스마트그리드지능형 전력망

실증단지가 조성되고, 국내 최초 국산화 풍력사업 15Mw 가시리 선정 등도 차질 없이 추진될 것이다.

▶ 제주 신공항 건설 본격 추진

국제자유도시 조성을 위한 필수 인프라인 신공항 건설을 차질 없이 추진해 나가고 항공자유 확대 등을 통해, 국내·외 누구나 제주를 편리하게 왕래할 수 있도록 지속적인 공항시설과 출입국제도를 개선해 나가고 있다.

항공 제5자유 운수권 허용으로 외국항공사 제주 취항 여건이 개선되었으며 무사증 입국허가 대상국가가 169개에서 180개 국가로 확대되었다.

▶ 효율적이고 편리한 생활환경 조성

상수도, 교통, 에너지 등 공공 서비스 공급체계를 광역화하고 원가 절감 등을 통해 운영을 합리화함으로써, 주민생활에 필요한 기초적인 편의시설을 편리하고 저렴하게 공급해 나가고 있다.

전국 최초로 상수도를 통합하여 종전 4개 시·군 체제에서 가장 싼 요금(1톤 590원)을 적용함으로써 농촌지역에 연 54억원의 요금이 인하되었고, 농어촌 및 중산간지역 급수환경 개선과 광역상수도 공급확대가 이루어졌다.

시내·외 버스 교통카드 통합시행으로 대중교통 이용 활

성화2006년 33백만에서 2009년 42백만 명으로 증가를 도모하고, 대중교통 요금 체계를 거리요율 요금제에서 구간별 요금제로 전환하여 17.3%의 교통요금 인하 효과를 거두었다.

지역주민합의로 LNG인수기지애월항 2단계 사업 유치를 통해 도내에 저렴하고 안정적인 도시가스 공급 기반을 구축하게 될 것이다.

▶ 농업진흥지역 해제, 동 지역의 농어촌지역 지정

농업인의 재산권 제한을 없애고, 기초생활 지원 등을 통해 농민복지가 향상될 수 있도록 지속적인 노력을 다해 나가고 있다.

2008년에는 33년간 토지이용이 제한되었던 3,797ha, 51개 마을 농업진흥지역을 전면적으로 해제하여 농업인이 토지를 효율적으로 이용하고 자유로운 재산권 행사가 가능하도록 하였다.

▶ 새로운 세원 발굴 및 재정운영의 건전성 · 효율성 강화

역외세원을 지속적으로 발굴하고, 행사 · 조직 통폐합 등을 통해 재정의 낭비요인을 제거하여, 도의 살림을 넉넉하게 만들도록 노력하고, 건전하고 효율적인 재정운영을 하였다.

차별화된 제도인 선박등록특구 163억원(871척), 선박투자회사 4억원(30개 법인), 항공기 정치장 유치 36억원(24대)과 경마장 교차경주(장외발매소분) 확대(251회)로 연간 196억 원 세수증가 예상되어 세원확대 및 세수 확충에 힘써왔다.

행정구조개편에 따라 유사 행사 및 조직 통 · 폐합 등으로 2007년부터 2009년까지 약 3000억원 이상의 예산절감을 통해 농어민 소득증대 및 고이율 지방채 조기상환 등 생산적 투자에 활용하였다.

민간보조금 제도개선을 위해 2009년에는 사업유형별 기준 보조율 91%(종전)→75%(개선) 적용하고, 보조금통합전산관리 시스템 도입, 보조금 전용 직불카드 발급, 인건비, 조직운영 경비 등에 초긴축 재정운영 실시 등 강력한 세출구조조정을 실행하였다.

▶ 각종 기금의 안정적 지원으로 경제활력 도모

중소 상공인, 농어민 및 관광사업자들에게 기금지원을 확대하여 서민을 위한 지역경제에 활력을 불어 넣었다.

중소기업자금을 1,586억원('06)→2,718억원('07)→2,887억원('08)→4,106억원('09)으로 확대 지원하여 지역경제의 활력을 회복하였다. 이로 인해 도내 고용률 · 실업률은 전국에 비하여 양호한 수준을 유지하였다.

농어촌진흥기금 지원규모가 1,125억원('02~'05)에서 8,712억원('06~'09)으로 7배 상승하였고, 수산업과 축산업의 조수입이 지속적으로 증가하고 있다.

제주관광진흥기금 권한이양으로 관광시설 등의 융자지원을 501억원('04~'06)에서 1,400억원('07~'09)으로 확대하였다.

▶ 도민복지 및 문화생활 수준의 향상

사회복지예산을 획기적으로 확대하여 도민 복지를 위해 최선을 다했으며, 제주의 문화를 세계로 알리고 도민의 문화생활 기반을 지속적으로 확충하였다.

도민 1인당 사회복지예산이 2004년에 비해 3배(2009년) 증가하였고, 지하수 수질관리, 폐기물 저감 및 재활용률 제고 등에 우수 평가를 받았다.

세계델픽대회의 성공적 개최, 제주칠머리당 영등굿의 세계무형문화유산 등재 등 제주문화의 우수성을 세계로 알리는 계기를 마련하였다.

공연관람시설 16곳('05)→25곳('09), 공공도서관 19곳('05)→25곳('09), 공공체육시설 63곳, 전 읍면 체육관 1곳 · 도서관 1곳 등 도내 문화기반시설은 인구대비 전국 상위권 수준을 유지하게 되었다.

▶ 일선 읍 · 면 · 동 자치역량 강화

전국 최초로 전 읍면동에 주민자치센터가 설치되어 지역

의 일을 주민 스스로 해결하는 역량을 갖추어 나갔다. 주민자치위원회의 법정기구화, 주민자치위원 공모제 시행, 읍면동 기구, 예산 확충으로 다른 지자체보다 확대된 주민참여를 보장하였다.

▶ 특별자치도에 대한 도민들의 자부심

특별자치도 출범 이후 조기에 행정운영 시스템을 안정화시키고 지속적인 제도개선과 행정서비스 향상을 위해 노력한 결과, 특별자치도민으로서의 자부심과 특별자치도에 대한 전망이 높아지는 것으로 나타났다.

특히, 특별자치도 정착에 대한 긍정적인 전망(69.6%)과 20대 이하와 학생 중심의 젊은층(79.3%)이 기대치가 높은 것으로 나타났다.

지금까지 이루어낸 성과들은 결코 쉬운 과제들이 아니었다. 특별한 제주를 완성하기 위하여 특별자치도 제도개선, 신공항건설 등 중앙절충 노력을 더욱더 강화해 나가야 한다. 제도를 고치고 정부와 국민을 설득해내야 한다. 우리가 힘을 합쳐 만든 특별자치도 제주는 대한민국이 아닌 세계 속의 보물로 성장할 수 있는 가치 있는 지역이 될 것이다.

● 나의 선택은 역사가 평가할 것

2010년 2월 17일, 나는 6 · 2 지방선거에 출마하지 않을 것을 선언했다. 제주도가 너무도 중요한 시기에 있기 때문이다. 이 시기를 놓치면 10년, 20년 뒤쳐질 수도 있기 때문에 한가롭게 선거에 휩쓸릴 여유가 없었다.

지금까지 특별자치도가 추진해온 수많은 정책들은 말 그대로 제주의 미래를 위한 것이다. 그러나 내가 다시 선거에 출마한다면 논란에 논란을 거듭할 것이다. 비판을 위한 비판이 이어질 것이고, 도정은 흔들릴 것이다. 도정이 흔들리면 그 피해는 도민에게 돌아간다.

제주도는 현직 도지사의 출마로 인해 많은 갈등을 겪어 왔다. 그런 갈등은 제주사회에 큰 부담이 되어 왔다. 도정에 짐이 되었고, 이제 그런 갈등에 종지부를 찍을 때가 되었다. 그 역할을 내가 한 것이다.

철저한 선거중립으로 갈등해소의 중심에 서서, 남은 기간 동안 당당하게 특별자치도 탄생의 소중한 가치를 지키기 위해 최선을 다하고 싶었고, 특별자치도의 길을 열어나가는 데 몸을 바치고 싶었다.

나의 불출마는 갑자기 결정된 것이 아니었다. 4년 전 제주도민의 선택을 받을 때 이미 생각했었다. 나는 제주도민의 과분한 사랑을 받았고, 그 사랑에 오직 일로써 보답하려고 노력했다. 자나 깨나 오직 제주의 미래만을 생각했다. 인기를 위한 정책은 생각하지도 않았고, 오직 제주의 발전만을 생각하며 4년 동안 정말 열심히 일했다.

불출마 발표는 오랜 고민 끝에 결정된 것이지만, 나를 사랑하고 지지해주시는 많은 분들과 교감하지는 못했다. 죄송스러움과 그 동안의 사랑에 대한 감사의 마음은 전하고 또 전해도 모자랄 듯하다.

● 한 · 일 · 중 정상회의는 제주의 이미지를 세계에 알릴 수 있는 좋은 기회

2010년 5월 15일 한 · 일 · 중 외교장관회의에서 3개국 외교장관은 공동발표문을 통해 5월 29~30일 이틀간 제주에서 제3차 한 · 일 · 중 정상회의를 개최하기로 결정했다. 당시 정상회의에는 이명박 대통령과 하토야마 유키오 일본 총리, 원자바오 중국 총리가 참석했다. 정상회의를 통해 제주는 마이스산업을 제2창업하는 선언적 의미가 있을 뿐만 아니라 '제주특별자치도=정상회의 섬'이라는 점을 각인시키는 계기가 되었다 해도 과언이 아니다. 사실상 한 · 일 · 중 3개국이 세계경제와 동북아 역학관계를 주도하기 때문에 전 세계의 이목이 집중됐다. 특히 천안함 관련 문제 등 3개국 간의 공동 협력 의제가 포함되어 있어 더욱 그랬다. 한편, 정상들의 공동 기자회견문에 공식적으로 언급되었듯이 일본 하토야마 총리는 제주를 "천국과 같은 아름다운 섬"이라 표현할 정도로 제주도의 브랜드 가치 상승은 물론 특별자치도의 경쟁력과 국제자유도시로서 투자를 인정 받을 절호의 기회가 된 것이 사실이다.

또한 우리 제주특별자치도 입장에서 보면 관광 소득 측면에서 7200억원 상당의 브랜드 가치를 상승시켰다고 분석하고 있으며 우리도의 주요 관광 타깃 시장인 일본과 중국 시장에 제주도의 매력을 알릴 수 있었던 매우 중요한 기회였다고 되었다.

세계관광기구 UNWTO에 따르면 2020년 일본의 세계 2위, 중국은 세계 4위의 관광객 송출 국가로 향후 거대 시장으로 부상할 것으로 분석되어 잠재시장을 공략한 우리 제주 입장에서는 호기로 작용할 것으로 기대하고 있다. 특히 한·일·중 정상회의에 앞서 열린 한·중 정상회의에서 제주와 중국 다롄에 양국의 영사 사무소를 설치하기로 합의한 것도 큰 소득이었다. 그리고 정상회의 품격을 갖춘 세계 수준의 국제회의 도시로 그 위상을 제고하는 계기를 만들면서 2009년 한 아세안 특별정상회의에 이어 올해 한·일·중 정상회의를 성공시킴으로써 동아시아 10+3개국 잠재시장을 개척하고 아시아 최고 수준의 국제 자유도시로 진입하는 통로를 열어 나가는데 큰 계기가 되었다. 이명박 대통령께서 회의 마지막 날인 5월 30일 도립미술관에서 경제인과 오찬을 마치면서 나와의 면담을 통해서 제주특별자치도 완성을 위해 정부에서 더욱더 관심을 갖겠다는 응답과 도민 여러분의 정성을 다해 주신데 감사드린다는 말씀으로 제주특별자치도 완성에 힘을 실어주시기도 했다.

당시 특별 면담은 한치의 여유 없이 짜여진 정상회의 일정에도 불구하고, 이명박 대통령께서 당초 출발시간을 연기하면서까지 제주 현안에 대한 보고를 받으시고 각별한 관심과 아울러 제주에 대한 남다른 애정을 주신데 마음으로의 감사를 드린다.

● 공직을 다하는 그날까지 초심으로 열정을 태우리라

▶ 특별자치 4차례 제도개선은 미래를 위한 준비

지난 4년간 제주는 숙명처럼 주어진 특별자치도의 길을 한걸음 한걸음씩 나가고 있다. 과거에 비하여 결코 적지 않은 사업들의 변화, 도전의 길을 걷고 있고, 특히 몇 몇 과제들은 일부 반대에도 불구하고, 초기 목표대로 흔들림 없이 추진해 가고 있다. 얼마만큼의 성과를 만들고 있느냐 하는 것은 도민들이 판단할 일이고, 또한 더 큰 틀의 성과는 후세가 평할 몫이라고 생각한다.

이번 4단계 제도개선에서 관광객 부가가치세 면세 특례 허용, 투자개방형 병원 도입을 담은 핵심과제가 특별법 개정안에 반영됐다. 가장 큰 성과는 '관광객 부가가치세 면세'라 할 수 있다. 이것은 제주관광 경쟁력 확보는 물론이고 이제까지 풀지 못했던 도전역 면세화의 첫 단추를 꿴 것이나 다름없는 성과이다. 이를 통해 관광비용을 절감하게 되어 제주관광의 경쟁력을 획기적으로 향상시킬 수 있을 것으로 기대된다.

투자개방형 병원 도입은 의료분야의 신기술 발전과 도내 의료서비스 향상, 의료관광 경쟁력 강화 등 제주경제가 또 한번 도약의 발판을 마련할 것이다. 그 밖의 관광객 전용카지노의 경우는 타당성 연구용역을 우선 하자는 합의를 얻어냈고, 민군복합항 주변지역 지역발전계획 지원을 위한 법적 근거도 특별법안에 반영되었다.

특히 관광객 부가가치세 사후 환급제 반영은 도내 정치권, 사회단체, 관광업계 등의 공동 대응 노력으로 얻어낸 결과이다. 도내·외에서 폭넓게 공감대가 형성되고, 노력해 준 덕분에 그간 부정적이던 기획재정부의 방침에 많은 변화를 일으킨 것이다. 참으로 어려운 과제를 풀어낸 셈이다.

부가가치세 사회환급을 포함한 4단계 제도개선은 특별한 제주를 만들기 위한 매우 중요한 과제이다. 핵심은 정부의 적극적인 지원과 우리 도민의 수용능력과 역량이라고 생각한다. 또한 이 시점에서 다 함께 고민해 보아야 할 숙제도 있다. 우리가 지금껏 갈망하듯 이양 받아 온 특례를 어떻게 보완 · 발전시킬 것인가 하는 것이다. 그건 우리 모두의 몫이다. 특별자치도 제주를 완성하고, 우리와 함께 할 프로젝트로 만들려면…

되돌아보니, 내 인생의 거의 전부가 '제주의 일' 속에 있었다. 그 일들은 오직 제주와 제주도민을 위한 것이었음에 한 치의 의심도 없다. 열심히 뛰었고 최선을 다했기 때문에 후회도 없다. 그러나 실수나 시행착오가 없었다고 자신하지는 못하겠다. '제주를 위한 일'에 대한 미련이 없다고도 못하겠다.

앞으로 더욱 빛나는 제주시대를 열어 가기를 간절히 바란다.